全国商業高等学校協会主催
情報処理検定試験準拠

情報処理検定試験模擬問題集　3級

■ はじめに ■

　本書は，平素の学習がそのまま全商情報処理検定試験第3級合格につながるよう構成してあります。皆さんが最後の問題までていねいに学習され，検定試験合格の栄冠を得られることを願ってやみません。

● 「解説」では，検定基準範囲のまとめができます。

● 「実技問題」は，検定試験実技問題に対応できる作表とグラフ表現力の養成を目的に作られています。

● 「模擬問題」は，全商協会発表の（新）情報処理検定試験出題例と，これまでの検定試験問題の分析を反映して作成しました。

● 「検定試験問題」は，全商情報処理検定試験の過去問題を2回分収録しました。

■ 情報処理検定試験について ■

　情報処理検定試験は，コンピュータの関連知識と利用技術・プログラミングを検定するために，公益財団法人全国商業高等学校協会の主催によって行われます。

　検定は，第1級（ビジネス情報・プログラミング），第2級（ビジネス情報・プログラミング）および第3級が設定されています。第2級のビジネス情報と第3級には実技試験があります。検定に合格するためには，各級とも各試験において，100点を満点としたときに70点以上の成績を得ると合格になります。検定に合格した者には合格証書が授与されます。

　試験時間は次のようになります。

	ビジネス情報		プログラミング
	筆記試験	実技試験	筆記試験
1級	60分		60分
2級	30分	20分	50分

	筆記試験	実技試験
3級	20分	20分

JN132436

目　次

ハードウェア・ソフトウェアに関する知識 …………2

通信ネットワークに関する知識 ……………10

情報モラルとセキュリティに関する知識 ………13

表計算ソフトウェアに関する知識 …………16

プログラムに関する知識 …………26

要点チェック問題 …………33

実技問題

　第1回〜第12回 …………44

模擬問題

　第1回 …………68

　第2回 …………76

　第3回 …………84

　第4回 …………92

第5回 …………100

第6回 …………108

第7回 …………116

第8回 …………124

第9回 …………132

第10回 …………140

第11回 …………148

第12回 …………156

検定試験問題 …………164

模擬問題解答用紙 …………181

検定試験問題解答用紙 …………205

※実技試験の提供データは，弊社ホームページよりダウンロードしてご使用ください。
　＊とうほうトップページ・副教材関連データダウンロード　https://toho.tokyo-horei.co.jp/gakusan/download.php#jmogi
※解答用紙はミシン目から切り離してお使いいただけます。

ハードウェア・ソフトウェアに関する知識

1 ハードウェアの構成

　コンピュータは，五大機能を受け持つ，次の装置によって構成される。これらの装置を五大装置という。

装　　　置	機　　　　　能
入力装置	データやプログラムを入力する
記憶装置	データやプログラムを記憶する 記憶装置には主記憶装置と補助記憶装置がある
演算装置	データをもとに，四則演算や大小比較などを行う
制御装置	記憶装置からプログラムを取り出して解読し，入力・記憶・演算・出力の各装置に信号を送り，各装置をコントロールする
出力装置	処理結果やプログラムを出力したり，表示したりする

コンピュータの基本構成

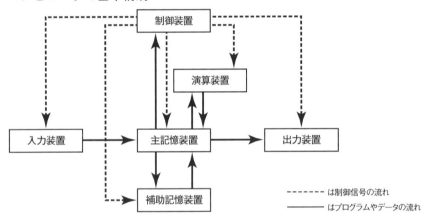

　主記憶・演算・制御の各装置は1つの装置として本体に格納され，演算・制御装置をまとめて，処理装置または**CPU（中央処理装置）**と呼ぶ。また，入力・出力装置，補助記憶装置は**周辺装置**という。

パソコンの基本的な装置の例

（1）集積回路

　トランジスタ，抵抗，コンデンサなどの部品と配線を数ミリメートル角のシリコン基板上に集めた半導体素子である。半導体製造技術の進歩により，回路規模，性能が向上して今日では，コンピュータから家電製品，産業用機械などあらゆる場面で応用されている。

（2）記憶装置

① **主記憶装置**

　CPU（中央処理装置）と直接データのやりとりができる記憶装置で，メモリともいう。主記憶装置としては次のようなものがある。

　（ア）ROM（Read Only Memory）

　　読み取り専用の記憶素子で，電源を切っても記憶内容が消えない（不揮発性）。パソコンを動

かす基本的なプログラムが記憶されている。

（イ）RAM（Random Access Memory）

読み取りと書き込みができる記憶素子で，電源を切ると記憶内容が消えてしまう（揮発性）。

② **補助記憶装置**

主記憶装置を補う目的で使われる。補助記憶装置としては次のようなものがある。

（ア）ハードディスク

金属やガラスの固い円盤を用いた磁気ディスク装置。コンピュータの内部に組み込まれていることが多い。1台あたりの記憶容量が大きく，データ転送速度も高速である。

（イ）SSD（Solid State Drive）

記憶媒体として半導体メモリを複数個組み合わせたドライブ装置。フラッシュメモリを用いたものもある。ハードディスクの代替として利用できる。ハードディスクに比べて，耐久性に優れ，消費電力も少なく，軽量小型で，読み書き速度も速いが，記憶容量あたりの価格が高いのが欠点である。

（ウ）DVD［容量：約4.7GB〜17GB］

光ディスク装置の一種で，両面記録，2層記録が可能で，記憶容量も大きい。

	片面	両面
1層	4.7GB	9.4GB
2層	8.5GB	17GB

（エ）ブルーレイディスク（Blu-ray Disc）［容量：25GB〜50GB］

光ディスクの一種で，データの読み書きに青紫色半導体レーザを利用している。ハイビジョン映像などの高密度映像の編集・保存や，大容量データの保存・整理などが可能で，次のようなものがある。

BD−R …一度だけ書き込みができ，容量に空きがあれば追記ができる。

BD−RE…繰り返し消去して書き込むことができる。

	片面
1層	25GB
2層	50GB

（オ）フラッシュメモリ

データの書き込みや消去を自由に行うことができ，電源を切っても記憶内容が消えない半導体メモリ。フラッシュメモリをカード型にパッケージしたメモリカードやUSBメモリなどがある。

フラッシュメモリ ————

（3）入力装置

① **イメージスキャナ**［Image Scanner 画像入力装置］

写真やイラストなどを読み取って，画像情報をデジタル情報としてコンピュータに取り込む装置。読み取った画像は，点の集まりとして表現される。

② **タッチパネル**［Touch Panel］

ディスプレイに表示されたボタンに指やペンで触れてデータを入力する装置。銀行のATM（現金自動預払機）や駅の自動券売機，パソコンやスマートフォンなどに利用されている。

③ **バーコードリーダ**

白と黒の縞模様状の線の太さによって数値や文字を表す識別子であるバーコードを読み取る装置。バーコードスキャナともいう。

イメージスキャナ

タッチパネル

バーコードリーダ

（4）出力装置

インクジェットプリンタ

① **インクジェットプリンタ**

ノズルからインクを吹きつけて印字する。従来の熱転写プリンタに比べ，高品質，低価格になり，個人向けプリンタとして広く普及している。インクがにじむなどの欠点がある。

レーザプリンタ

② **レーザプリンタ**

コピー機のようにレーザ光を使ってトナー（炭素粉末）を付着させるプリンタ。高品質，高速だが大型で高価格なのでオフィスでの利用が主だったが，低価格な製品が発売され，個人ユーザも利用するようになった。消費電力が大きく，トナーが高価などの欠点がある。

プロジェクタ

③ **プロジェクタ**

画像や映像を大型スクリーンなどに投影することにより表示する装置。パソコンやDVD装置などと接続し，画像を拡大して投影し，プレゼンテーションなどに利用されている。

（5）インタフェース

パソコンと周辺機器，人間とパソコンといった情報や信号の接点を**インタフェース**という。インタフェースには次のようなものがある。

USBコネクタの例

① **USB〔Universal Serial Bus〕**

キーボードやマウス，スキャナなどの周辺機器とパソコンを接続するためのシリアルインタフェース。USBはパソコンの電源を入れたまま接続でき（ホットプラグ機能），集線装置を使って127台まで接続できる。

② **Bluetooth**

数mから数十m程度の近距離の，デジタル機器用の無線通信の規格。無線接続の状態を意識せずに常時接続したままでの使用状況に適している。ノートパソコンや携帯電話などの携帯情報端末および周辺機器同士を，ケーブルを使わずに接続し，音声やデータをやりとりすることができる。

③ **HDMI**

主に家電やAV機器向けのデジタル映像・音声入出力インタフェースの規格。制御信号が一体化したシングルケーブルにより，AV機器の配線を1本で簡略化できる。また，完全なデジタル伝送であるため，伝送過程で画質・音質が劣化しない。

2 ソフトウェアの構成

（1）OS（オペレーティングシステム）

利用者がコンピュータを使いやすくするために，基本的な制御や管理を行うソフトウェアのこと。基本ソフトウェアの起動によってコンピュータも起動する。代表的なものにWindows，UNIX，MacOSなどがある。

（2）アプリケーションソフトウェア

個々の業務に合わせて開発された販売管理・給与計算システムや，業務処理に幅広く利用されるワープロソフト，表計算ソフト，データベースソフトなどがある。

① **インストール**

アプリケーションソフトをコンピュータに導入する作業のこと。「セットアップ」（setup）とも呼ばれる。アプリケーションを構成するプログラムやデータなどのファイルをハードディスクなどにコピーし，必要な設定を行う。

② **アンインストール**

インストールされたアプリケーションソフトを削除し，導入前の状態に戻すこと。

（3）アップデート

コンピュータ等のOSやソフトウェアに小規模な更新をすること。また，そのためのソフトウェア部品のこと。

3 ▶ パーソナルコンピュータの操作

（1）GUI（Graphical User Interface）

コンピュータに対する命令を，メニューやアイコンなどを選択することによって実行させる視覚的に操作しやすい環境。たとえば，コピーをする場合，右図のように［ホーム］リボンのコピーのアイコンをクリックする。このようにユーザが画面上のメニューやアイコンをクリックするだけで簡単に操作が行える。

GUIの例

（2）画面

① **アイコン（絵文字）**

処理の対象や機能をシンボル化した絵文字。アイコンを選択することによってプログラムの機能を実行させることができる。

＜Microsoft Edgeのアイコン＞

② **カーソル**

入力位置を示す画面上のマーク。マウスや矢印キーで移動する。

③ **スクロール**

画面上に表示しきれない領域を，上下，左右に移動させ表示させること。

4 ▶ 関連知識

（1）2進数

コンピュータ内部のすべての情報は，「0」と「1」の2つの数字だけで表現される。「0」と「1」のみを用いて情報を表現する方法を**2進数**という。

2進数と10進数

10進数	0	1	2	3	4	5	6	7	8	9	10
2進数	0	1	10	11	100	101	110	111	1000	1001	1010

ビット　…コンピュータで扱う最小の情報単位。1ビットは2進数の1桁を表す。

バイト　…コンピュータが1つの単位として扱うビットの集まり。1バイトは8ビット。

① **10進数から2進数への変換**

10進数を2で割り，割り切れなくなるまで続け，その余りを逆に読む。

```
2）14      余り
2）  7・・・0
2）  3・・・1
2）  1・・・1
      0・・・1
```

② **2進数から10進数への変換**

2進数の各桁に，桁ごとの重みを乗じて，その和を求める。

$$
\begin{array}{cccc}
1 & 1 & 1 & 0 \\
\times & \times & \times & \times \\
2^3 & 2^2 & 2^1 & 2^0 \\
\downarrow & \downarrow & \downarrow & \downarrow \\
8 + & 4 + & 2 + & 0 = 14
\end{array}
$$

（2）記憶容量の単位

コンピュータの主記憶装置や補助記憶装置などの記憶容量を表す単位には，バイトを使用する。キロ（K）は1,000倍を意味する補助単位（kmやkg）であるが，おもに2進数で処理を行うコンピュータでは，1,024（2^{10}）倍の意味で使われることもある。

キロバイト（KB）	1KB ＝ 1024　（約1,000）バイト
メガバイト（MB）	1MB ＝ 1024^2（約1,000,000）バイト
ギガバイト（GB）	1GB ＝ 1024^3（約1,000,000,000）バイト
テラバイト（TB）	1TB ＝ 1024^4（約1,000,000,000,000）バイト
ペタバイト（PB）	1PB ＝ 1024^5（約1,000,000,000,000,000）バイト

例：10,240バイト＝10キロバイト　2,048メガバイト＝2ギガバイト

（3）処理速度の単位

コンピュータが演算などの処理を行う処理速度には，次の単位を使用する。ミリ（m）は1/1,000を意味する補助単位（mmやmg）。

ミリセカンド（ms）	1ms ＝ 10^{-3}　（1/1,000）秒
マイクロセカンド（μs）	1μs ＝ 10^{-6}　（1/1,000,000）秒
ナノセカンド（ns）	1ns ＝ 10^{-9}　（1/1,000,000,000）秒
ピコセカンド（ps）	1ps ＝ 10^{-12}　（1/1,000,000,000,000）秒
フェムトセカンド（fs）	1fs ＝ 10^{-15}　（1/1,000,000,000,000,000）秒

例：0.01秒＝10ミリセカンド　20ナノセカンド＝20,000ピコセカンド

（4）フォーマット

記憶媒体にファイル等のデータを記録するために，ファイルシステムの識別子やフォルダやファイルの名前や構成情報などの初期値を記録すること。すでに利用されている媒体でフォーマットを行うと，それまで記録されていたデータはすべて消えてしまうため，ハードディスクなど大容量の媒体をフォーマットする際には注意が必要である。

（5）ファイル名

プログラムやデータを特定するための名称。

（6）フォルダ（ディレクトリ）

記憶装置の中でファイルを分類して保存するために作られた記憶場所のこと。フォルダ名をつけて関連する複数のファイルを1つのフォルダに入れることにより，ファイルを効率的に管理することができる。

（7）バッチ処理

一定期間に発生したデータを蓄積・保存し，まとめて処理する方式。給与や月ごとの売上高など一定期間ごとに計算する業務に適している。

（8）リアルタイム処理

工業用ロボットや航空管制システムのように，センサなどで監視し，状況に応じて即座に処理する方式。

（9）EOS（電子発注システム）

EOSとはElectronic Ordering Systemの略で，企業間の取引において，ネットワーク経由で受発注業務を行うシステム。従来の帳簿でのやりとりに比べ，発注から納品までの時間の短縮や低コストを実現することができる。

（10）EC（電子商取引）

ECとはElectronic Commerce（エレクトロニックコマース）の略で，インターネットなどのネットワークを利用した商取引全般のこと。

（11）バーコード

数字，文字，記号などの情報を一定の規則にしたがいバー（枠線）に変換し，レジスターなどの機械が読み取りやすいデジタル情報として入出力できるマーク。国ごとに規定したものなど多くの種類がある。

①　JANコード

代表的なバーコードで日本産業規格（JIS）に定められている，商品識別番号とバーコードの規格の1つ。13桁の標準タイプと8桁の短縮タイプがあり，短縮タイプは日本独自の規格で，パッケージが小さく標準タイプを印刷できない商品に使用されている。

②　QRコード（二次元バーコード）

小さな正方形の点を縦横同じ数だけ並べた二次元のコードで，一次元のバーコードに比べ，より多くの情報を表すことができる。携帯電話にQRコードの読み取り機能を搭載することで簡単に読み取りができ，さまざまな分野で活用されている。

（12）POSシステム

POSとはPoint Of Salesの略で，商品についているバーコードを読み取り，顧客の購入代金を計算するだけでなく，商品別に売上金額や在庫の状況などを即座に把握することができるシステム。販売時点情報管理システムともいう。

（13）RFID

RFIDとはRadio Frequency Identificationの略で，微小な無線チップによって直接接触することなく，人や物を識別・管理するシステムのことで，バーコードに代わるものとして生産・在庫管理技術として研究が進められてきたが，セキュリティや交通，レジャー施設など活用の幅が広がってきている。

乗車カードや電子マネーなどの**非接触型ICカード**もRFIDの一種に含まれる。

（14）AI（人工知能）

人工知能とは，人間が行ってきた高度に知的な作業や判断を，コンピュータを中心とする人工的なシステムにより行えるようにしたものである。

（15）IoT（モノのインターネット）

IoTとはInternet of Thingsの略であり，さまざまな物に通信機能を持たせ，インターネットに接続し相互に通信することにより，自動認識や自動制御，遠隔計測などを行うことである。モノのインターネットともよばれる。

練習問題 1

解答 ➡ p.2

【1】次の説明文に最も適した答えを解答群から選び，記号で答えなさい。

(1) 半導体メモリで構成されており，ハードディスクの代替となる，衝撃や振動に強いなどの特徴を持つ補助記憶装置。

(2) トランジスタ，抵抗，コンデンサなどの部品と配線を数ミリメートル角のシリコン基板上に集めた半導体素子。

(3) データの読み書きに青紫色半導体レーザを利用し，ハイビジョン映像などの高密度映像の編集・保存や，大容量データの保存・整理などが可能な記憶媒体。

(4) キーボードやマウス，スキャナなどの周辺機器とパソコンを接続するためのシリアルインタフェース。

(5) ノズルからインクを吹き付けて印字する出力装置。

```
───解答群───
ア．フラッシュメモリ      イ．SSD           ウ．CPU
エ．インクジェットプリンタ  オ．USB           カ．ブルーレイディスク
キ．RAM        ク．集積回路     ケ．ハードディスク   コ．レーザプリンタ
```

(1)	(2)	(3)	(4)	(5)

【2】次の説明文に最も適した答えをア，イ，ウの中から選び，記号で答えなさい。

(1) キーボードやマウスなど，コンピュータに指示を与える装置。
　　　　ア．入力装置　　　　　　　イ．演算装置　　　　　　ウ．出力装置

(2) 読み取りと書き込みができる記憶素子（メモリ）。
　　　　ア．入力装置　　　　　　　イ．RAM　　　　　　　ウ．ROM

(3) ディスプレイに表示されたボタンに指やペンで触れてデータを入力する装置。
　　　　ア．タッチパネル　　　　　イ．イメージスキャナ　　ウ．バーコードリーダ

(4) コンピュータの装置の1つで，各装置に信号を送りコントロールする装置。
　　　　ア．周辺装置　　　　　　　イ．演算装置　　　　　　ウ．制御装置

(5) 光ディスクの一種で，両面記録が可能で記憶容量の大きいディスク。
　　　　ア．フラッシュメモリ　　　イ．主記憶装置　　　　　ウ．DVD

(1)	(2)	(3)	(4)	(5)

【3】次の語に最も関係の深いものを解答群から選び，記号で答えなさい。

(1) GUI
(2) バーコード
(3) OS
(4) 記憶容量
(5) フォーマット

```
───解答群───
ア．初期化      イ．SSD       ウ．バイト      エ．ms
オ．基本ソフトウェア  カ．ポイント    キ．POSシステム
ク．EOS        ケ．アイコン    コ．レーザプリンタ
```

(1)	(2)	(3)	(4)	(5)

【4】次の説明文に最も関係の深い語を解答群から選び，記号で答えなさい。

(1) CPUを内蔵したコンピュータ等の機器の内蔵プログラムやソフトウェアを更新すること。

(2) 利用者がコンピュータを使いやすくするために，基本的な制御や管理を行うソフトウェア。

(3) 処理の対象や機能をシンボル化した絵文字。

(4) 画面上で文字入力の位置を指し示すことに利用される記号。

(5) 個々の業務に合わせて開発され，業務処理に幅広く利用されるソフトウェア。

```
───解答群───
ア．アイコン        イ．スクロール          ウ．アップデート
エ．OS             オ．EC                 カ．EOS
キ．カーソル        ク．アプリケーションソフトウェア   ケ．バッチ処理
コ．インストール    サ．リアルタイム処理      シ．POS
```

(1)	(2)	(3)	(4)	(5)

【5】次の文の下線部が正しいものには○印を，誤っているものには正しい語を書きなさい。

(1) 入力位置を示す画面上のマークを**アイコン**という。

(2) インターネットなどのネットワークを利用した商取引全般のことを**EC**という。

(3) 画面上に表示しきれない領域を，上下，左右に移動させ表示させることを**ポイント**という。

(4) 一定期間データを集め，まとめて処理をする方法を**リアルタイム**処理という。

(5) コンピュータに対する命令を，メニューやアイコンなどを選択することによって実行させる視覚的に操作しやすい環境を**GUI**という。

(1)	(2)	(3)	(4)	(5)

【6】次の(1)～(3)の10進数を2進数に，(4)～(6)の2進数を10進数に変換しなさい。

(1) 13 　　(2) 26 　　(3) 34

(4) 1010 　　(5) 10111 　　(6) 110110

(1)	(2)	(3)	(4)	(5)	(6)

【7】次の文の（　　）の中から正しいものを選び，記号で答えなさい。

(1) 企業間の取引において，ネットワーク経由で受発注業務を行うシステムのことを（ア．POSシステム　イ．電子発注システム）という。

(2) コンピュータで扱う最小の情報単位を（ア．ビット　イ．バイト）という。

(3) 使用するOSに合わせて記憶媒体を初期化することを（ア．フォーマット　イ．バーコード）という。

(4) あらゆるものをインターネットに接続し，さまざまな機能を実現することを（ア．AI　イ．IoT）という。

(5) 微小な無線チップによって直接接触することなく，人や物を識別・管理するシステムを（ア．RFID　イ．EC）という。

(1)	(2)	(3)	(4)	(5)

通信ネットワークに関する知識

ネットワーク

1▶WWWに関する知識

（1）プロバイダ

　インターネットの接続のサービスを提供する組織のこと。ISP（Internet Services Provider）と呼ぶこともある。契約が完了すると，ユーザIDやパスワードなどが割り当てられ，それをコンピュータに設定する。

（2）ブラウザ

　Webページを閲覧するためのソフトウェアのことで，Webブラウザや閲覧ソフトともいう。「Microsoft Edge」や「Firefox」などがある。

（3）HTML（Hyper Text Markup Language）

　Webページを作成するためのマークアップ言語。

HTMLの例

```
<html>
<head>
<title>ようこそ</title>
</head>
<body>
<center>
<font size="+1" color="#3366cc">
ようこそ私のホームページへ</font><br>
1. <a href="syoukai.html">自己紹介</a><br>
2. <a href="syumi.html">私の趣味</a><br>
</center></body></html>
```

左のHTMLをブラウザで表示した例

（4）URL（Uniform Resource Locator）

　インターネット上の情報（Webページ）がある場所を示す記述方法。

　URLの例　https://www.tokyo-horei.co.jp

（5）ドメイン名

　ネットワークに接続されたコンピュータは，IPアドレスと呼ばれる固有の番号が割り当てられ管理される。IPアドレスは数字のみで構成されているので，わかりにくく不便であるため，通常は「tokyo-horei.co.jp」のようなドメイン名を利用する。ドメイン名は，IPアドレスの代わりに，コンピュータもしくは利用者を識別するために付けられた名前のことである。

ドメイン名の例

属性は，組織の種類を表す。主に次のようなものがある。
co　企業　　　　　　　　go　政府機関　　　　ne　ネットワーク組織
ed　小学校～高等学校　or　その他の法人
地域名は，国名などを表す。主に次のようなものがある。
jp　日本　　　kr　韓国　　　uk　イギリス　　　　fr　フランス

（6）ハイパーリンク

　文書内に埋め込まれた，他の文書や画像などの位置情報のことで，Webページに設定されたハイパーリンクをクリックすると，指定先の文書や画像などが表示される。

ネットワーク

（7）検索（サーチ）エンジン

インターネット上にある膨大なWebページの中から，キーワードなどを使って必要な情報を探し出すためのWebページ。Yahoo，Googleなどがある。

（8）Webサーバ

ブラウザで閲覧するコンテンツ（Webページ）を提供するコンピュータ。

２ 電子メールに関する知識

（1）メールサーバ

ネットワークを通じて電子メール（E-mail）の送受信を管理するコンピュータ。

（2）メーラ

電子メールを利用するためのソフトウェアのことで，代表的なものとしてマイクロソフト社の「Outlook」などがある。

（3）電子メールの送信

① **メールアドレス**

電子メールの宛先のことで，「kentei@tokyo-horei.co.jp」のように「ユーザ名@ドメイン名」で表記する。

② **宛先（To)**

電子メールを送信する相手のメールアドレスを入力する欄のこと。電子メールを送信する場合には省略することができない。

③ **カーボンコピー（Cc)**

同じ内容のメールを他の人にも同時に送信したいとき，Cc欄にメールアドレスを入力する。受信した人は誰に同じメールが届いているかわかる。

④ **ブラインドカーボンコピー（Bcc)**

カーボンコピーとほぼ同じであるが，受信者は誰に同じメールが送信されているかわからない。一緒に送信した相手を知られたくない場合や，プライバシー保護の意味で，他人のメールアドレスを勝手に公開しないようにする場合に使用する。

⑤ **添付ファイル**

電子メールの送信時に添付されるファイルのこと。画像ファイルやワープロ・表計算ソフトなどのファイルを送信できる。

（4）Webメール

Webブラウザで利用することができる電子メールのこと。インターネット上でサービスとして提供している業者もあり，サービスの場合，その多くは無料で利用することができる「フリーメール」サービスとして運営されている。代表的なものとしてGoogle社の「Gmail」などがある。

３ ネットワークに関するその他の知識

（1）ファイルサーバ

ファイルシステムを，複数のユーザから利用できるよう管理するためのサーバ。データの読込・更新・管理など要求される処理を整理する。

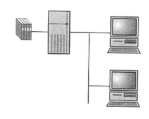

（2）プリントサーバ

特定のプリンタを複数のコンピュータで利用できるようにプリントジョブの管理をするサーバ。

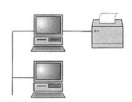

（3）オンラインストレージ

インターネットを介して，利用者にサーバの記憶装置の容量を貸し出すサービスのこと。

（4）アップロードとダウンロード

アップロードとは，自分のコンピュータ内に存在するデータを，ネットワークで接続された他のコンピュータに転送して保存すること。ダウンロードとは，ネットワークで接続された他のコンピュータに存在するファイルを，自分のコンピュータに取り込み，保存すること。

練習問題 2
解答 ➡ p.2

【1】 次の説明文に最も適した答えを解答群から選び，記号で答えなさい。

(1)　ネットワークを通じて電子メールの送受信を管理するコンピュータ。

(2)　インターネット上にある，情報（Webページ）の保存場所を示すアドレス。

(3)　Webページを作成するためのマークアップ言語。

(4)　Webページを閲覧するためのソフトウェア。

(5)　ファイルシステムを複数のユーザから利用できるように管理するためのサーバ。

(6)　電子メールを送信する相手のメールアドレスを入力する欄のこと。

---解答群---

ア．URL	イ．宛先（To）	ウ．ハイパーリンク	エ．ブラウザ
オ．ファイルサーバ	カ．メールサーバ	キ．Webサーバ	ク．HTML
ケ．メールアドレス	コ．メーラ	サ．プリントサーバ	シ．プロバイダ

(1)		(2)		(3)		(4)		(5)		(6)	

【2】 次のA群の語句に最も関係の深い説明文をB群から選び，記号で答えなさい。

《A群》

(1)　検索（サーチ）エンジン

(2)　オンラインストレージ

(3)　Bcc

(4)　添付ファイル

(5)　Webメール

《B群》

ア．電子メールの送信時にそえられるファイルのこと。

イ．文書内に埋め込まれた，別の文書や画像などの位置情報。

ウ．ブラウザで閲覧するコンテンツを提供するコンピュータ。

エ．同じ内容のメールを複数の人に送信するときに使用する機能で，受信者に同時に送信された人のメールアドレスがわかる機能。

オ．キーワードなどを入力して必要な情報を探し出すためのWebページ。

カ．フリーメールサービスなどのWebブラウザで利用することができる電子メールのこと。

キ．インターネットを経由して，サーバの記憶領域の容量を利用者に貸し出すサービス。

ク．IPアドレスの代わりにコンピュータを識別するための名前。

ケ．同じ内容のメールを複数の人に送信するときに使用する機能で，受信者に同時に送信された人のメールアドレスがわからない機能。

コ．電子メールを利用するためのソフトウェア。

(1)		(2)		(3)		(4)		(5)	

情報モラルとセキュリティに関する知識

■1 情報モラル

インターネットでは，情報の収集や発信を簡単に行えて便利であるが，悪意のある情報の受信・送信や不正行為により，自分が知らないうちに迷惑をかけられたり，かけたりすることがある。情報社会において，適切な活動を行うためのもとになる考え方と態度を**情報モラル**という。

（1）プライバシーの侵害

他人に知られたり干渉されたりしたくない個人の秘密ないし私生活領域（プライバシー）をおびやかすこと。最近は，ジャーナリズムやマスメディアなどの発達にともない，プライバシーはたやすく他人に侵害されやすくなった。

（2）フィルタリング

有害なWebページなどへのアクセスを規制すること。学校や家庭で教育上不適切なWebページへのアクセスを制限したり，企業などでWebページ閲覧から生じる情報漏えいを予防したりするなどの対策をとっている。

（3）有害サイト

出会い系サイト，ギャンブルサイト，アダルトサイト，残酷な画像のサイト，薬物サイトといった，一般常識から判断して好ましくないWebページのこと。

（4）迷惑メール

携帯電話などからのインターネット接続の普及にともない，電子メールによる一方的な商業広告の送りつけ，いわゆる迷惑メールが社会問題化している。迷惑メールには次のようなものがある。

① **スパムメール**

商品の広告や勧誘，嫌がらせなど無差別に送られてくる悪質な電子メールのことで，主にねずみ講まがいのものや詐欺的なメールが多い。

② **チェーンメール**

次から次へと連鎖的に同じ内容の電子メールを転送するようにうながす電子メールのこと。

（5）ネット詐欺

インターネット上で行われる詐欺行為のこと。ネット詐欺には次のようなものがある。

① **フィッシング詐欺**

有名企業や本物のウェブサイトを装った偽のウェブサイトへ誘導するメールを送りつけ，クレジットカードの会員番号などの個人情報や，銀行預金口座を含む各種サービスのIDやパスワードを獲得することを目的とする詐欺行為のこと。

② **ワンクリック詐欺**

有害サイトや勝手に送られた電子メールに記載されているURLなどを1回クリックすると，「ご入会ありがとうございました。」などの文字やWebページが表示され，一方的に契約成立とされて，多額の料金の支払いを求められること。

■2 セキュリティ

他人になりすましてコンピュータシステムを利用したり，プログラムやデータを変更したり破壊したりするコンピュータ犯罪がある。このような犯罪や災害からコンピュータシステムを守り，機密性・信頼性・可用性を維持することを**セキュリティ**という。

セキュリティ

（1） 認証

　利用者がコンピュータを使用する権利があるかどうかを，ユーザIDとパスワードを入力させることで識別すること。コンピュータや銀行のATMなどを利用する際に，指紋や瞳の中の虹彩などの生体情報を読み取らせることで本人確認を行うことを**生体認証（バイオメトリクス認証）**という。暗証番号やパスワードなどに比べ，極めて「なりすまし」にくい認証方式であるため，関心が高まっている。しかし，任意に更新することができないため，一度でも複製され破られてしまうと安全性を回復できなくなる問題もある。

（2） ユーザID

　ネットワークを利用する際の利用者の識別コードであり，通常英数字の組み合わせである。ユーザIDは，銀行預金に例えれば口座番号のようなものである。

（3） パスワード

　ユーザIDに設定した暗証番号であり，他人の不正な使用やデータなどの盗用を防ぐために用いられる。パスワードは，通常英数字の組み合わせである。

（4） なりすまし

　他人のユーザIDやパスワードを使用してその人を装い，情報を盗んだり，だましたりすること。

（5） アクセス制限

　システムやファイルなどの利用を制限すること。

　① **アクセス権**

　　あるコンピュータが，ファイルやシステムなどを利用する権利。ネットワークを通じ，保存されているデータを複数のユーザで共有する際に，利用者を限定したいデータがある場合，特定のユーザのみがデータの読み書きをできるように設定するなどのようにアクセス権を設定する。

　② **不正アクセス**

　　アクセス権を持っていない者が，不正にアクセス権を取得し，コンピュータに侵入したり，システムやファイルを利用したりすること。

（6） マルウェア

　コンピュータの正常な利用を妨げたり，利用者やコンピュータに害をもたらしたりするなど，不正な動作を行うソフトウェアの総称。

　① **コンピュータウイルス**

　　ネットワークやUSBメモリなどを通じてコンピュータに入り込み，プログラムやデータを破壊したり，書き換えたりするソフトウェア。

　② **スパイウェア**

　　知らないうちにパソコンにインストールされ，個人情報を盗み出したり，ユーザの意に反してパソコンを操作させたりするソフトウェア。

　③ **ワーム**

　　インターネットなどを通じてコンピュータに侵入し，自身を複製して他のシステムに拡散する性質をもったソフトウェア。

　④ **トロイの木馬**

　　有益・無害なプログラムに偽装されているが，何らかのきっかけにより，データ漏洩や遠隔操作などの有害な動作を行うソフトウェア。

（7） ウイルス対策ソフトウェア

　コンピュータウイルスを検出・消去するソフトウェアのこと。ウイルス対策ソフトには次のようなものがある。

① ウイルス定義ファイル（パターンファイル）

　　コンピュータウイルスを検出する際に使うファイル。コンピュータウイルスの特徴を記録したもの。

② ワクチンプログラム

　　コンピュータウイルスに感染していないかチェックしたり，感染している場合にはウイルスを駆除する機能を備えたソフトウェアのこと。

練習問題 3　　　　　　　　　　解答 ➡ p.2

【1】次の説明文に最も適した答えを解答群から選び，記号で答えなさい。

(1)　ネットワークを利用する際の利用者の識別コード。

(2)　一般常識から判断して好ましくないWebページ。

(3)　次から次へと連鎖的に転送されるように仕組まれた電子メール。

(4)　利用者がコンピュータを利用する権利を，ユーザIDとパスワードの入力で識別すること。

(5)　有名企業などを装い，偽のウェブサイトへのハイパーリンクを張ったメールを送りつけ，個人情報などを獲得することを目的とする詐欺行為のこと。

(6)　コンピュータウイルスに感染していないかどうかをチェックするソフトウェア。

```
解答群
ア．認証        イ．チェーンメール     ウ．パスワード    エ．ユーザID
オ．フィッシング詐欺  カ．有害サイト      キ．なりすまし    ク．HTML
ケ．ワンクリック詐欺  コ．ワクチンプログラム  サ．スパムメール
シ．コンピュータウイルス
```

(1)		(2)		(3)		(4)		(5)		(6)	

【2】次のA群の語句に最も関係の深いものをB群より選び，記号で答えなさい。

《A群》

(1)　ウイルス定義ファイル

(2)　有害サイト

(3)　スパムメール

(4)　チェーンメール

(5)　フィルタリング

(6)　コンピュータウイルス

(7)　ワクチンプログラム

(8)　認証

《B群》

ア．連鎖

イ．感染

ウ．ねずみ講

エ．パスワード

オ．ウイルス除去

カ．パターンファイル

キ．アクセス制限

ク．出会い系

(1)		(2)		(3)		(4)	
(5)		(6)		(7)		(8)	

セキュリティ

表計算ソフトウェアに関する知識

1 表の作成

（1）ワークシート

表計算ソフトウェアは，縦横の集計表をそのまま画面に表示し，1つ1つのセル（マス目）に直接数値や文字，計算式などを入力し，表やグラフなどを作成するアプリケーションソフトウェアである。表計算を行うための作業をするシートをワークシートという。

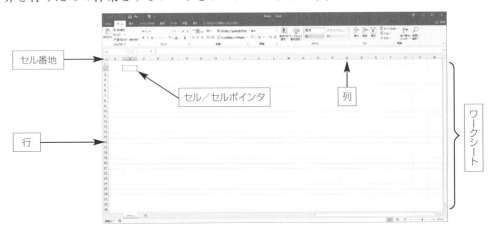

① **セル**

セルはワークシート上にある1つ1つのマス目のことで，シート上で入力対象となっているセルを示すカーソルをセルポインタという。太線の枠などで表示されている。

② **行**

ワークシートの横方向のセルの集まりで，数字で表す。

③ **列**

ワークシートの縦方向のセルの集まりで，アルファベットで表す。

④ **行高**

行の高さのことで，フォントのサイズを大きくすると自動的に高さが広くなる。また，行番号の境目をドラッグして広げることもできる。

	A	B
1	情報処理	
2	**情報処理**	
3	情報処理	

⑤ **列幅**

列の幅のことで，データの長さにより，列と列の境目をダブルクリックしたり，ドラッグすることにより列幅を変更することができる。

	A	B
1	情報処理検定試験	

⇨

	A	B
1	情報処理検定試験	

	A	B
1	情報	

⇨

	A	B
1	情報	

（2）セルの表示形式

数値の表示は，設定により次のように変更することができる。

	A	
1	100.00	小数第2位まで表示
2	10,000	3桁ごとにコンマ（,）を付けて表示
3	¥10,000	¥記号と3桁ごとにコンマ（,）を付けて表示
4	100%	百分率で％を付けて表示

（3）セル内の配置

① **文字位置**

通常文字は左詰め，数値は右詰めで表示されるが，設定により左揃え・中央揃え・右揃えに変更することができる。

	A	B	C
1	Excel	Excel	Excel
2	2016	2016	2016

② **文字方向**

文字は入力すると横方向に表示されるが，設定により縦方向に表示することができる。この場合は，自動的に行高が広くなる。

③ **セル結合**

複数の行や列の中央にデータを表示させたい場合は，セルを結合し中央揃えに設定する。

例：A1～C3のセルを結合し，中央揃えにする

（4）複写・移動

① **複写**

元の場所にあるデータをそのまま残し，同じデータを別の場所に貼り付けること。元のデータをそのまま貼り付けることもできるが，設定により文字，数値，計算式，罫線など指定したもののみを貼り付けることもできる。

② **移動**

元の場所にあるデータを残さずに別の場所にうつすこと。

（5）罫線

セルの周囲や対角に引くことができる線のこと。線の種類には次のようなものがあり，太さを変更することができる。

細線 ——————————　　　　太線 ▬▬▬▬▬▬　　　　破線 -------------

2 表計算ソフトウェアの計算

（1）比較演算子　＝　＞　＞＝　＜　＜＝　＜＞

数値などの大小の比較を行う際に用いる演算子。

比較演算子	意　味	例	
＜	より小さい（未満）	A＜B	AはBより小さい
＜＝	以下	A＜＝B	AはB以下である
＞	より大きい（超える）	A＞B	AはBより大きい
＞＝	以上	A＞＝B	AはB以上である
＝	等しい	A＝B	AとBは等しい
＜＞	等しくない	A＜＞B	AとBは等しくない

（2）算術演算子　＋　－　＊　／　＾

四則演算，べき乗などの計算を実行する演算子。演算の優先順位は，次の表のとおりである。ただし，（　）のある場合は，（　）内の計算を最優先する。

算術演算子	意　味	計算例	優先順位
＾	べき乗	4＾3	1位
＊	かけ算	4＊3	2位
／	わり算	4／3	2位
＋	たし算	4＋3	3位
－	ひき算	4－3	3位

（3）再計算

入力されているデータを変更すると，そのデータを含む計算式にもとづいて自動的に新しい計算結果を表示すること。

表計算ソフト

（4）　引数

関数が計算などをするときに必要な情報のこと。

（5）　相対参照

計算式や関数を移動または複写した場合などに，セル番地が自動的に調整される。

　　　例：A1

（6）　絶対参照

固定されたセル番地で，移動または複写しても同じセル番地を示す。

　　　例：$A$1

（7）　並べ替え

基準となる項目が小さい順や大きい順となるようにデータを並べ替える。

① **キー項目**

データの並べ替えや検索などを行う際，基準となる項目。

② **昇順・降順**

データの並びがキー項目を基準に，数値や文字コードの小さいものから大きいものへと並んでいる状態を**昇順（正順）**という。反対に大きいものから小さいものへと並んでいる状態を**降順（逆順）**という。昇順は，「1，2，3…」，「A，B，C…」，「あ，い，う…」の順になる。

練習問題 4-1

解答 ➡ p.2

【1】次の文に最も関係の深い語を解答群から選び，記号で答えなさい。

(1) セルの周囲に引くことができる枠線。
(2) 数値などの大小比較などを行う際に用いる演算子。
(3) データの並べ替えや検索などを行う際に，基準となる項目。
(4) ワークシート上の縦方向のマス目の集まりで，アルファベットで位置を表す。
(5) 元の場所にあるデータを残さないで，同じデータを別の場所にうつすこと。

(1)	
(2)	
(3)	
(4)	
(5)	

```
─ 解答群 ─
ア．複写      イ．キー項目    ウ．列幅      エ．罫線      オ．算術演算子
カ．列        キ．移動       ク．セル      ケ．引数      コ．比較演算子
```

【2】次のA群の語句に最も関係の深い説明文をB群から選び，記号で答えなさい。

A群　　　　　　B群
(1) セル　　　　ア．基準となる項目をもとにデータの並び順を変更すること。
(2) 再計算　　　イ．データの並びがキー項目を基準に小さいものから大きいものへと並んでいる状態。
(3) 絶対参照　　ウ．データの並びがキー項目を基準に大きいものから小さいものへと並んでいる状態。
(4) 昇順　　　　エ．計算式や関数を移動または複写した場合などに，自動的に調整されるセルの参照。
(5) 引数　　　　オ．計算式や関数を移動または複写した場合でも，固定されているセルの参照。
　　　　　　　　カ．四則演算やべき乗などの計算を実行する演算子。
　　　　　　　　キ．入力されているデータを変更すると，自動的に新しい計算結果を表示すること。
　　　　　　　　ク．ワークシート上にある1つ1つのマス目のこと。
　　　　　　　　ケ．ワークシート上の横方向のマス目の集まりで，数値で位置を表す。
　　　　　　　　コ．関数で計算をするときに必要な情報。

(1)		(2)		(3)		(4)		(5)	

3 基本的な関数

　関数とは，特定の計算を自動的に行うためにあらかじめ定義されている数式のことで，複雑な計算式を入力しなくても範囲指定や値などの引数を設定することによってソフトウェアが自動的に処理を行ってくれる。

　次の表を①〜⑪の関数を使用し，作成する。

	A	B	C	D	E	F
1	生徒番号	国語	数学	合計	結果	順位
2	20	75	86	①	⑦	⑪
3	21	60	58	118	補習	4
4	22	80	68	148		3
5	23	55	欠席	55	補習	5
6	24	90	74	164		1
7	平均	②	⑧⑨⑩			
8	生徒数	③	5			
9	受験者数	④	4			
10	最高	⑤	86			
11	最低	⑥	58			

① **SUM**

　生徒番号20の「国語」と「数学」の合計を求める。

　D2：=SUM(B2:C2)

② **AVERAGE**

　「国語」の平均値を求める。

　B7：=AVERAGE(B2:B6)

③ **COUNTA**

　「国語」の生徒数（空白でないセルの個数）を求める。

　B8：=COUNTA(B2:B6)

④ **COUNT**

　「国語」の受験者数（数値のセルの個数）を求める。

　B9：=COUNT(B2:B6)

⑤ **MAX**

　「国語」の最大値を求める。

　B10：=MAX(B2:B6)

⑥ **MIN**

　「国語」の最小値を求める。

　B11：=MIN(B2:B6)

⑦ **IF**

　生徒番号20の合計が130より小さければ補習と表示する。

　E2：=IF(D2<130,"補習","")

⑧ **ROUND**

　「数学」の平均を10の位未満で四捨五入する。

　C7：=ROUND(AVERAGE(C2:C6),−1)

⑨ **ROUNDUP**

　「数学」の平均を小数第1位未満で切り上げる。

　C7：=ROUNDUP(AVERAGE(C2:C6),1)

⑩ **ROUNDDOWN**

　「数学」の平均を小数第2位未満で切り捨てる。

　C7：=ROUNDDOWN(AVERAGE(C2:C6),2)

⑪ **RANK**

　「合計」を基準として降順に順位を付ける。

　F2：=RANK(D2,$D$2:$D$6,0)

4 文字列と数値の関数

（1）文字列の抽出

＝LEFT（文字列,文字数）

「文字列」の左端から，「文字数」文字を抽出する。

関数式の例　住所から県を抽出する。

C3：=LEFT(A3,3)

▲	A	B	C	D	E
1					
2	住所		県	市	区
3	千葉県千葉市美浜区		千葉県	千葉市	美浜区

＝MID（文字列,開始位置,文字数）

「文字列」の左端から数えて，「開始位置」文字目から，「文字数」文字を抽出する。

関数式の例　住所から市を抽出する。

D3：=MID(A3,4,3)

＝RIGHT（文字列,文字数）

「文字列」の右端から，「文字数」文字を抽出する。

関数式の例　住所から区を抽出する。

E3：=RIGHT(A3,3)

（2）文字列を数値に変換

＝VALUE（文字列）

「文字列」として入力されている「数字」を数値に変換する。

関数式の例　文字列を数値に変換する。

B3：=VALUE(A3)

▲	A	B
1		
2	文字列	数値
3	2345	2345

（3）数値を文字列に変換

＝FIXED(数値,桁数,桁区切り)

入力されている「数値」を文字列に変換する。

※桁数は，小数点以下の桁数を指定する。省略は2とみなす。

桁区切りは，0（FALSE，省略）はコンマを付け，0以外（TRUE）は付けない。

関数式の例　数値を小数第2位を四捨五入して，コンマなしの文字列に変換する。

B3：=FIXED(A3,1,1)

▲	A	B
1		
2	数値	文字列
3	2,345.67	2345.7

（4）文字列の長さ

＝LEN（文字列）

「文字列」の文字数を求める（半角全角の区別なし）。

関数式の例　検定名の文字数を求める。

C3：=LEN(A3)

▲	A	B	C
1			
2	検定名		文字数
3	情報処理検定3級		8

表計算ソフト

5 ▶ 日時の関数

=NOW( )

現在の日付と時刻を表示する。

関数式：＝NOW( )

=TODAY( )

現在の日付を表示する。

関数式：＝TODAY( )

6 ▶ 関数のネスト（入れ子）

関数の中に関数を入れることを**関数のネスト（入れ子）**という。

例1　風速の平均を求め，小数第1位未満を切り捨てて小数第1位まで
表示する。

　　　A7：＝ROUNDDOWN(AVERAGE(A3:A6),1)

例2　風速が10未満の場合は走行注意，20未満の場合は速度落とせ，そ
れ以外 の場合は通行止めを表示する。

　　　B3：＝IF(A3<10,"走行注意",IF(A3<20,"速度落とせ","通行止め"))

	A	B
1		
2	風速	表示
3	10	速度落とせ
4	22	通行止め
5	33	通行止め
6	8	走行注意
7	18.2	

練習問題 4-2

解答 ➡ p.2

【1】次の処理を行うときに使われる関数を答えなさい。

(1) 指定した範囲の合計を求める関数。

(2) 指定した範囲の平均を求める関数。

(3) 指定した範囲の数値のセルの個数を求める関数。

(4) 指定した範囲の空白でないセルの個数を求める関数。

(5) 指定した範囲の最大値を求める関数。

(6) 指定した範囲の最小値を求める関数。

(7) 指定した数値に指定した範囲の中で順位を付ける。

(8) 指定した数値を指定した桁数で四捨五入する関数。

(9) 指定した数値を指定した桁数で切り捨てる関数。

(10) 指定した数値を指定した桁数で切り上げる関数。

(11) 条件の判定を行う関数。

(12) 現在の日付と時刻を表示する関数。

(13) 現在の日付を表示する関数。

(1)	
(2)	
(3)	
(4)	
(5)	
(6)	
(7)	
(8)	
(9)	
(10)	
(11)	
(12)	
(13)	

【2】次の式で表示される数値や文字を答えなさい。

(1) =RIGHT("東京都文京区小石川",3)

(2) =LEFT("東京都文京区小石川",3)

(3) =MID("東京都文京区小石川",4,3)

(4) =LEN("東京都文京区小石川")

(1)		(2)		(3)		(4)	

【3】次の処理条件にしたがって設定する式を答えなさい。

	A	B	C	D	E	F	G
1							
2			新入社員販売成績一覧表（3か月間）				
3							
4	社員コード	4月	5月	6月	合計	判定	順位
5	1001	200,500	332,500	306,500	839,500	◎	1
6	1002	106,000	150,250	470,000	726,250	○	2
7	1003	87,900	250,000	240,500	578,400	○	4
8	1004	150,000	187,050	102,500	439,550	努力	5
9	1005	208,750	202,000	300,050	710,800	○	3
10	平均	150,700	224,400	284,000			
11	最高	208,750	332,500	470,000			
12	最低	87,900	150,250	102,500			

処理条件

⑴　E5の「合計」は，B列～D列の合計を求める。

⑵　F5の「判定」は，E列の「合計」が800000以上の場合は，◎ と表示し，500000以上の場合は，○ と表示し，それ以外の場合は 努力 と表示する。

⑶　G5の「順位」は，E列の「合計」を基準として降順に順位を付ける。ただし，その式をG6～G9までコピーする。

⑷　B10の「平均」は，5行目～9行目の平均を求める。ただし，100未満を切り上げて表示する。

⑸　B11の「最高」は，5行目～9行目の最大値を求める。

⑹　B12の「最低」は，5行目～9行目の最小値を求める。

⑴	
⑵	
⑶	
⑷	
⑸	
⑹	

【4】次の表は，ある学校の学生番号から必要なデータを抽出するための表である。学生番号は，左端から4桁が入学年，次の1桁がクラス，右端から2桁が出席番号で構成されている。次のセルに設定する式を答えなさい。ただし，入学年と出席番号は数値として抽出することとする。

	A	B	C	D
1				
2	学生番号表			
3	学生番号	入学年	クラス	出席番号
4	2017B11	2017	B	11
5	2018C08	2018	C	8
6	2018D22	2018	D	22
7	2016A40	2016	A	40

⑴　B4

⑵　C4

⑶　D4

7 グラフの作成

表にグラフをそえることにより，視覚的に情報を伝えることができる。グラフ作成で重要なポイントはどのようなことを表したいかによって，適切なグラフの種類を選ぶことである。

次の表から下の(1)〜(4)の6種類のグラフを作成する。

	A	B	C	D	E	F	G
1							
2		カルチャースクールの受講者数					
3							
4	講座名	第1回	第2回	第3回	第4回	第5回	合計
5	陶芸	35	58	45	33	55	226
6	手品	20	20	28	40	21	129
7	アカペラ	15	18	32	48	58	171
8	オペラ	8	10	20	15	10	63
9	パン作り	22	30	38	50	50	190
10	合計	100	136	163	186	194	779

（1）棒グラフ

① 集合棒グラフ

棒グラフの中で最も基本的なグラフ。それぞれのデータの大小を比較するのに適する。

・第4回と第5回の講座別の受講者数を比較したい。

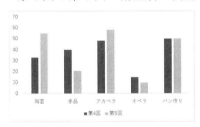
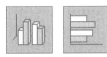

＜その他の形式＞

② 積み上げ棒グラフ

棒グラフの1つで，全体を構成するデータの内訳を表現するのに適する。

・講座別受講者数の内訳と合計の変化を表したい。

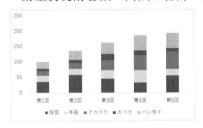

＜その他の形式＞

③ 100％積み上げ棒グラフ

棒グラフの1つで，全体に占める割合の移り変わりを表現するのに適する。

・講座別の受講者数の割合の変化を表したい。

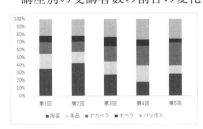

＜その他の形式＞

（２）折れ線グラフ

時間の経過によるデータの変化を表現するのに適する。

・講座別の受講者数の変化を表したい。

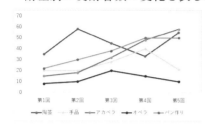

＜その他の形式＞

（３）円（切り離し円）グラフ

データの割合を表現するのに適する。一部を切り離して目立たせることができる。

・受講者数の講座別の割合を表したい。

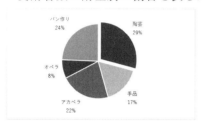

＜その他の形式＞

（４）レーダーチャート

データのバランスを表現するのに適する。

・第１回と第５回の講座別の受講者数のバランスを比較したい。

＜その他の形式＞

■8■ グラフの主な構成要素

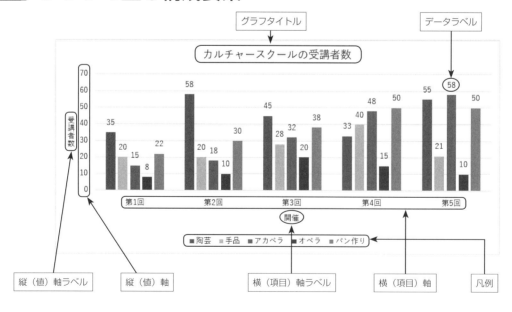

練習問題 4-3

解答 ➡ p.2

【1】 次の表をもとに目的にあったグラフを作成したい。各問いの答えをア，イ，ウの中から選び，記号で答えなさい。

	A	B	C	D	E	F
1						
2		支店別営業成績一覧表				
3						(単位:千円)
4		横須賀支店	大宮支店	水戸支店	八王子支店	合計
5	営業1課	20,560	20,040	10,537	20,077	71,214
6	営業2課	21,087	37,845	9,976	11,155	80,063
7	営業3課	30,099	36,001	12,378	16,489	94,967
8	売上合計	71,746	93,886	32,891	47,721	246,244

⑴　各支店ごとの営業成績の割合を表したい。

　　　ア．棒グラフ　　　　　　　イ．円グラフ　　　　　　　ウ．折れ線グラフ

⑵　各支店の営業成績の大小と，各課の営業成績の内訳を表したい。

　　　ア．折れ線グラフ　　　　　イ．円グラフ　　　　　　　ウ．積み上げ棒グラフ

⑶　⑴のグラフを作成するのに，指定する範囲はどれか。

　　　ア．A4:E7　　　　　　　　イ．B4:E4とB8:E8　　　　ウ．A5:A7とF5:F7

⑷　表をもとに次のようなグラフを作成した。
　　数値軸ラベルとして次のどれが適当か。

　　　ア．売上合計
　　　イ．合計
　　　ウ．支店名

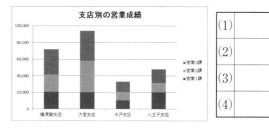

(1)	
(2)	
(3)	
(4)	

【2】 次のA群のグラフの説明として，最も適した答えをB群から選び，記号で答えなさい。

＜A群＞　⑴　集合棒グラフ　　⑵　積み上げ棒グラフ　　⑶　100％積み上げ棒グラフ
　　　　　⑷　折れ線グラフ　　⑸　円グラフ　　　　　　⑹　レーダーチャート

＜B群＞

　ア．1本の棒全体を100％とし，構成比率を表したグラフ。
　イ．それぞれの項目の全体に占める割合を表すのに適しているグラフ。
　ウ．棒グラフの中で最も基本的なグラフ。
　エ．複数の項目を積み上げて表示したグラフ。
　オ．複数の項目を点や線で表したもので，項目間のバランスを見るのに適しているグラフ。
　カ．時間の経過にともなうデータの増減を見るのに適しているグラフ。

(1)		(2)		(3)		(4)		(5)		(6)	

プログラムに関する知識

1 流れ図

（1）アルゴリズム

　コンピュータは人間と比較して高速かつ正確に大量の処理を行うことができるが，コンピュータが独自で考えて処理をするわけではない。コンピュータに処理させるためには，問題を解く手順を，計算や操作の組み合わせとして定義しなければならない。この問題の解決方法やその手順のことを**アルゴリズム**という。

（2）流れ図

　アルゴリズムをわかりやすく図式化したものを流れ図（フローチャート）といい，流れ図を作成するためのおもな記号には，次のようなものがある。

＜主な流れ図記号＞

記号	名称	内容
	端子	処理の始めや終わりを表す。
	準備	初期値の設定などの準備を表す。
	データ	データの入力や出力を表す。
	処理	計算などの処理を表す。
	判断	処理を分岐させる条件判断を表す。
	ループ始端※	ループの始まりを表す。
	ループ終端※	ループの終わりを表す。
	定義済み処理	別の場所で定義されている処理を表す。
	結合子	流れ図が紙幅の都合などで分離された場合の結合位置を表す。

※　同じ処理を繰り返すことをループという。ループ始端とループ終端は同じ名前（ループ名）をつけて，どちらかにループを繰り返す条件を記述する。

　流れ図は，処理手順にしたがって，原則として上から下へ，左から右へと記号を並べて，線で結んで書く。流れの向きが変わってしまう場合は，矢印をつけて見やすくし，線は交差しないようにする。

2 手続きの基本構造

（1） 手続きの基本構造

　アルゴリズムは，だれが見てもわかりやすいものを作ることを心がけなければならない。処理の手順の構造を**制御構造**といい，**順次・選択・繰り返し**という基本的な制御構造で表現するとわかりやすい流れ図が作成できる。

＜制御構造の種類＞

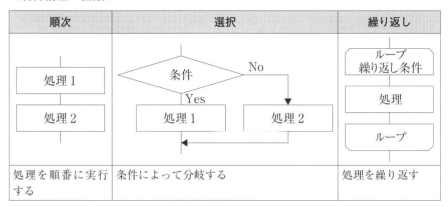

順次	選択	繰り返し
処理を順番に実行する	条件によって分岐する	処理を繰り返す

（2） 順次構造

　処理を上から順番に実行する構造を**順次構造**という。流れ図は，処理手順に従って，流れ図記号を上から下へ並べ，線で結んで書く。

例題 2-1

「部屋に入る」という行動の手順を考えて，流れ図を作成しよう。

　部屋に入るためには，「ドアを開け，部屋に入り，ドアを閉める」という処理を行う。これらの手順を流れ図で表すと，右図のようになる。

（3） 選択構造

　ある条件によって処理を2つ以上に分岐する構造を**選択構造**という。判断記号の中に分岐の条件を示し，条件が成立した場合はYesの方向に，成立しない場合はNoの方向に分岐する。

例題 2-2

「傘をさすかどうかを判断する」という行動の手順を考えて，流れ図を作成しよう。

　雨が降っていれば傘をさし，降っていなければ何もしないという処理を行うことになる。これらの手順を流れ図で表すと，右図のようになる。

　Noの場合に行う処理がなければ，右図のように処理を記述しない。

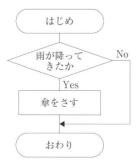

プログラム

（4）繰り返し構造

　　ある範囲の処理をある条件が成立するまで（あるいは成立する間）繰り返す構造を**繰り返し構造**という。流れ図は，繰り返す範囲をループ始端記号とループ終端記号で明示して同じ名前を付け，ループ始端記号の中の条件が成立するまで繰り返す。条件が成立したら，ループ終端記号の次の処理へ進む。

　　なお，ループ終端記号の中に条件を記述する場合もある。条件をループ始端に記述する場合は前判定型，ループ終端に記述する場合は後判定型という。

　　|例題　2-3|

　　「終了時間になるまで問題を解く」という行動の手順を考えて，流れ図を作成しよう。

　　「終了時間になるまで問題を解く」は，「終了時間にならない間は問題を解き続ける」と言い換えることができる。右図のように，ループ始端記号に条件を記入し，この条件を満たしている間はループ始端記号とループ終端記号の間に書かれた処理を繰り返す流れ図で表すことができる。

❸　代入と演算

（1）変数と定数

　　コンピュータがアルゴリズムに沿って処理を行うためには，処理のために用いたり，処理の結果算出されたりする数値や文字列などのデータを記憶しなければならない。

　　このようなデータをコンピュータに記憶させるためには，ほかのデータと区別できるように記憶場所に名前をつけ，そこにデータを記憶する。データを記憶する場所を**変数**といい，変数の名前を**変数名**という。たとえば料金を記憶する変数の変数名を「RYO」にしたり，人数を記憶する変数の変数名を「NIN」にしたりするなど，その変数が何を記憶するものなのかがわかるような変数名にするとよい。

　　定数は，データを一定時間記憶し必要なときに利用できるようにするために，データの保存場所に固有の名前をつけたものである。ただし変数とは異なり，その内容を各処理によって変更することはできない。消費税率など，誤った記述や操作などによって処理のなかで変更してはいけないものを定数として設定することがある。

（2）データの入出力

①　変数へのデータの入力

　　変数にデータを入力することを**代入**という。プログラム中で変数にデータを代入する処理は，流れ図では「→」を使って表す。たとえば，変数RYOに「800」という値を代入するときは，流れ図では「800 → RYO」と表す。

　　また，キーボードなどを使って，プログラムの利用者が変数にデータを入力する場合もある。

②　データの出力

　　処理結果などを，プログラムの利用者に対して出力する処理は，流れ図では「……を表示」のように表すことが多い。たとえば，変数KEIに記憶されている値を出力するときは，流れ図では「KEIを表示」と表す。

　　出力は，プリンタで紙に印字したり，ディスプレイに表示したりすることで行う。

（3）算術演算

プログラム中で行われる演算のうち，四則演算などの算術演算を表す記号を**算術演算子**という。算術演算子には，次のようなものがある。

＜算術演算子＞

記号	数学的な表現	意味
＋	$m+n$	たす
－	$m-n$	ひく
×	$m×n$	かける
÷	$m÷n$	わる
	m^n	べき乗する

算術演算では次のような優先順位で演算が行われる。同じ順位のものについては，左のものが先に処理される。

①かっこ　②べき乗　③×および÷　④＋および－

＜算術演算の優先順位の例＞

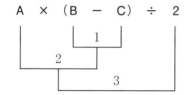

例題 3-1

入園料800円のテーマパークがある。入園者の人数をキーボードから入力し，合計金額を求めるプログラムの流れ図を作成しよう。

以下のような流れ図で表すことができる

① 処理を始める

② 800を入園料（RYO）に代入する

③ 入園者の人数（NIN）を入力する

④ 入園料×人数で合計金額（KEI）を求める

⑤ 合計金額を表示する

⑥ 処理を終わる

4 ▶条件判定

（1）比較演算子

　制御構造のうち，「選択」や「繰り返し」においては，条件判定を行う場合がある。条件判定には，値の大小を比較する**比較演算子**を用いる。比較演算子には，次のような種類がある。

＜比較演算子＞

記号	意味	使用例
>	より大きい	A ＞ B
<	より小さい	A ＜ B
≧	以上	A ≧ B
≦	以下	A ≦ B
=	等しい	A ＝ B
≠	等しくない	A ≠ B

例題 4-1

　入園料が年齢によって異なり，18歳以下であれば500円，それ以外であれば800円のテーマパークがある。年齢をキーボードから入力し，入園料がいくらかを求めるプログラムの流れ図を作成しよう。

　以下のような流れ図で表すことができる

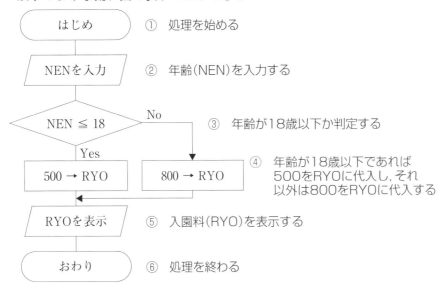

① 処理を始める

② 年齢（NEN）を入力する

③ 年齢が18歳以下か判定する

④ 年齢が18歳以下であれば500をRYOに代入し，それ以外は800をRYOに代入する

⑤ 入園料（RYO）を表示する

⑥ 処理を終わる

プログラム

（2）論理演算

比較演算を複数組み合わせて論理演算を行う場合もある。流れ図のなかでは，「かつ」で論理積（AND）を，「または」で論理和（OR）を，「ではない」で否定（NOT）を表す。

例題　4-2

入園料が年齢によって異なり，12歳未満であれば無料，12歳以上18歳以下であれば500円，それ以外であれば800円のテーマパークがある。年齢をキーボードから入力し，入園料がいくらかを求めるプログラムの流れ図を作成しよう。また，「12歳以上18歳以下」を1行で表現してみよう。

以下のような流れ図で表すことができる

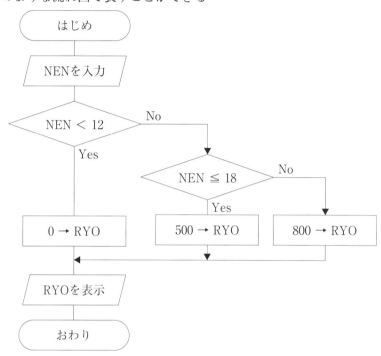

また，「12歳以上18歳以下」は，次のように表すこともできる。

NEN≧12 かつ NEN≦18

5 回数判定

例題 5-1

　テーマパークにおいて，入園チケットを販売するために販売枚数を入力し，1組あたりの平均販売数を求めるプログラムの流れ図を作成しよう。ただし，販売枚数に0を入力したときに平均販売数を表示して，処理を終了するようにする。

　以下のように流れ図を作成することができる。

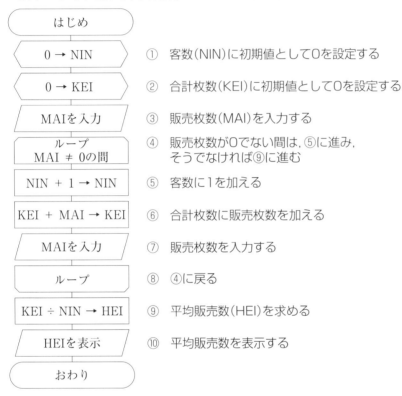

① 客数(NIN)に初期値として0を設定する

② 合計枚数(KEI)に初期値として0を設定する

③ 販売枚数(MAI)を入力する

④ 販売枚数が0でない間は，⑤に進み，そうでなければ⑨に進む

⑤ 客数に1を加える

⑥ 合計枚数に販売枚数を加える

⑦ 販売枚数を入力する

⑧ ④に戻る

⑨ 平均販売数(HEI)を求める

⑩ 平均販売数を表示する

　このプログラムでは，チケットを販売するたびに1組あたりの販売枚数を入力しているが，販売枚数が0と入力された時点でループを抜け，1組あたりの平均販売数を表示するようにしている。言い換えれば，販売枚数に0と入力されない限りは処理を繰り返すということになるので，④でそのような条件の繰り返しを設定している。

　平均を求めるには，客数と合計枚数が必要である。①と②で，客数と合計枚数を記憶する変数に初期値として0を記憶し，データを1件処理するごとに客数を記憶する変数に1を加算し（⑤），合計枚数を記憶する変数に販売した枚数を加算する（⑥）。最後に，合計枚数を客数で割り，平均を求めている（⑨）。

6 トレース

　トレースとは，プログラムの流れをたどり，各変数がどのように変化するのかを追跡することである。プログラムのしくみや状況を理解するために有効な手段である。

　トレースを行う場合は，次のようなことに注意する。

① 変数の変化を，一覧表（トレース表）にするとわかりやすい。
② 変数の中身は，変更されるまで前のデータが残り，変更後は上書きされる。
③ 変数の変化の法則性を見出すようにする。
④ 通常，除算の場合，小数点以下切り捨てである。

◆用語チェック問題◆

解答➡ p.59

1. ハードウェア・ソフトウェアに関する知識

（1）ハードウェアの構成

問　題	解　答
①複数の電子回路をまとめ，1つの部品として構成したもの。	
②データの読み出しのみができ，電源を切っても記憶内容が消えないメモリ。	
③データの読み書きが自由にでき，電源を切ると記憶内容が消えてしまうメモリ。	
④命令を解読し，各装置の制御や演算処理などを行うコンピュータの中心部分。	
⑤コンピュータにおける五大装置のうち，記憶装置内の命令を取り出して解読し，各装置に指示を与える装置。	
⑥コンピュータにおける五大装置のうち，計算および比較判断を行う装置。	
⑦コンピュータにおける五大装置のうち，データやプログラムを記憶する装置。	
⑧プログラムやデータを記憶する装置のうち，CPUから直接読み書きできる装置。	
⑨主記憶装置を補う形で使われる記憶装置。磁気ディスク装置，光ディスク装置などがある。	
⑩金属の円盤によって構成され，磁気を利用してデータを読み書きする装置。	
⑪記憶媒体に半導体メモリを用いており，磁気ディスク装置のように使用することができる記憶装置。耐衝撃性に優れている。	
⑫光ディスクの一種で，両面記憶，2層記録が可能で，記憶容量が大きい。	
⑬光ディスクの一種で，データの読み書きに青紫色半導体レーザを利用する。ハイビジョン映像などの高密度映像や，大容量のデータの保存が可能。	
⑭データの書き換えが可能で，電源を切っても記憶内容が消えない不揮発性の特性を持つ半導体メモリ。	
⑮データやプログラムを入力する装置。	
⑯指や専用のペンなどで画面に触れることにより，指示やデータを入力する装置。	
⑰写真やイラストなどの画像を読み取り，デジタルデータとして入力する装置。	
⑱バーコードを読み取る装置。	
⑲処理結果やプログラムを表示したり，印字したりする装置。	
⑳細かな液状のインクを用紙に吹き付けて印字するプリンタ。	
㉑感光ドラムに光をあててトナーを付着させ，用紙に転写して印字するプリンタ。	
㉒画像や映像を大型スクリーンなどに投影することにより表示する装置。	
㉓パソコンと周辺機器，人間とパソコンといった情報や信号の接点。	
㉔コンピュータ本体とキーボード，プリンタなどを接続するインタフェースで，最大127台まで接続可能な規格。	
㉕主に家電やAV機器向けのデジタル映像・音声入出力インタフェースの規格。	

問　題	解　答
㉖数mから数十m程度の近距離の，デジタル機器用の無線通信の規格。	

(2) ソフトウェアの構成

問　題	解　答
㉗利用者がコンピュータを使いやすくするために，基本的な管理や制御を行うソフトウェア。	
㉘表計算ソフトウェアなどのように，特定の目的に利用するためのソフトウェア。	
㉙アプリケーションソフトをコンピュータに導入する作業のこと。	
㉚インストールされたアプリケーションソフトを削除し，導入前の状態に戻すこと。	
㉛ソフトウェアの機能の追加や不具合を修正するために，最新の状態にすること。	

(3) パーソナルコンピュータの操作

問　題	解　答
㉜ボタンやアイコンなどの視覚的な要素を用い，直感的に操作できるようにした環境。	
㉝ファイルの種類や機能，フォルダなどを，視覚的にわかりやすく表現した，画面上の小さな絵文字。	
㉞画面上で入力位置や操作位置を示すマーク。	
㉟画面上に表示しきれない文字や画像を見るために，表示範囲を移動させる操作。	

(4) 関連知識

問　題	解　答
㊱コンピュータ内部の情報を「0」と「1」のみを用いて表現する方法。	
㊲2進数1桁で表される情報の最小単位。	
㊳2進数8桁で表される情報の基本単位。	
㊴1,000分の1秒を表す時間の単位。	
㊵100万分の1秒を表す時間の単位。	
㊶10億分の1秒を表す時間の単位。	
㊷1兆分の1秒を表す時間の単位。	
㊸1,000兆分の1秒を表す時間の単位。	
㊹約1,000バイトを表す記憶容量の単位。	
㊺約1,000,000バイトを表す記憶容量の単位。	
㊻約1,000,000,000バイトを表す記憶容量の単位。	
㊼約1,000,000,000,000バイトを表す記憶容量の単位。	
㊽約1,000,000,000,000,000バイトを表す記憶容量の単位。	
㊾初期化とも呼ばれ，記憶媒体を利用できるようにするための作業。	
㊿コンピュータのファイルシステム中に保存された，プログラムやデータを特定するために付ける名前。	

問　題	解　答
(51)記憶装置の中で，ファイルを分類して保存するために作られた記憶場所のこと。	
(52)発生したデータを一定期間ためておき，一括して処理する方式。	
(53)工業用ロボットや航空管制システムのように，センサなどで監視し，状況に応じて即座に処理する方法。	
(54)企業間の取引において，ネットワーク経由で受発注業務を行うシステム。	
(55)インターネットなどのネットワークを利用した商取引。	
(56)スーパーマーケットのレジなどで商品のバーコードを読み取り，販売情報を収集し，売上管理や在庫管理に利用するしくみ。	
(57)横方向に並んだ直線の太さや間隔などにより，データを表すもの。	
(58)日本産業規格（JIS）に定められている，商品識別番号とバーコードの規格の１つ。もっとも代表的なバーコード。	
(59)小さな正方形の点を縦横同じ数だけ並べた二次元のコードで，一次元のバーコードよりも多くの情報を表すことができる。	
(60)キャッシュカード大のプラスチック製のカードに，薄い半導体集積回路（ICチップ）を埋め込み，情報を記録できるようにしたカード。読み取り端末に接触させなくても処理が可能。	
(61)微小な無線チップによって直接接触することなく，人や物を識別・管理するシステム。	
(62)人間の認識や思考などの能力をコンピュータで実現しようとするための技術の総称。	
(63)さまざまなモノに通信機能を持たせ，インターネット経由で相互に接続して情報のやり取りを行うこと。モノのインターネットともいう。	

2. 通信ネットワークに関する知識

問　題	解　答
(64)インターネットへの接続サービスを提供する業者。電子メールサービスなどの提供も行う。	
(65)Webページを作成するための言語。タグを使い，文書構造や画像の表示などを定義する。	
(66)インターネットでWebページを閲覧するためのソフトウェア。	
(67)インターネットにおいて，HTML文書や画像など，保存されているファイルの場所を示すアドレス。	
(68)電子メールアドレスの組織・団体などの所属を表す部分。	
(69)Webページ上の文字列や画像をクリックすると，目的のWebページへジャンプする機能。	
(70)インターネットにおいて，キーワードを入力することにより，目的のWebページを効率よく見つけることができるWebページ。	
(71)インターネットにおいて，ブラウザからの要求により，保存されているHTML文書や画像などのファイルを送信するなどのサービスを提供するコンピュータ。	
(72)電子メールの送信や受信の管理を行うコンピュータ。ユーザはこのコンピュータに接続することで，メッセージなどの送受信を行う。	
(73)電子メールを送受信するための専用のソフトウェア。	
(74)Webブラウザで利用することができる電子メールのこと。	
(75)電子メールを送信する相手のメールアドレスを入力する欄。	
(76)同じ内容のメールをほかの人にも同時に送信したいときに，メールアドレスを入力する欄。受信した人は誰に同じメールが届いているかわかる。	

問　　　　題	解　答
⑦電子メールを複数の相手に同時に送信する方法であり，この方法で指定した メールアドレスは他の受信者に通知されない。	
⑱電子メールの本文とともに送受信される，送信者が指定したファイル。コン ピュータウイルスに感染している可能性があるため，取り扱いには注意が必 要。	
⑲ワープロソフトの文書や表計算ソフトのワークシートなどを保存し，LANに 接続された複数のクライアントで共有して利用するために用いるサーバ。	
⑳特定のプリンタを複数のコンピュータで利用できるようにプリントジョブを管 理するサーバ。	
㉑インターネットを介して，利用者に対してサーバの記憶領域を貸し出すサービ ス。	
㉒自身のコンピュータのデータを，ネットワークを介してサーバに転送するこ と。	
㉓サーバのデータを，ネットワークを介して自身のコンピュータに転送すること。	

3. 情報モラルとセキュリティに関する知識
（1）情報モラル

問　　　　題	解　答
㉔電話番号や身長，体重など，他人に知られたくない個人の情報を無断で公開し， 本人に精神的苦痛を与えること。	
㉕有害なWebサイトなどへのアクセスを規制すること。	
㉖青少年の健全な育成をさまたげる情報や，犯罪につながる情報を掲載している Webサイト。	
㉗電子メールによって一方的に送られてくる悪質なメールのこと。	
㉘迷惑メールの一種で，不特定多数の受信者へ一方的に送られる，広告や勧誘 を内容としたもの。	
㉙迷惑メールのうち，受信者に受信内容を他の人へ送信するようにうながすメー ル。	
㉚インターネット上で行われる詐欺行為のこと。	
㉛本物のウェブサイトを装った偽のウェブサイトへのリンクを張ったメールを送 りつけ，個人情報などを獲得することを目的とする詐欺のこと。	
㉜勝手に送られてきた電子メールに記載されているURLなどを1回クリックす ると，「ご入会ありがとうございました」などの文字やWebページが表示され， 一方的に多額の料金の支払いを求める詐欺のこと。	

（2）セキュリティ

問　　　　題	解　答
㉝ネットワークに接続する際，ユーザIDとパスワードを入力することで，利用 者が本人であることを確認すること。	
㉞ネットワークシステムにおいて，利用者本人を識別するための番号や文字列。	
㉟コンピュータシステムを利用する際，本人確認のためユーザIDとともに用い られる本人以外知らない文字列。定期的に変更することが望ましい。	
㊱ファイルやシステム等の利用を特定の人だけに制限したり，有害なサイトへの アクセスを制限したりすること。	
㊲サーバなどの記憶装置に保存されたファイルやフォルダなどを利用するための 権限。	
㊳他人のコンピュータに侵入してデータを改ざんしたり，盗み出したり，他社の コンピュータをダウンさせたりすること。	
㊴他人のユーザIDなどを不正に利用し，その人のふりをしてネットワーク上で 活動すること。	
㊵悪意のあるソフトウェアの総称。	
㊶コンピュータに対して，何らかの異常を引き起こす目的で作成された悪意のあ るプログラム。	

問　題	解　答
⑩利用者が気づかないうちにコンピュータにインストールされ，情報を収集して攻撃者に送信するソフトウェア。	
⑩自己増殖機能をもつ，悪意のあるソフトウェア。通信機能を備えており，ネットワークを通じて増殖・伝染する。	
⑩有益・無害なソフトウェアを装ってターゲットのコンピュータに侵入し，利用が意図しない別の動作を実行するソフトウェア。	
⑩コンピュータウイルスを検出・消去するソフトウェア。	
⑩コンピュータウイルスを検出する際に使うファイル。	
⑩コンピュータウイルスの検出や駆除などを専門に行うソフトウェア。	

4. 表計算ソフトウェアに関する知識
(1) 表の作成

問　題	解　答
⑩表計算ソフトウェアにおいて，データの入力や計算，グラフの作成を行う，複数の行と複数の列からなる領域。	
⑩表計算ソフトウェアにおいて，行と列により区切られた1つ1つのマス目。	
⑩ワークシート上の横方向のマス目の集まりで，数字で位置を表す。	
⑪ワークシート上の縦方向のマス目の集まりで，アルファベットで位置を表す。	
⑫ワークシート上の行の高さ。設定により変更できる。	
⑬ワークシート上の列の幅。設定により変更できる。	
⑭通常は，文字は左詰め，数値は右詰めで表示されるが，設定により，左揃え，中央揃え，右揃えに変更することができる。	
⑮文字は入力すると横方向に表示されるが，設定により縦方向に表示することができる。	
⑯複数の行や列の中央にデータを表示させたいときは，セルと結合して中央揃えに設定する。	
⑰元の場所にあるデータをそのまま残し，同じデータを別の場所に貼り付けること。	
⑱元の場所にあるデータを残さないで，同じデータを別の場所に貼り付けること。	
⑲セルの周囲に引くことができる枠線。	
⑳ ━━━━━━━━━━━の名称。	
㉑ ━━━━━━━━━━━の名称。	
㉒数値などの大小比較を行う際に用いる演算子。	
㉓四則演算やべき乗などの計算を実行する演算子。	
㉔入力されているデータを変更すると，自動的に新しい計算結果を表示すること。	
㉕表計算ソフトウェアの関数を利用する際に設定する情報。セル範囲やセル番地，数値などがある。	
㉖計算式や関数を移動または複写した場合などに，セル番地が自動的に調整されるセルの参照。	
㉗固定されたセル番地で，移動または複写しても同じセル番地をしめす。	
㉘基準となる項目をもとに，データの並び順を変更すること。	

チェック問題

問　　題	解　答
⑫⑨データの並べ替えや検索などを行う際に，基準となる項目。	
⑬⓪データの値が小さいものから順番に並んでいること。	
⑬①データの値が大きいものから順番に並んでいること。	

(2) 関数の利用

問　　題	解　答
⑬②指定した範囲の合計を求める。	
⑬③指定した範囲の平均を求める。	
⑬④指定した範囲の最大値を求める。	
⑬⑤指定した範囲の最小値を求める。	
⑬⑥指定した数値に，指定した範囲の中で順位を付ける。	
⑬⑦条件の判定を行う。	
⑬⑧指定した範囲の数値のセルの個数を求める。	
⑬⑨指定した範囲の空白でないセルの個数を求める。	
⑭⓪指定した数値を，指定した桁数で四捨五入する。	
⑭①指定した数値を，指定した桁数で切り上げる。	
⑭②指定した数値を，指定した桁数で切り捨てる。	
⑭③指定した文字列の文字数を求める。	
⑭④指定した文字列の左端から，指定した文字数を抽出する。	
⑭⑤指定した文字列の右端から，指定した文字数を抽出する。	
⑭⑥指定した文字列の左端から数えて，指定した開始位置から，指定した文字数を抽出する。	
⑭⑦文字列として入力されている数字を，数値に変換する。	
⑭⑧現在の日付と時刻を表示する。	
⑭⑨現在の日付を表示する。	
⑮⓪関数の中に関数を入れること。	

(3) グラフの作成

問　　題	解　答
⑮①集合・積み上げ・100%積み上げなど棒の長さで大きさを表すグラフ。横棒・縦棒などの種類がある。	
⑮②棒の長さで各項目の値の大小を比較する棒グラフ。	
⑮③各項目を積み重ねて、各項目の値と合計を比較する棒グラフ。	
⑮④1つの棒を100%として，各項目の構成比率を比較する棒グラフ。	

問　　　題	解　答
⑮時間の経過による値の変化を表すグラフ。	
⑯円グラフの一部分を分離して，特定のデータを強調して表すグラフ。	
⑰同じ中心点から伸びる軸上にある目盛りを結んでバランスを表すグラフ。	
⑱グラフ全体の内容を表した見出し。	
⑲グラフの基準となる線。	
⑯軸の項目が示すものを表す見出し。	
⑯グラフのデータ系列に割り当てられている色や模様の意味を説明したもの。	

5. プログラムに関する知識

問　　　題	解　答
⑯処理を順番に実行する制御構造。	
⑯条件を満たしているかどうかによって，処理を2つ以上に分岐させる制御構造。	
⑯ある条件が成立するまで（あるいは成立しなくなるまで）処理を繰り返す制御構造。	
⑯処理の手順を図で表したもの。フローチャートともいう。	
⑯各段階における変数の値を確認するなどのように，プログラムの処理の流れを追跡すること。	
⑯プログラムが処理するデータを読み込ませたり，プログラムが処理した結果となるデータを表示したりすること。	
⑯足し算，引き算，掛け算，割り算，累乗，剰余などの演算の総称。	
⑯真（1）と偽（0）の入力値に対して，AND，OR，NOTなどの演算子を用いて行う演算の総称。	
⑰プログラムで用いるデータを記憶しておく記憶場所，またはそこに記憶されているデータ。プログラム中の処理によって値が変わる。	
⑰プログラムで用いるデータを記憶しておく記憶場所，またはそこに記憶されているデータ。⑰と異なり，一度値を設定したら基本的にはプログラム中で値を変えられないようになっている。	

チェック問題

◆関数チェック問題◆

解答 p.60

［　］は省略可

処理項目	問　題	解　答
合計	①「範囲」の合計を求める。 ＝□（範囲1，［範囲2］，...）	
平均	②「範囲」の平均を求める。 ＝□（範囲1，［範囲2］，...]）	
最大値	③「範囲」の最大値を求める。 ＝□（範囲1，［範囲2］，...]）	
最小値	④「範囲」の最小値を求める。 ＝□（範囲1，［範囲2］，...]）	
件数	⑤「範囲」の中にある数値のセルの個数を求める。 ＝□（範囲1，［範囲2］，...]） ⑥「範囲」の中にある空白でないセルの個数を求める。 ＝□（範囲1，［範囲2］，...]）	
順位付け	⑦「数値」の順位を「範囲」の中で「順序（降順は0か省略， 昇順は0以外の数値)」の順につける。 ＝□（数値，範囲，［順序]）	
判定	⑧「論理式」が真の場合は「真の場合」を実行し，偽の場合は 「偽の処理」を実行する。 ＝□（論理式，［真の場合]，［偽の場合]）	
端数処理	⑨「数値」を「桁数（2は小数第2位まで)」になるように四 捨五入する。 ＝□（数値，桁数） ⑩「数値」を「桁数（0は整数)」になるように切り上げる。 ＝□（数値，桁数） ⑪「数値」を「桁数（−2は小数点の左側2桁が0)」になる ように切り捨てる。 ＝□（数値，桁数）	
文字列の長さ	⑫「文字列」の文字数を求める。 ＝□（文字列）	

文字列の抽出	⑬「文字列」の左端から「文字数（省略は1）」文字を抽出する。 　＝ _____（文字列，［文字数］）	
	⑭「文字列」の右端から「文字数（省略は1）」文字を抽出する。 　＝ _____（文字列，［文字数］）	
	⑮「文字列」の左端から数えて「開始位置」文字目から「文字数」文字を抽出する。 　＝ _____（文字列，開始位置，文字数）	
文字列の変換	⑯「文字列」の数字を数値に変換する。 　＝ _____（文字列）	
日時	⑰現在の日付と時刻を表示する。 　＝ _____（）	
	⑱現在の日付を表示する。 　＝ _____（）	

チェック問題

◆流れ図チェック問題◆

解答 ⇒ p.60

1. 次の流れ図記号の名称・意味・使用例を解答群から選び，記号で答えなさい。

流れ図記号	名称	意味	使用例
	(1)	(8)	0 → Kei
	(2)	(9)	(15)
	(3)	(10)	探索処理
	(4)	(11)	(16)
	(5)	(12)	(17)
	(6)	(13)	(18)
	(7)	(14)	(19)

解答群

(名称)

ア．結合子　　　　　イ．準備　　　　　　ウ．処理

エ．端子　　　　　　オ．定義済み処理　　カ．データ

キ．判断　　　　　　ク．ループ始端　　　ケ．ループ終端

(意味)

コ．計算などの処理を表す　　サ．条件判断を表す　　シ．初期値の設定などの準備を表す

ス．処理の始めや終わりを表す　　セ．データの入出力を表す

ソ．流れ図の結合位置を表す　　タ．別の場所で定義されている処理を表す

チ．ループの終わりを表す　　ツ．ループの始まりを表す

(使用例)

テ．Ritu ≧ 50　　　　ト．Su × Tanka → Ryo　　　ナ．Suを表示

ニ．おわり　　　　　　ヌ．ループ1

2．流れ図に従って処理するとき，問1・2に答えなさい。

問1．xの値が3のとき，出力されるzの値を答えなさい。

問2．xの値が11のとき，出力されるzの値を答えなさい。

問1		問2	

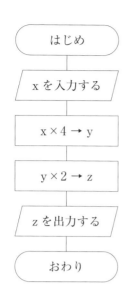

3．流れ図に従って処理するとき，問1・2に答えなさい。

問1．bの値が9のとき，出力されるaの値を答えなさい。

問2．bの値が18のとき，出力されるaの値を答えなさい。

問1		問2	

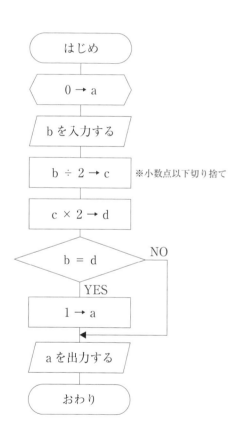

実技問題

解答 ➡ p.3

【1】 次の資料は，ある宅配水の販売実績表である。資料と作成条件にしたがって，シート名「シート1」を作成しなさい。

資料

販売実績表	
東郷営業所	
第1週	840
第2週	790
第3週	700
第4週	910

販売実績表	
緑山営業所	
第1週	1,260
第2週	1,240
第3週	1,260
第4週	1,284

販売実績表	
六野営業所	
第1週	402
第2週	410
第3週	496
第4週	398

販売実績表	
中島営業所	
第1週	488
第2週	480
第3週	512
第4週	820

販売実績表	
小林営業所	
第1週	574
第2週	682
第3週	904
第4週	1,010

作成条件

ワークシートは，試験開始前に提供されたものを使用する。

1．表およびグラフの体裁は，右ページを参考にして設定する。
　　設 定 す る 書 式：罫線
　　設定する数値の表示形式：3桁ごとのコンマ，％，小数の表示桁数

2．表の※印の部分は，式や関数を利用して求める。また，※※印の部分は，資料より必要な値を入力する。

3．グラフの※印の部分は，表に入力された値をもとに表示する。

4．「宅配水の販売実績表」は，次のように作成する。
　(1)　「合計」は，各列の合計を求める。
　(2)　「最大」は，各列の最大値を求める。
　(3)　「最小」は，各列の最小値を求める。
　(4)　「計」は，「第1週」から「第4週」の合計を求める。
　(5)　「割合」は，販売数全体の合計に対する各営業所の「計」の割合を求める。ただし，小数第3位未満を切り上げ，％で小数第1位まで表示する。
　(6)　「順位」は，「計」を基準として，降順に順位をつける。
　(7)　「備考」は，「計」が，3,000以上の場合は ○ を表示し，それ以外の場合は何も表示しない。

5．積み上げ縦棒グラフは，「宅配水の販売実績表」から作成する。
　(1)　数値軸の目盛は，最小値（0），最大値（6,000）および間隔（1,000）を設定する。
　(2)　軸ラベルの方向を設定する。
　(3)　凡例の位置を設定する。
　(4)　データラベルを設定する。

6．折れ線グラフは，「宅配水の販売実績表」から作成する。
　(1)　数値軸の目盛は，最小値（200），最大値（1,400）および間隔（200）を設定する。
　(2)　軸ラベルの方向を設定する。
　(3)　凡例の位置を設定する。

宅配水の販売実績表

営業所名	第1週	第2週	第3週	第4週	計	割合	順位	備考
東郷営業所	840	※※	700	※※	3,240	21.0%	2	○
緑山営業所	1,260	※※	1,260	※※	※	※	※	※
六野営業所	402	※※	496	※※	※	※	※	※
中島営業所	488	※※	512	※※	※	※	※	※
小林営業所	574	※※	904	※※	※	※	※	※
合計	※	※	※	※	※			
最大	※	※	※	※	※			
最小	※	※	※	※	※			

販売実績の比較

4週間の推移

（シート1）

【2】　次の資料は，ある高等学校の全校生徒の通学手段を，学年別・男女別で調査したものである。資料と作成条件にしたがって，シート名「シート1」を作成しなさい。

資料

1年			
通学手段	男子	女子	合計
徒歩	11	12	23
電車	57	57	114
自転車	43	92	135
バス	11	30	41
その他	1	6	7
合計	123	197	

2年			
通学手段	男子	女子	合計
徒歩	20	16	36
電車	54	71	125
自転車	56	65	121
バス	3	21	24
その他	1	11	12
合計	134	184	

3年			
通学手段	男子	女子	合計
徒歩	28	17	45
電車	68	41	109
自転車	51	73	124
バス	5	22	27
その他	2	7	9
合計	154	160	

作成条件

ワークシートは，試験開始前に提供されたものを使用する。

1．表およびグラフの体裁は，右ページを参考にして設定する。
　　　設 定 す る 書 式：罫線
　　　設定する数値の表示形式：％，小数の表示桁数

2．表の※印の部分は，式や関数を利用して求める。また，※※印の部分は，資料より必要な値を入力する。

3．グラフの※印の部分は，表に入力された値をもとに表示する。

4．「1．通学手段の集計」は，次のように作成する。
　(1)　「合計」は，「1年」から「3年」の合計を求める。
　(2)　「最大」は，各行の最大値を求める。
　(3)　「最小」は，各行の最小値を求める。
　(4)　「順位」は，F列の「合計」を基準として，降順に順位をつける。
　(5)　「学年計」は，各列の合計を求める。
　(6)　円グラフは，「1．通学手段の集計」から作成する。
　　　①　円グラフの※印の部分は，割合を％表示で小数第1位まで表示する。
　　　②　円グラフの最大部分を切り離す。

5．「2．男女別人数の集計」は，次のように作成する。
　(1)　「合計」は，「男子」と「女子」の合計を求める。
　(2)　「学年計」は，各列の合計を求める。
　(3)　「男子比率」は，「**男子　÷　合計**」で求める。ただし，％表示で小数第1位まで表示する。
　(4)　「女子比率」は，「男子比率」と同様に求める。
　(5)　100％積み上げ横棒グラフは，「2．男女別人数の集計」から作成する。
　　　①　数値軸の目盛りは，最小値（0％），最大値（100％）および間隔（50％）を設定する。
　　　②　軸ラベルの方向を設定する。

全校調査集計表

1．通学手段の集計

学年	1年	2年	3年	合計	最大	最小	順位
徒歩	23	36	45	※	※	※	※
電車	114	125	109	※	※	※	※
自転車	135	121	124	※	※	※	※
バス	41	24	27	※	※	※	※
その他	7	12	9	※	※	※	※
学年計	※	※	※	※			

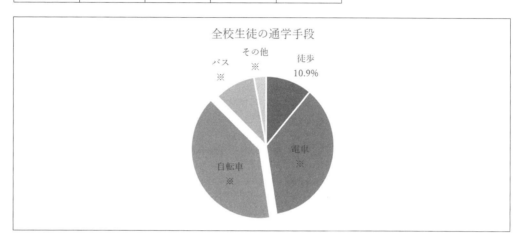

2．男女別人数の集計

学年	男子	女子	合計	男子比率	女子比率
1年	123	197	※	※	※
2年	※※	※※	※	※	※
3年	※※	※※	※	※	※
学年計	※	※	※	※	※

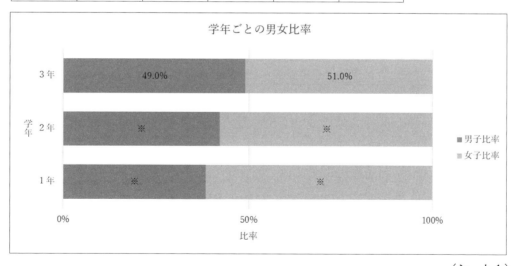

（シート1）

【3】　次の資料は，1年間の水道光熱費が予算額より削減できた学校には、削減した額の半額を生徒会に還元するという取り組みを行っている市にある中学校の水道光熱費を示したものである。資料と作成条件にしたがって，シート名「シート1」を作成しなさい。

資料

水道光熱費の予算額表	
単位：千円	
学校名	金額
本町中	15,000
城西中	10,000
富士見中	12,500
北浜中	5,000
緑が丘中	7,500

水道光熱費の実績額表	
単位：千円	
学校名	金額
本町中	14,698
城西中	9,665
富士見中	11,916
北浜中	4,811
緑が丘中	7,422

作成条件

ワークシートは，試験開始前に提供されたものを使用する。

1．表およびグラフの体裁は，右ページを参考にして設定する。
　　　設 定 す る 書 式：罫線
　　　設定する数値の表示形式：3桁ごとのコンマ，％，小数の表示桁数

2．表の※印の部分は，式や関数を利用して求める。また，※※印の部分は，資料より必要な値を入力する。

3．グラフの※印の部分は，表に入力された値をもとに表示する。

4．表は，次のように作成する。
　⑴　「差額」は，「予算額」と「実績額」の差を求める。
　⑵　「還元額」は，「差額」の半額を求める。ただし，小数点以下を切り捨てて整数部のみ表示する。
　⑶　「予算比」は，「予算額」に対する「実績額」の割合を求める。ただし，％表示で，小数第1位まで表示する。
　⑷　「順位」は，「予算比」を基準としての昇順に順位をつける。
　⑸　「合計」は，各列の合計を求める。
　⑹　「平均」は，各列の平均を求める。ただし，「予算額」「実績額」「差額」「還元額」は整数部のみを表示し，「予算比」は％表示で小数第1位まで表示する。
　⑺　「最高」は，各列の最大値を求める。
　⑻　「最低」は，各列の最小値を求める。
　⑼　表の作成後，5～9行目のデータを，「還元額」を基準として，降順に並べ替える。

5．円グラフは，4.⑼の並べ替えの処理をしたあと，「水道光熱費の還元額計算表」から作成する。
　⑴　円グラフの最大部分を切り離す。

6．棒グラフは，4.⑼の並べ替えの処理をしたあと，「水道光熱費の還元額計算表」から作成する。
　⑴　数値軸の目盛りは，最小値（90.0％），最大値（100.0％）および間隔（2.0％）を設定する。
　⑵　軸ラベルの方向を設定する。

水道光熱費の還元額計算表

単位：千円

学校名	予算額	実績額	差額	還元額	予算比	順位
本町中	※※	14,698	※	※	※	※
城西中	※※	9,665	※	※	※	※
富士見中	※※	11,916	※	※	※	※
北浜中	※※	4,811	※	※	※	※
緑が丘中	※※	7,422	※	※	※	※
合計	※	※	※	※		
平均	※	※	※	※	※	
最高	※	※	※	※	※	
最低	※	※	※	※	※	

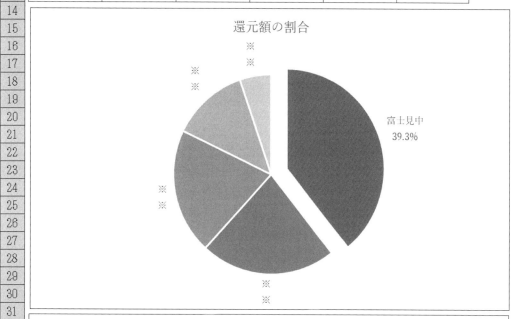

還元額の割合

富士見中
39.3%

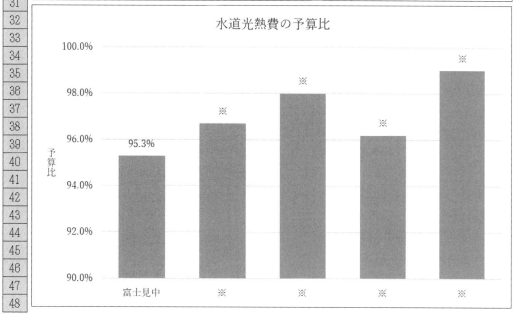

水道光熱費の予算比

富士見中　95.3%

（シート1）

【4】 次の資料は，ある学校の1学年が行っているペットボトルキャップの回収活動の回収状況を示したものである。資料と作成条件にしたがって，シート名「シート1」を作成しなさい。

資料

ペットボトルキャップの回収 クラスの年間目標数 3,200個

1学期の回収数表

クラス	回収数
A組	803
B組	1,240
C組	1,144
D組	1,354
E組	654
F組	1,563

2学期の回収数表

クラス	回収数
A組	817
B組	1,443
C組	1,690
D組	846
E組	1,259
F組	706

作成条件

ワークシートは，試験開始前に提供されたものを使用する。

1．表およびグラフの体裁は，右ページを参考にして設定する。
　　設　定　す　る　書　式：罫線
　　設定する数値の表示形式：3桁ごとのコンマ，小数の表示桁数

2．表の※印の部分は，式や関数を利用して求める。また，※※印の部分は，資料より必要な値を入力する。

3．グラフの※印の部分は，表に入力された値をもとに表示する。

4．「1．回収数集計表」は，次のように作成する。
　(1)　「計」は，1学期と2学期の合計を求める。
　(2)　「順位」は，「計」を基準として降順に順位をつける。
　(3)　「合計」は，各列の合計を求める。
　(4)　「平均」は，各列の平均を求める。ただし，小数第1位まで表示する。
　(5)　「最高」は，各列の最大値を求める。
　(6)　「最低」は，各列の最小値を求める。
　(7)　積み上げ棒グラフは，「1.回収数集計表」から作成する。
　　①　数値軸の目盛りは，最小値（0），最大値（3,000）および間隔（1,000）を設定する。
　　②　軸ラベルの方向を設定する。

5．「2．回収数目標表」は，次のように作成する。
　(1)　「3学期目標」は，「**年間目標数　－　回収数の合計**」で求める。ただし，「年間目標数」は，B4の値を利用する。
　(2)　「備考」は，「3学期目標」が1,000未満の場合は　順調！，それ以外の場合は　ガンバレ！を表示する。
　(3)　「合計」は，各列の合計を求める。
　(4)　円グラフは，「2.回収数目標表」から作成する。
　　①　円グラフの最大部分を切り離すこと。

ペットボトルキャップの回収数集計表

年間目標数	※※

1．回収数集計表

クラス	1学期	2学期	計	順位
A組	803	817	※	※
B組	※※	※※	※	※
C組	※※	※※	※	※
D組	1,354	846	※	※
E組	※※	※※	※	※
F組	1,563	706	※	※
合計	※	※	※	
平均	※	※	※	
最高	※	※	※	
最低	※	※	※	

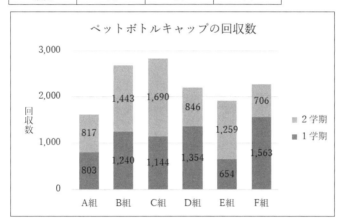

2．回収数目標表

クラス	3学期目標	備考
A組	1,580	ガンバレ！
B組	※	※
C組	※	※
D組	※	※
E組	※	※
F組	※	※
合計	※	

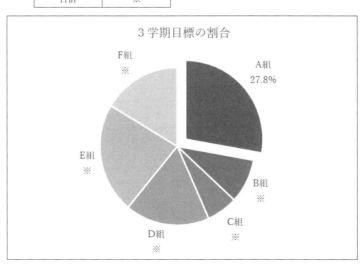

【5】 次の資料は，ある結婚式場の６月の披露宴予約票と月別集計表である。資料と作成条件にしたがって，シート名「シート１」を作成しなさい。

資料

披露宴予約票	
予約コード	U0601
利用日	6月3日
料金	20,000
人数	38

披露宴予約票	
予約コード	U0602
利用日	6月17日
料金	25,000
人数	120

披露宴予約票	
予約コード	U0603
利用日	6月11日
料金	25,000
人数	94

披露宴予約票	
予約コード	U0604
利用日	6月4日
料金	30,000
人数	130

披露宴予約票	
予約コード	U0605
利用日	6月10日
料金	20,000
人数	70

披露宴予約票	
予約コード	U0606
利用日	6月24日
料金	30,000
人数	144

月別集計表						
	1月	2月	3月	4月	5月	6月
予約件数	2	4	5	13	16	
料金合計	3,975,000	6,915,000	7,470,000	22,955,000	28,650,000	

作成条件

ワークシートは，試験開始前に提供されたものを使用する。

1．表およびグラフの体裁は，右ページを参考にして設定する。
> 設 定 す る 書 式：罫線
> 設定する数値の表示形式：3桁ごとのコンマ，％，小数の表示桁数

2．表の※印の部分は，式や関数を利用して求める。また，※※印の部分は資料より必要な値を入力する。

3．グラフの※印の部分は，表に入力された数値をもとに表示する。

4．「1．6月の披露宴集計表」は，次のように作成する。
  (1) 「料金計」は，「料金 × 人数」で求める。
  (2) 「テーブル数」は，テーブルは8人掛けとし，「人数 ÷ 8」で求める。ただし，小数点以下を切り上げて整数部のみを表示する。
  (3) 「会場名」は，「テーブル数」が15以上の場合は ロイヤル を表示し，10以上の場合は ルビー を表示し，それ以外の場合は パール を表示する。
  (4) 「合計」は，各列の合計を求める。
  (5) 「平均」は，各列の平均を求める。ただし，整数部のみ表示する。
  (6) 「最高」は，各列の最大値を求める。
  (7) 「最低」は，各列の最小値を求める。

5．縦棒グラフは，「1．6月の披露宴集計表」から作成する。
  (1) 数値軸の目盛は，最小値 (0)，最大値 (150)，および間隔 (50) を設定する。
  (2) 軸ラベルの方向を設定する。
  (3) データラベルを設定する。

6．「2．月別集計表」は，次のように作成する。
  (1) 「予約件数」の「6月」は，「予約コード」の件数を求める。
  (2) 「料金合計」の「6月」は，6月の「料金計」の合計を求める。

7．円グラフは，「2．月別集計表」から作成する。
  (1) データラベルを設定し，割合を％で小数第1位まで表示する。
  (2) 円グラフの最大部分を切り離す。

披露宴のデータ集計

1．6月の披露宴集計表

予約コード	利用日	料金	人数	料金計	テーブル数	会場名
U0601	6月3日	20,000	38	760,000	5	パール
U0602	6月17日	25,000	120	※	※	※
U0603	6月11日	25,000	94	※	※	※
U0604	※※	※※	130	※	※	※
U0605	※※	※※	70	※	※	※
U0606	※※	※※	144	※	※	※
	合計		596	※		
	平均		※	2,621,667		
	最高		※	※		
	最低		※	※		

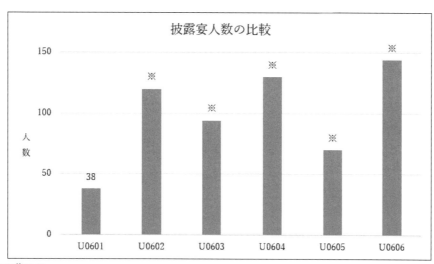

披露宴人数の比較

2．月別集計表

	1月	2月	3月	4月	5月	6月
予約件数	2	※※	※※	※※	※※	※
料金合計	3,975,000	6,915,000	7,470,000	22,955,000	28,650,000	※

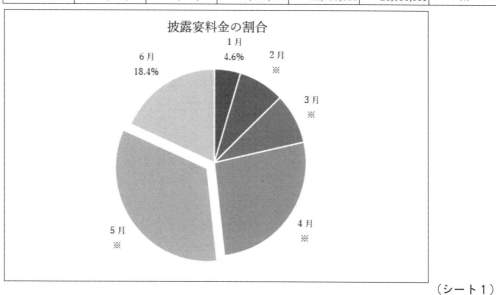

披露宴料金の割合

（シート1）

【6】 次の資料は，ある会社の支店別の2年間の売上を示したものである。資料と作成条件にしたがって，シート名「シート1」を作成しなさい。

資料

売上表	
中央支店	単位：千円
前年度売上	1,400
今年度売上	2,100

売上表	
海浜支店	単位：千円
前年度売上	2,900
今年度売上	2,000

売上表	
若葉支店	単位：千円
前年度売上	1,300
今年度売上	1,350

売上表	
緑山支店	単位：千円
前年度売上	5,700
今年度売上	4,650

売上表	
花見支店	単位：千円
前年度売上	3,300
今年度売上	3,900

作成条件

ワークシートは，試験開始前に提供されたものを使用する。

1. 表およびグラフの体裁は，右ページを参考にして設定する。
   設 定 す る 書 式：罫線
   設定する数値の表示形式：3桁ごとのコンマ，％，小数の表示桁数

2. 表の※印の部分は，式や関数を利用して求める。また，※※印の部分は，資料より必要な値を入力する。

3. グラフの※印の部分は，表に入力された値をもとに表示する。

4. 表は，次のように作成する。
   (1) 「合計」は，各列の合計を求める。
   (2) 「平均」は，各列の平均を求める。ただし，整数部のみ表示する。
   (3) 「最大」は，各列の最大値を求める。
   (4) 「最小」は，各列の最小値を求める。
   (5) 「支店数」は，支店の数を求める。
   (6) 「構成比」は，「今年度売上」の合計に対する支店別の「今年度売上」の割合を次の式で求める。ただし，小数第3位未満を四捨五入して，％表示で小数第1位まで表示する。
       「今年度売上 ÷ 今年度売上の合計」
   (7) 「伸び率」は，「前年度売上」に対する「今年度売上」の伸び率を次の式で求める。ただし，小数第4位未満を切り上げて，％表示で小数第2位まで表示する。
       「今年度売上 ÷ 前年度売上 － 1」
   (8) 「評価」は，「伸び率」が－10％以下の場合は 不調 を表示し，10％以上の場合は 好調 を表示し，それ以外の場合は何も表示しない。
   (9) 表の作成後，5～9行目のデータを，「構成比」を基準として，降順に並べ替える。

5. 折れ線グラフは，4．(9)の並べ替えの処理をしたあと，「支店別の売り上げ一覧表」から作成する。
   (1) 数値軸の目盛りは，最小値（0），最大値（6,000）および間隔（500）を設定する。
   (2) 軸ラベルの方向を設定する。

6. 棒グラフは，4．(9)の並べ替えの処理をしたあと，「支店別の売り上げ一覧表」から作成する。
   (1) 数値軸の目盛りは，最小値（－40.00％），最大値（60.00％）および間隔（20.00％）を設定する。
   (2) 数値軸の目盛り線を表示する。
   (3) 軸ラベルの方向を設定する。

支店別の売り上げ一覧表

単位：千円

支店名	前年度売上	今年度売上	構成比	伸び率	評価
中 央 支 店	1,400	2,100	※	※	※
海 浜 支 店	※※	※※	※	※	※
若 葉 支 店	※※	※※	※	※	※
緑 山 支 店	※※	※※	※	※	※
花 見 支 店	※※	※※	※	※	※
合　　　　計	※	※			
平　　　　均	※	※			
最　　　　大	※	※			
最　　　　小	※	※			
支　店　数	※				

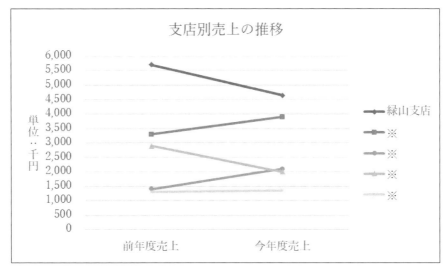

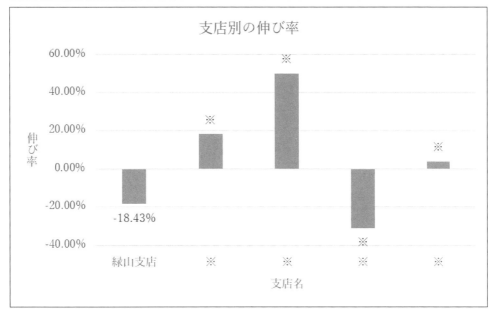

（シート1）

【7】 次の資料は，ある図書館における業務データである。資料と作成条件にしたがって，シート名「シート1」を作成しなさい。

資料

地理・歴史（蔵書数：1,160 冊）

月	貸出数	新着図書数
9 月	102冊	
10 月	191冊	5 冊
11 月	209冊	

文学（蔵書数：1,105 冊）

月	貸出数	新着図書数
9 月	380冊	
10 月	355冊	14冊
11 月	402冊	

社会科学（蔵書数：1,058 冊）

月	貸出数	新着図書数
9 月	220冊	
10 月	245冊	9 冊
11 月	185冊	

自然科学（蔵書数：1,015 冊）

月	貸出数	新着図書数
9 月	302冊	
10 月	401冊	9 冊
11 月	430冊	

作成条件

ワークシートは，試験開始前に提供されたものを使用する。

1．表およびグラフの体裁は，右ページを参考にして設定する。

　　設 定 す る 書 式：罫線
　　設定する数値の表示形式：3 桁ごとのコンマ，％，小数の表示桁数

2．表の※印の部分は，式や関数を利用して求める。また，※※印の部分は，資料より必要な値を入力する。

3．グラフの※印の部分は，表に入力された値をもとに表示する。

4．「1．図書貸出数集計分析表」は，次のように作成する。

　(1)　「計」は，「9 月」～「11月」の合計を求める。

　(2)　「回転率」は，「**計　÷　蔵書数**」で求める。ただし，小数第 2 位未満を四捨五入して小数第 2 位まで表示する。

　(3)　「判定」は，「回転率」が 1 より大きい場合は ＋ を，それ以外の場合は － を表示する。

　(4)　「合計」は，各列の合計を求める。

　(5)　「最大」は，各列の最大値を求める。

　(6)　「最小」は，各列の最小値を求める。

5．折れ線グラフは，「1．図書貸出数集計分析表」から作成する。

　(1)　数値軸の目盛りは，最小値（500），最大値（1,500）および間隔（500）を設定する。

　(2)　軸ラベルの方向を設定する。

6．「2．新着図書分析表」は，次のように作成する。

　(1)　「新着図書率」は，「**新着図書数　÷　蔵書数**」で求める。ただし，％表示で小数第 2 位まで表示する。

　(2)　表の作成後，32～35行目のデータを，「新着図書数」を基準として，降順に並べ替える。なお，「新着図書数」が同じ場合は，「新着図書率」を基準として，降順に並べ替える。

7．縦棒グラフは，6．(2)の並べ替えの処理をしたあと，「2．新着図書分析表」から作成する。

　(1)　数値軸の目盛りは，最小値（0），最大値（15）および間隔（5）を設定する。

　(2)　軸ラベルの方向を設定する。

図書業務分析表

1．図書貸出数集計分析表

図書分類	蔵書数	貸出数			計	回転率	判定
		9月	10月	11月			
地理・歴史	1,160	102	191	209	※	※	※
文学	1,105	380	355	402	※	※	※
社会科学	1,058	220	245	185	※	※	※
自然科学	1,015	302	401	430	※	※	※
合計	※	※	※	※			
最大	※	※	※	※			
最小	※	※	※	※			

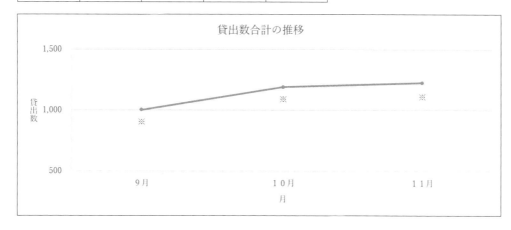

貸出数合計の推移

2．新着図書分析表

図書分類	蔵書数	新着図書数	新着図書率
地理・歴史	1,160	5	0.43%
文学	※※	※※	※
社会科学	※※	※※	※
自然科学	※※	※※	※

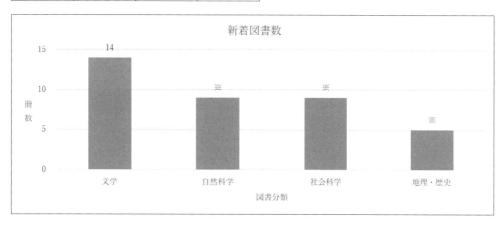

新着図書数

【8】 次の資料は，ある動物園の下半期の入場者数を示したものである。資料と作成条件にしたがって，シート名「シート1」を作成しなさい。

資料

10月の入場者数

大人	32,722
小人	41,611

1月の入場者数

大人	18,605
小人	27,504

入場料金

大人料金	¥500
小人料金	¥100

11月の入場者数

大人	30,225
小人	39,225

2月の入場者数

大人	15,582
小人	24,472

12月の入場者数

大人	19,943
小人	28,832

3月の入場者数

大人	25,604
小人	34,503

作成条件

ワークシートは，試験開始前に提供されたものを使用する。

1．表およびグラフの体裁は，右の表を参考にして設定する。

  設 定 す る 書 式：罫線
  設定する数値の表示形式：3桁ごとのコンマ，％，小数の表示桁数

2．表の※印の部分は，式や関数を利用して求める。また，※※印の部分は，資料より必要な値を入力する。

3．グラフの※印の部分は，表に入力された値をもとに表示する。

4．表は，次のように作成する。

 (1) 「入場者数計」は，「大人人数」と「小人人数」の合計を求める。

 (2) 「入場料計」は，次の式で求める。ただし，¥表示する。

    「大人人数 × 大人料金 ＋ 小人人数 × 小人料金」

 (3) 「合計」は，各列の合計を求める。

 (4) 「平均」は，各列の平均を求める。ただし，整数未満を四捨五入して求め，整数部のみ表示する。

 (5) 「最高」は，各列の最大値を求める。

 (6) 「割合」は，「入場料計」の合計に対する月ごとの入場料計の割合を示し，次の式で求める。ただし，小数第3位未満を四捨五入し，％表示で小数第1位まで表示する。

    「月ごとの入場料計 ÷ 入場料計の合計」

 (7) 「状況」は，「入場者数計」が70,000を超えた場合は 超混雑 を表示し，50,000を超えた場合は 混雑 を表示し，それ以外の場合は何も表示しない。

5．折れ線グラフは，「動物園の下半期の入場者数」から作成する。

 (1) 数値軸の目盛りは，最小値（0），最大値（45,000）および間隔（5,000）を設定する。

 (2) 数値軸の目盛り線を表示する。

 (3) 軸ラベルの方向を設定する。

6．円グラフは，「動物園の下半期の入場者数」から作成する。

 (1) 円グラフの最大部分を切り離す。

動物園の下半期の入場者数

月	大人人数	小人人数	入場者数計	入場料計	割合	状況
10月	32,722	41,611	※	※	※	※
11月	30,225	39,225	※	※	※	※
12月	19,943	28,832	※	※	※	※
1月	※※	※※	※	※	※	※
2月	※※	※※	※	※	※	※
3月	※※	※※	※	※	※	※
合計	※	※	※	※		
平均	※	※	※	※		
最高	※	※	※	※		

大人料金	¥500
小人料金	※※

下半期の入場者数の推移

月別入場料金の割合

（シート1）

【9】　次の資料は，ある電化製品店における発注や売上に関するデータである。資料と作成条件にしたがって，シート名「シート1」を作成しなさい。

資料

スチームアイロン		
販売単価：¥7,600		
発注点：40		
前日在庫数	41台	
本日入荷数	0台	
本日売上数	23台	

空気清浄機	
販売単価：¥29,300	
発注点：15	
前日在庫数	4台
本日入荷数	15台
本日売上数	3台

スチームオーブン	
販売単価：¥24,900	
発注点：15	
前日在庫数	11台
本日入荷数	15台
本日売上数	11台

ホームベーカリー	
販売単価：¥18,900	
発注点：20	
前日在庫数	31台
本日入荷数	0台
本日売上数	5台

洗濯乾燥機	
販売単価：¥98,700	
発注点：15	
前日在庫数	12台
本日入荷数	15台
本日売上数	12台

作成条件

ワークシートは，試験開始前に提供されたものを使用する。

1．表およびグラフの体裁は，右ページを参考にして設定する。
　　設 定 す る 書 式：罫線
　　設定する数値の表示形式：3桁ごとのコンマ，％，小数の表示桁数

2．表の※印の部分は，式や関数を利用して求める。また，※※印の部分は，資料より必要な値を入力する。

3．グラフの※印の部分は，表に入力された値をもとに表示する。

4．「1．発注判定表」は，次のように作成する。
　(1)　「本日在庫数」は，「前日在庫数　＋　本日入荷数　－　本日売上数」で求める。
　(2)　「発注判定」は，「本日在庫数」が「発注点」以下の場合は　発注　を表示し，それ以外の場合は何も表示しない。
　(3)　「合計」は，各列の合計を求める。
　(4)　「最大」は，各列の最大値を求める。
　(5)　「最小」は，各列の最小値を求める。

5．縦棒グラフは，「1．発注判定表」から作成する。
　(1)　数値軸の目盛りは，最小値（0），最大値（30）および間隔（10）を設定する。
　(2)　軸ラベルの方向を設定する。

6．「2．売上集計表」は，次のように作成する。
　(1)　「売上金額」は，「販売単価　×　本日売上数」で求める。
　(2)　「合計」は，各列の合計を求める。
　(3)　表の作成後，30〜34行目のデータを，「売上金額」を基準として，降順に並べ替える。

7．円グラフは，6．(3)の並べ替えの処理をしたあと，「2．売上集計表」から作成する。
　(1)　円グラフの最大部分を切り離す。

電化製品発注・売上表

1．発注判定表

製品名	在庫・入荷・売上の状況				発注点	発注判定
	前日在庫数	本日入荷数	本日売上数	本日在庫数		
スチームアイロン	41	0	23	※	40	※
空気清浄機	4	15	3	※	15	※
スチームオーブン	11	15	11	※	15	※
ホームベーカリー	31	0	5	※	20	※
洗濯乾燥機	12	15	12	※	15	※
合計	※	※	※	※		
最大	※	※	※	※		
最小	※	※	※	※		

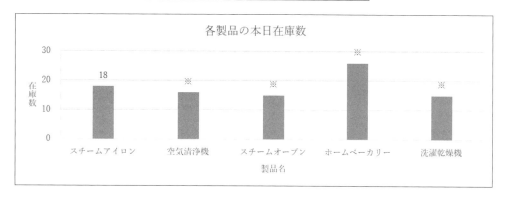

2．売上集計表

製品名	販売単価	本日売上数	売上金額
スチームアイロン	7,600	23	※
空気清浄機	※※	※※	※
スチームオーブン	※※	※※	※
ホームベーカリー	※※	※※	※
洗濯乾燥機	※※	※※	※
合計		※	※

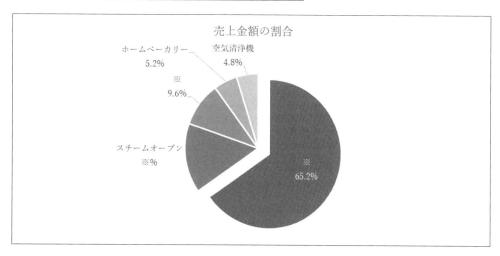

【10】　次の資料は，あるテーマパークのアトラクションの上半期の入場者状況を示したものである。資料と作成条件にしたがって，シート名「シート1」を作成しなさい。

資料

入場者数	
アトラクション名	スプライト マウンテン
前年度	50,100
大人	12,400
中人	8,900
小人	2,300

入場者数	
アトラクション名	トムソーヤ の冒険
前年度	35,200
大人	2,100
中人	6,700
小人	7,000

入場者数	
アトラクション名	空飛ぶピー ターパン
前年度	22,500
大人	900
中人	3,200
小人	5,700

入場者数	
アトラクション名	ストーブ ライダー
前年度	38,800
大人	10,300
中人	7,200
小人	1,500

入場者数	
アトラクション名	センター オブタワー
前年度	43,300
大人	12,700
中人	7,900
小人	1,900

作成条件

ワークシートは，試験開始前に提供されたものを使用する。

1．表およびグラフの体裁は，右ページを参考にして設定する。

> 設定する書式：罫線
> 設定する数値の表示形式：3桁ごとのコンマ，％，小数の表示桁数

2．表の※印の部分は，式や関数を利用して求める。また，※※印の部分は，資料より必要な値を入力する。

3．グラフの※印の部分は，表に入力された値をもとに表示する。

4．表は，次のように作成する。

(1)　「合計人数」は，「大人」～「小人」の入場者数を合計して求める。

(2)　「下半期入場予想」は，「合計人数」に10％増やした値を「**合計人数　×　1.1**」で求める。ただし，1,000未満を切り上げて表示する。

(3)　「備考」は，上半期の「合計人数」と「下半期入場予想」の和が，前年度入場者数を上回った場合は　★　を表示し，それ以外は何も表示しない。

(4)　「合計」は，各列の合計を求める。

(5)　「平均」は，各列の平均を求める。ただし，整数部のみ表示する。

(6)　「最高」は，各列の最大値を求める。

(7)　「最低」は，各列の最小値を求める。

(8)　「アトラクションの数」は，テーマパークのアトラクションの数を求める。

5．積み上げ横棒グラフは，「テーマパークの入場者数」から作成する。

(1)　数値軸の目盛りは，最小値（0），最大値（60,000）および間隔（20,000）を設定する。

(2)　数値軸の目盛り線を表示する。

(3)　軸ラベルの方向を設定する。

6．円グラフは，「テーマパークの入場者数」から作成する。

テーマパークの入場者数

アトラクション名	前年度入場者	上半期入場者数				下半期入場予想	備考
		大人	中人	小人	合計人数		
※※	50,100	12,400	8,900	2,300	※	※	※
トムソーヤの冒険	※※	※※	※※	※※	※	※	※
空飛ぶピーターパン	※※	900	※※	※※	※	※	※
※※	※※	※※	※※	※※	※	※	※
※※	※※	※※	※※	※※	※	25,000	※
		合計	38,400	※	※	※	
		平均	※	※	※	※	
		最高	※	※	※	23,600	
		最低	※	※	※	※	

アトラクションの数	※

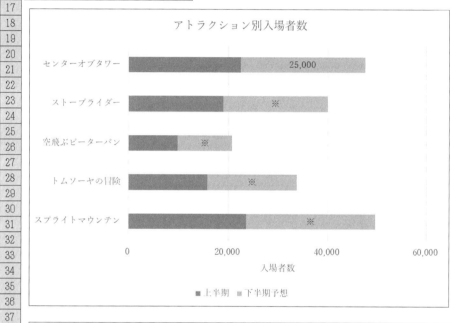

アトラクション別入場者数

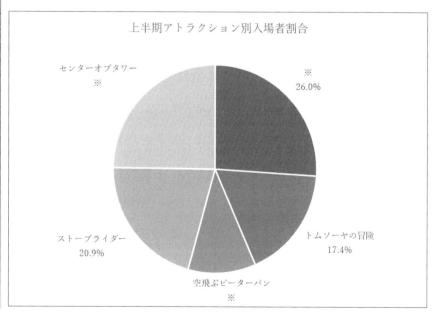

上半期アトラクション別入場者割合

（シート1）

【11】　次の資料は，あるレストランのランチメニューの売上状況を示したものである。資料と作成条件にしたがって，シート名「シート1」を作成しなさい。

資料

売上伝票	
商品名	懐石料理
価格	¥3,000
先月売上数	57
今月売上数	69

売上伝票	
商品名	寿司定食
価格	¥2,500
先月売上数	84
今月売上数	94

売上伝票	
商品名	和食弁当
価格	¥2,000
先月売上数	139
今月売上数	106

売上伝票	
商品名	特選丼
価格	¥1,500
先月売上数	231
今月売上数	258

売上伝票	
商品名	天ぷらご膳
価格	¥1,500
先月売上数	166
今月売上数	166

作成条件

ワークシートは，試験開始前に提供されたものを使用する。

1．表およびグラフの体裁は，右ページを参考にして設定する。
　　　設 定 す る 書 式：罫線
　　　設定する数値の表示形式：3桁ごとのコンマ，％，小数の表示桁数

2．表の※印の部分は，式や関数を利用して求める。また，※※印の部分は，資料より必要な値を入力する。

3．グラフの※印の部分は，表に入力された値をもとに表示する。

4．表は，次のように作成する。
　(1)　「売上高」は，「**価格　×　売上数**」で求める。
　(2)　「売上金額合計」は，先月の「売上高」と今月の「売上高」の和を求める。
　(3)　「合計」は，各列の合計を求める。
　(4)　「最高」は，各列の最大値を求める。
　(5)　「最低」は，各列の最小値を求める。
　(6)　「構成比」は，売上金額合計の「合計」に対する「売上金額合計」の割合を求める。ただし，％表示で，小数第3位未満を四捨五入して小数第1位まで表示する。
　(7)　「備考」は，今月の「売上数」が先月の「売上数」を上回った場合　◎　を表示し，それ以外の場合は何も表示しない。
　(8)　表の作成後，6〜10行目のデータを，「売上金額合計」を基準として，降順（逆順）に並べ替える。

5．積み上げ棒グラフは，4．(8)の並べ替えの処理をしたあと，「ランチ売上集計表」から作成する。
　(1)　数値軸の目盛りは，最小値（0），最大値（800,000）および間隔（200,000）を設定する。
　(2)　軸ラベルの方向を設定する。

6．円グラフは，4．(8)の並べ替えの処理をしたあと，「ランチ売上集計表」から作成する。

ランチ売上集計表

メニュー名	価格	先月		今月		売上金額合計	構成比	備考
		売上数	売上高	売上数	売上高			
懐石料理	3,000	57	※	※※	※	378,000	14.9%	※
寿司定食	2,500	84	※	※※	※	※	※	※
※※	※※	※※	※	※※	※	※	※	※
特選丼	※※	※※	※	※※	※	※	※	※
※※	※※	※※	※	166	※	※	※	※
	合計	677	※	※	※	※		
	最高	※	※	258	※	※		
	最低	※	※	※	※	※		

ランチ売上集計

今月のランチ売上高割合

【12】 次の資料は，ある商社の第45期と第46期の決算に仕入高と販売高を示したものである。資料と作成条件にしたがって，シート名「シート1」を作成しなさい。

資料

第45期　仕入・販売高報告書

単位：百万円

部門名	仕入高	販売高
フード	43,385	45,455
ライフ	15,331	16,938
マテリアル	29,822	31,395
その他	142	178

第46期　仕入・販売高報告書

単位：百万円

部門名	仕入高	販売高
フード	40,917	42,707
ライフ	10,032	11,493
マテリアル	44,382	47,015
その他	231	269

作成条件

ワークシートは，試験開始前に提供されたものを使用する。

1．表およびグラフの体裁は，右ページを参考にして設定する。

> 設 定 す る 書 式：罫線
> 設定する数値の表示形式：3桁ごとのコンマ，％，小数の表示桁数

2．表の※印の部分は，式や関数を利用して求める。また，※※印の部分は，資料より必要な値を入力する。

3．グラフの※印の部分は，表に入力された値をもとに表示する。

4．「1．仕入高・販売高一覧表」は，次のように作成する。

(1)　「合計」は，各列の合計を求める。

5．折れ線グラフは，「1．仕入高・販売高一覧表」から作成する。

(1)　数値軸の目盛りは，最小値（0），最大値（60,000）および間隔（20,000）を設定する。

(2)　軸ラベルの方向を設定する。

6．「2．販売利益高計算表」は，次のように作成する。

(1)　「第45期」および「第46期」の販売利益高は，各期の「販売高」と「仕入高」の差を求める。

(2)　「合計」は，各列の販売利益高の合計を求める。

(3)　「前期比（％）」は，「第45期」の販売利益高に対する「第46期」の販売利益高の割合を求める。ただし，小数第2位未満を切り捨て小数第2位まで表示する。

(4)　「備考」は，「前期比（％）」が110より大きい場合は ↑ を表示し，90より小さい場合は ↓ を表示し，それ以外の場合は何も表示しない。

(5)　「最高」は，各列の最大値を求める。ただし，「その他」は除外する。

(6)　「最低」は，各列の最小値を求める。ただし，「その他」は除外する。

7．円グラフは，「2．販売利益高計算表」から作成する。

(1)　円グラフの最大部分を切り離す。

販売利益高計算書

1．仕入高・販売高一覧表

単位：百万円

部門名	仕入高		販売高	
	第４５期	第４６期	第４５期	第４６期
フード	43,385	40,917	45,455	42,707
ライフ	15,331	10,032	16,938	11,493
マテリアル	29,822	44,382	31,395	47,015
その他	※※	※※	※※	※※
合計	88,680	※	※	※

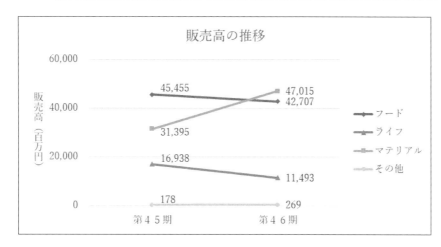

2．販売利益高計算表

部門名	販売利益高			備考
	第４５期	第４６期	前年比（％）	
フード	2,070	1,790	86.47	※
ライフ	※	※	※	※
マテリアル	※	※	※	※
その他	※	※	※	※
合計	※	※	－	
最高	※	※	※	
最低	※	※	※	

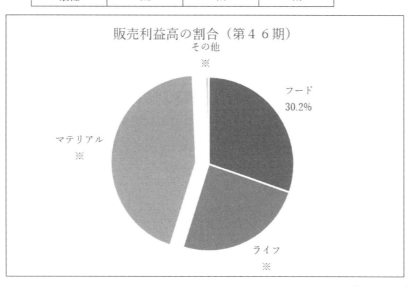

第1回　模擬問題（筆記）　　制限時間：20分　　解答 ➡ p.15

【1】　次の説明文に最も適した答えを解答群から選び，記号で答えなさい。

1．写真や絵，印刷物などを光学的に読み取り，デジタルデータとして入力する装置。

2．画面上で入力位置や操作位置を示すしるし。

3．電子メールの本文とともに送受信される，送信者が指定したファイル。

4．自分のコンピュータ内に存在するファイルを，ネットワークで接続された他のコンピュータに転送して保存すること。

5．発生したデータを一定期間ためておき，一括して処理する方式。

---解答群---
ア．カーソル　　　　　イ．ハイパーリンク　　　　ウ．イメージスキャナ
エ．バッチ処理　　　　オ．タッチパネル　　　　　カ．アップロード
キ．ダウンロード　　　ク．アイコン　　　　　　　ケ．リアルタイム処理
コ．添付ファイル

【2】　次のA群の語句に最も関係の深い説明文をB群から選び，記号で答えなさい。

＜A群＞　1．CPU　　　　　2．フィッシング詐欺　　　3．ウイルス定義ファイル
　　　　　4．バイオメトリクス認証　　5．アップデート

＜B群＞
ア．ソフトウェアをコンピュータに組み込み，使用できる状態にすること。

イ．コンピュータ内における五大装置の中で，記憶装置内の命令を取り出して解読し，各装置に指示を与える装置。

ウ．企業などを装ったメールで，偽造したWebサイトに誘導し，クレジットカード番号や口座番号など個人情報を取得する詐欺。

エ．コンピュータウイルスを検出する際に使うファイル。

オ．Webサイトやメールで，ハイパーリンクの設定がされている文字列や画像などをクリックさせ，不当な料金の請求をする詐欺。

カ．指紋や瞳の中の虹彩などの生体情報を読み取らせることで本人確認を行うこと。

キ．コンピュータウイルスの検出や駆除を専門に行うソフトウェア。

ク．プログラムなどを解読し，演算装置や各装置などの制御を行うコンピュータの中心部分。

ケ．ユーザIDに設定した暗証番号であり，他人の不正な使用やデータなどの盗用を防ぐために用いられる。

コ．ソフトウェアを最新の状態に更新すること。

第8回

【3】　次の説明文に最も適した答えをア，イ，ウの中から選び，記号で答えなさい。

1．10進数の9を2進数で表したもの。

　　ア．1000　　　　　　　　**イ**．1001　　　　　　　　**ウ**．1010

2．1,000分の1秒を表す時間の単位。

　　ア．ms　　　　　　　　**イ**．μs　　　　　　　　**ウ**．ns

3．電子メールアドレスやURLにおいて，組織・団体などの所属を表す部分。

　　ア．宛先　　　　　　　　**イ**．メーラ　　　　　　　　**ウ**．ドメイン名

4．他人のユーザIDなどを不正に利用し，その人のふりをしてネットワーク上で活動すること。

　　ア．プライバシーの侵害　　**イ**．なりすまし　　　　　　**ウ**．ネット詐欺

5．パソコンの画面やDVDなどのビデオ画像をスクリーンに拡大して投影・表示する機器。

　　ア．HDMI　　　　　　　　**イ**．EC　　　　　　　　**ウ**．プロジェクタ

【4】 次の各問いに答えなさい。

問1．表1のB12が「#」で表示され，数値が表示されていない。式が正しく入力されている場合，数値を表示させる方法として適切なものを選び，記号で答えなさい。

	A	B	C
1			
2	中国の国別輸入額一覧		
3			
4			単位：100万ドル
5	国名・地域	輸入額	シェア
6	日本	176,304	12.6%
7	韓国	138,023	9.9%
8	台湾	115,645	8.3%
9	アメリカ	101,310	7.3%
10	ドイツ	74,378	5.3%
11	その他	788,249	56.5%
12	合計	#######	100.0%

(表1)

ア．B列の列番号をクリックする。

イ．B列とC列の列番号の境界をポイントして右へドラッグする。

ウ．B列とC列の列番号の境界をポイントして左へドラッグする。

問2．表1のB11の「その他」は，B12の「合計」からB6～B10の和を引いて求める。B11に設定する式として適切なものを選び，記号で答えなさい。なお，B12は「1393909」が入力されている。

ア．=B12-(B6-B7-B8-B9-B10)

イ．=B12-SUM(B6:B10)

ウ．=B12-MAX(B6:B10)

問3．表1のC6の「シェア」は，「=B6/$B$12」の式で求める。$B$12のように絶対参照にする場合のキーとして適切なものを選び，記号で答えなさい。

ア．F4 キー　　　　　イ．F5 キー　　　　　ウ．F6 キー

問4．次の表は，あるスポーツ店のオーダー表である。「刺繍文字」の「文字数」を表示するために，E4に設定する式として適切なものを選び，記号で答えなさい。

	A	B	C	D	E	F
1						
2	○スポーツ店　オーダー表					
3	NO	注文先	品物	刺繍文字	文字数	文字色
4	1	A高校	ポロシャツ	A高校BASKETBALL	13	赤
5	2	B高校	ユニフォーム	BHIGHSCHOOL	11	青
6	3	C中学校	ポロシャツ	VOLLEYBALLTEAM	14	緑
7	4	D高校	ジャケット	D高校	3	黒

ア．=MID(D4)

イ．=LEN(D4)

ウ．=VALUE(D4)

問5．次の表は，100m走の記録表である。C列の「順位」は，「記録」が速い順に順位をつける。C4に設定する式として適切なものを選び，記号で答えなさい。なお，C4の式を，C5～C8にコピーする。

	A	B	C
1			
2	100m走記録表		
3	選手名	記録	順位
4	飯島　○○	11.09	2
5	本吉　○○	11.17	4
6	宇井　○○	11.30	5
7	柴田　○○	10.32	1
8	大村　○○	11.09	2

ア．=RANK($B$4,B4:B8,0)

イ．=RANK(B4,$B$4:$B$8,0)

ウ．=RANK(B4,$B$4:$B$8,1)

【5】 次の各問いに答えなさい。

問1. 次の式を計算した値を答えなさい。

=(A2+B2)*C2/2

	A	B	C	D
1	上底	下底	高さ	面積
2	5	7	4	

問2. 次の表とグラフは，ある祭事における模擬店ごとに売上を集計したものである。次の(1), (2)に答えなさい。

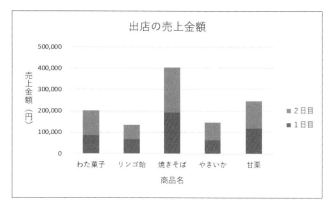

出店売上集計表

単位：円

	商品名	単価	売上数量		売上金額		
			1日目	2日目	1日目	2日目	合計
	わた菓子	500	174	233	87,000	116,500	203,500
	リンゴ飴	300	231	218	69,300	65,400	134,700
	焼きそば	500	389	421	194,500	210,500	405,000
	やきいか	400	162	207	64,800	82,800	147,600
	甘栗	700	171	180	119,700	126,000	245,700
	合計		1,127	1,259	535,300	601,200	1,136,500

(1) 作成されたグラフのデータ範囲として適切なものを選び，記号で答えなさい。

　ア．A5:A10とC5:D10
　イ．A5:A10とE5:F10
　ウ．A5:A10とE5:G10

(2) グラフから読み取った内容として正しいものを選び，記号で答えなさい。

　ア．どの商品も「1日目」より「2日目」の方が売上金額は多い。
　イ．単価の安い商品の方が売上金額は多い。
　ウ．「1日目」，「2日目」とも焼きそばの売上金額が一番多い。

【6】 流れ図にしたがって処理するとき，次の各問いに答えなさい。

〈流れ図〉

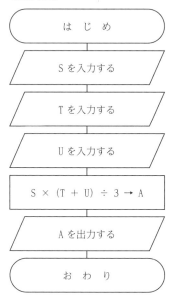

問1. Sの値が3，Tの値が4，Uの値が5のとき，出力されるAの値を答えなさい。

問2. Sの値が5，Tの値が6，Uの値が9のとき，出力されるAの値を答えなさい。

【7】 次の表は，ある出張英会話レッスンの明細の資料にもとづき，作成条件にしたがって，作成されたものである。各問いに答えなさい。

資料

明細票	
クラスコード	KC1000
時間	2
人数	25

明細票	
クラスコード	JC1300
時間	2
人数	8

明細票	
クラスコード	SC1300
時間	2
人数	30

明細票	
クラスコード	HC1500
時間	2
人数	25

明細票	
クラスコード	LC1800
時間	3
人数	18

明細票	
クラスコード	TC1800
時間	3
人数	8

	A	B	C	D	E	F	G	H
1								
2			出張英会話レッスン明細表					
3								
4	クラスコード	レッスン料	時間	人数	料金	割引料	割引後料金	税込み金額
5	KC1000	1,000	2	③	50,000	10,000	40,000	44,000
6	JC1300	①	2	8	20,800	0	20,800	22,880
7	SC1300	1,300	2	30	78,000	15,600	62,400	68,640
8	HC1500	1,500	②	25	75,000	15,000	60,000	66,000
9	LC1800	1,800	3	18	97,200	9,720	87,480	96,220
10	TC1800	1,800	3	8	43,200	④	43,200	47,520
11	クラス数	6						
12	最多人数	30						
13	最少人数	⑤						

第1回

作成条件

1．「レッスン料」は，「クラスコード」の右端から4文字を抽出し，数値に変換して求める。

2．「料金」は，次の式で求める。

　　「レッスン料　×　時間　×　人数」

3．「割引料」は，「人数」が20人を超えた場合は「料金」の20%，15人を超えた場合は「料金」の10%を求め，それ以外の場合は 0 と表示する。

4．「割引後料金」は，「料金」から「割引料」を引いて求める。

5．「税込み金額」は，「割引後料金」に消費税10%を含めて求める。ただし，100円未満は切り捨てる。

6．「クラス数」は，クラスの数を求める。

7．「最多人数」と「最少人数」は，それぞれ「人数」の最大値と最小値を求める。

問1．表の①～⑤に表示されるデータを答えなさい。

問2．B5に設定する式を答えなさい。

　　ア． =RIGHT(A5,4)

　　イ． =VALUE(LEFT(A5,4))

　　ウ． =VALUE(RIGHT(A5,4))

問3．F5に設定する式を答えなさい。

　　ア． =IF(D5<20,E5*0.2,IF(D5<15,E5*0.1,0))

　　イ． =IF(D5>20,E5*0.2,IF(D5>15,E5*0.1,0))

　　ウ． =IF(D5>=20,E5*0.2,IF(D5>=15,E5*0.1,0))

問4．H5に設定する式を答えなさい。

　　ア． =ROUNDDOWN(G5*1.1,-2)

　　イ． =ROUNDUP(G5*1.1,-2)

　　ウ． =ROUND(G5*1.1,-2)

問5．B11に設定する式を答えなさい。

　　ア． =COUNT(A4:A10)

　　イ． =COUNT(A5:A10)

　　ウ． =COUNTA(A5:A10)

第1回　模擬問題（実技）

制限時間：20分　　解答 p.17

　次の資料は，あるラーメン店における一日の売上データである。資料と作成条件にしたがって，シート名「シート1」を作成しなさい。

資料

しょうゆ		
時間帯	売上数	売上金額
昼	24	15,600
夜	42	27,300

ピリ辛みそ		
時間帯	売上数	売上金額
昼	45	31,500
夜	78	54,600

和風みそ		
時間帯	売上数	売上金額
昼	23	17,250
夜	40	30,000

しおネギ		
時間帯	売上数	売上金額
昼	31	24,180
夜	17	13,260

つけめん		
時間帯	売上数	売上金額
昼	55	44,000
夜	92	73,600

作成条件

ワークシートは，試験開始前に提供されたものを使用する。

1．表およびグラフの体裁は，右ページを参考にして設定する。

　　設　定　す　る　書　式：罫線
　　設定する数値の表示形式：3桁ごとのコンマ，%，小数の表示桁数

2．表の※印の部分は，式や関数を利用して求める。また，※※印の部分は，資料より必要な値を入力する。

3．グラフの※印の部分は，表に入力された値をもとに表示する。

4．「1．売上数の集計」は，次のように作成する。

　(1)　「売上数計」は，「昼」と「夜」の合計を求める。

　(2)　「合計」は，各列の合計を求める。

　(3)　「構成比」は，**「売上数計　÷　売上数計の合計」**で求める。ただし，%表示で小数第1位まで表示する。

　(4)　「備考」は，「構成比」が30%以上の場合は ◎ を表示し，20%以上の場合は ○ を表示し，それ以外の場合は何も表示しない。

5．積み上げ棒グラフは，「1．売上数の集計」から作成する。

　(1)　数値軸の目盛りは，最小値（0），最大値（160）および間隔（40）を設定する。

　(2)　軸ラベルの方向を設定する。

6．「2．売上金額の集計」は，次のように作成する。

　(1)　「計」は，「昼」と「夜」の合計を求める。

　(2)　「合計」は，各列の合計を求める。

　(3)　「最大」は，各列の最大値を求める。

　(4)　「最小」は，各列の最小値を求める。

　(5)　表の作成後，29～33行目のデータを，「計」を基準として，降順に並べ替える。

7．円グラフは，6．(5)の並べ替えの処理をしたあと，「2．売上金額の集計」から作成する。

ラーメン売上集計表

1．売上数の集計

商品名	昼	夜	売上数計	構成比	備考
しょうゆ	24	42	※	※	※
ピリ辛みそ	45	78	※	※	※
和風みそ	23	40	※	※	※
しおネギ	31	17	※	※	※
つけめん	55	92	※	※	※
合計	※	※	※		

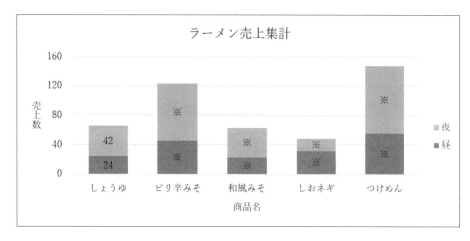

2．売上金額の集計

商品名	昼	夜	計
しょうゆ	15,600	27,300	※
ピリ辛みそ	※※	※※	※
和風みそ	※※	※※	※
しおネギ	※※	※※	※
つけめん	※※	※※	※
合計	※	※	※
最大	※	※	※
最小	※	※	※

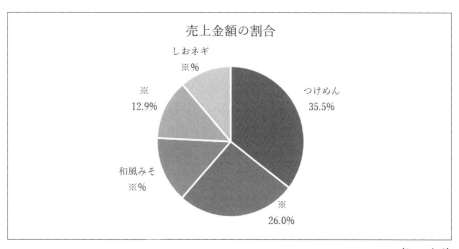

（シート1）

第2回　模擬問題（筆記）　制限時間：20分　解答 ➡ p.18

【1】　次の説明文に最も適した答えを解答群から選び，記号で答えなさい。

1．メモリともいい，処理装置と直接データのやりとりができる記憶装置。

2．さまざまな物に通信機能をもたせ，インターネットに接続し相互に通信することにより，自動認識や自動制御などを行うこと。

3．データの消去・書き込みを自由に行うことができ，電源を切っても内容が消えない半導体メモリ。

4．Webページを表示するためのソフトウェア。

5．迷惑メールのうち，不特定多数の受信者へ一方的に送られる，広告や勧誘を目的としたメール。

> ─ 解答群 ─
>
> **ア**．RAM　　　　　　　　**イ**．主記憶装置　　　　　　**ウ**．JANコード
>
> **エ**．ブラウザ　　　　　　**オ**．IoT　　　　　　　　　**カ**．プロバイダ
>
> **キ**．スパムメール　　　　**ク**．フラッシュメモリ　　　**ケ**．補助記憶装置
>
> **コ**．チェーンメール

【2】　次のA群の語句に最も関係の深い説明文をB群から選び，記号で答えなさい。

＜A群＞　1．カーボンコピー　　　2．RFID　　　　　　　3．ワークシート
　　　　　4．ハイパーリンク　　　5．フィッシング詐欺

＜B群＞

ア．Webページ上の文字列や画像をクリックすると目的のページへジャンプする機能。

イ．人間が行ってきた高度に知的な作業や判断を，コンピュータを中心とする人工的なシステムによって行えるようにしたもの。

ウ．電子メールの宛先を指定し，さらに参考として知らせたい相手を指定する方法。受信者は指定された宛先がすべてわかる。

エ．表計算ソフトウェアにおいて，行と列により区切られた1つ1つのマス目。

オ．インターネットで公開されている情報についてキーワードなどを使って探し出すWebページ。

カ．電子メールの宛先を指定し，さらに参考として知らせたい相手を指定する方法。受信者は指定された宛先がわからない。

キ．パソコンや携帯電話からWebサイトにアクセスすると，いきなり料金請求の画面が表示され，不当に料金を請求する行為。

ク．表計算ソフトウェアにおいて，データの入力や計算，グラフの作成を行う，複数の行と複数の列からなる領域。

ケ．微小な無線チップによって直接接触することなく，人や物を識別・管理するシステム。

コ．金融機関などからの正規のメールやWebサイトをよそおい，暗証番号やクレジットカード番号などを不正に入手する行為。

【3】　次の説明文に最も適した答えをア，イ，ウの中から選び，記号で答えなさい。

1．2進数の1101を10進数で表したもの。

　　ア．12　　　　　　　　イ．13　　　　　　　　ウ．14

2．記憶容量の単位で，約1,000バイトを表したもの。

　　ア．1KB　　　　　　　イ．1MB　　　　　　　ウ．1GB

3．複数の電子回路をまとめ，1つの部品として構成したもの。

　　ア．EC　　　　　　　イ．USB　　　　　　　ウ．集積回路

4．テレビとブルーレイレコーダなどのデジタル家電を1本のケーブルで相互に接続し，映像，音声，制御信号を送受信するインターフェース規格。

　　ア．HDMI　　　　　　イ．Bluetooth　　　　ウ．SSD

5．ネットワークにおいて，システムやファイル等を利用する権限。

　　ア．アクセス制限　　　イ．アクセス権　　　ウ．ユーザID

【4】　次の各問いに答えなさい。

問１．セルを結合し，項目の表示を中央揃えにしたい。複数のセルを選択し，指定するボタンとして適切なものを選び，記号で答えなさい。

ア．🔲　　　　　　　　イ．▤　　　　　　　　ウ．▤

問２．表1のB6には「国内からのアクセス」と入力されているが，一部表示されていない。このセルの内容をすべて表示させる方法として適切なものを選び，記号で答えなさい。

	A	B	C	D	E	F
1						
2	不正アクセス行為の認知件数の推移					
3						
4			一昨年度	昨年度	今年度	割合
5	認知件数		2,289	2,795	1,885	―
6		国内から	1,993	2,673	57	3.0%
7		海外から	214	40	1,755	93.1%
8		アクセス	82	82	73	※

(注)　※印は，値の表記を省略している。　　　(表1)

ア．B列とC列の列番号の境界線をポイントして左へドラッグする。
イ．B列とC列の列番号の境界線をポイントして右へドラッグする。
ウ．B列とC列の列番号の境界線をポイントする。

問３．表1のF列の「割合」はF6に式を入力したあと，F7〜F8に複写した。F6に入力した式として適切なものを選び，記号で答えなさい。

ア．=E6/E5　　　　　　イ．=E6/$E$5　　　　　　ウ．=$E$6/E5

問４．表1のF8に表示される値を答えなさい。

問５．次の表は，卒業式までの日数を計算する表である。B4は，本日の日付の翌日から数えて卒業式までの日数を求める。B4に設定する式として適切なものを選び，記号で答えなさい。

	A	B
1		
2	卒業式までの日数計算表	
3	卒業式	日数
4	2020/3/8	52

(注)　日数は，本日の日付により異なります。

ア．=A4-TODAY()　　　　イ．=A4-TODAY()-1　　　　ウ．=A4-TODAY()+1

【5】　次の各問いに答えなさい。

問1．次の表は，料理コンテストの成績一覧表である。「順位」は「合計」の降順に順位をつける。B10に設定する式として適切なものを選び，記号で答えなさい。ただし，B10の式をC10〜E10までコピーする。

	A	B	C	D	E
1					
2	料理コンテスト成績一覧表				
3	採点内容／ 出場者NO	1	2	3	4
4	盛り付け	5	4	3	5
5	味	4	3	4	4
6	栄養バランス	3	5	3	4
7	独創性	5	5	3	4
8	調理態度	3	3	3	5
9	合計	20	20	16	22
10	順位	2	2	4	1

ア． =RANK(B10,$B$9:$E$9,0)

イ． =RANK(B9,B9:E9,0)

ウ． =RANK(B9,$B$9:$E$9,0)

問2．次の表とグラフは，日本の総人口と65歳以上の人口の推移と今後を予想したものである。次の(1)，(2)に答えなさい。

総人口と65歳以上の人口の推移予測

（単位：千人）

	A	B	C	D	E	F	G
1							
2							
3							
4	年	総数	男	女	差	65歳以上	割合
5	1980	11,940	55,091	56,849	1,758	8,865	7.9%
6	1990	121,049	59,497	61,552	2,055	12,468	10.3%
7	2000	125,570	61,574	63,996	2,422	18,261	14.5%
8	2010	127,768	62,349	65,419	3,070	25,672	20.1%
9	2020	125,430	60,806	64,624	3,818	33,781	26.9%
10	2030	119,270	57,406	61,864	4,458	36,354	30.5%
11	2040	110,679	52,953	57,726	4,773	37,249	33.7%

(1)　グラフ内にある○の部分の名称として適切なものを選び，記号で答えなさい。

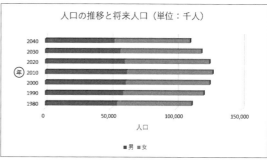

ア． 軸ラベル

イ． 凡例

ウ． タイトル

(2)　グラフから読み取った内容として正しいものを選び，記号で答えなさい。

ア． 65歳以上の人口が年々増加している。

イ． 男に比べ女が多いのは女の方が長生きするからである。

ウ． 2010年が人口のピークである。

【6】　流れ図にしたがって処理するとき，次の各問いに答えなさい。

〈流れ図〉

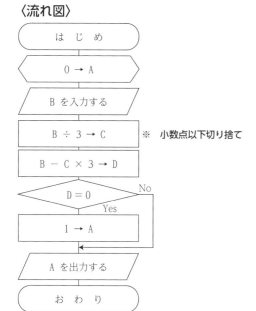

問1．Bの値が55のとき，出力されるAの値を答えなさい。

問2．Bの値が60のとき，出力されるAの値を答えなさい。

【7】　次の表は，ある学生食堂の売上伝票の資料にもとづき，作成条件にしたがって，作成されたものである。各問いに答えなさい。

資料

売上伝票		
品名	唐揚定食	
価格	400円	

曜日	売上数
月	
火	
水	
木	31
金	34

売上伝票		
品名	焼肉定食	
価格	400円	

曜日	売上数
月	32
火	27
水	29
木	
金	

売上伝票		
品名	カレーライス	
価格	280円	

曜日	売上数
月	51
火	56
水	59
木	41
金	49

売上伝票		
品名	天ぷらそば	
価格	320円	

曜日	売上数
月	24
火	19
水	27
木	30
金	27

売上伝票		
品名	天ぷらうどん	
価格	320円	

曜日	売上数
月	22
火	15
水	17
木	28
金	24

	A	B	C	D	E	F	G	H	I	J	K
1											
2		学生食堂売上一覧表									
3											
4	品名	価格	月	火	水	木	金	売上金額	構成比	平均	備考
5	唐揚定食	400				31	34	26,000	12.5%	32.5	○
6	焼肉定食	400	32	②	29			35,200	17.0%	29.4	
7	カレーライス	①	51	56	59	41	49	71,680	34.6%	51.2	◎
8	天ぷらそば	320	24	19	27	30	③	40,640	19.6%	25.4	
9	天ぷらうどん	320	22	15	17	28	24	33,920	16.4%	21.2	
10		合計	129	117	④	130	134	207,440	100.0%		
11		最大数	51	56	59	⑤	49	71,680	34.6%		
12		順位	4	5	2	3	1				

作成条件

1．「唐揚定食」,「焼肉定食」,「カレーライス」,「天ぷらそば」,「天ぷらうどん」の売上数をC5～
　　G9に入力する。売上のない日には何も入力しない。

2．「売上金額」は,「価格」にC列～G列の合計を乗じて求める。

3．「構成比」は,売上金額の合計に対する各商品の売上金額の割合を求める。

4．「平均」は,C列～G列の平均を求める。ただし,小数第1位未満を切り上げて表示する。

5．「備考」は,「平均」が50以上の場合は ◎ ,30以上の場合は ○ を表示し,それ以外の場合は
　　何も表示しない。

6．「合計」は,各列の合計を求める。

7．「最大数」は,各列の最大値を求める。

8．「順位」は,各曜日の「合計」を基準として降順に順位をつける。

問1．表の①～⑤に表示されるデータを答えなさい。

問2．H5に設定する式を答えなさい。

　　　ア．=B5*AVERAGE(C5:H5)
　　　イ．=B5*SUM(C5:G5)
　　　ウ．=B5*SUM(C5:H5)

問3．I5に設定する式を答えなさい。ただし,その式をI6～I9にコピーする。

　　　ア．=H5/$H$10
　　　イ．=H10/H5
　　　ウ．=$H$10/H5

問4．J5に設定する式を答えなさい。

　　　ア．=ROUND(AVERAGE(C5:G5),1)
　　　イ．=ROUNDDOWN(AVERAGE(C5:G5),1)
　　　ウ．=ROUNDUP(AVERAGE(C5:G5),1)

問5．K5に設定する式を答えなさい。

　　　ア．=IF(J5>=50,"◎",IF(J5>=30,"○",""))
　　　イ．=IF(J5>=50,"",IF(J5>=30,"○","◎"))
　　　ウ．=IF(J5>50,"",IF(J5>30,"○","◎"))

第2回　模擬問題（実技）

制限時間：20分　　解答 ➡ p.20

次の資料は，ある公民館の部屋を利用している団体の団体数と月の利用数の状況を示したものである。資料と作成条件にしたがって，シート名「シート1」を作成しなさい。

資料

部屋ごとの使用料表

部屋名	使用料
ホール	3,000
研修室	2,000
会議室	2,000
和室	1,000

4月　利用団体数表

部屋名	団体数
ホール	7
研修室	8
会議室	7
和室	6

4月　利用回数表

部屋名	月利用数
ホール	11
研修室	21
会議室	12
和室	13

5月　利用団体数表

部屋名	団体数
ホール	10
研修室	12
会議室	9
和室	4

5月　利用回数表

部屋名	月利用数
ホール	21
研修室	28
会議室	16
和室	11

作成条件

ワークシートは，試験開始前に提供されたものを使用する。

1．表およびグラフの体裁は，右ページを参考にして設定する。

> 設 定 す る 書 式：罫線
> 設定する数値の表示形式：3桁ごとのコンマ，％，小数の表示桁数

2．表の※印の部分は，式や関数を利用して求める。また，※※印の部分は，資料より必要な値を入力する。

3．グラフの※印の部分は，表に入力された値をもとに表示する。

4．「1．利用団体数集計表」は，次のように作成する。

　⑴　「計」は，「4月」と「5月」の合計を求める。

　⑵　「備考」は，「5月」が「4月」より大きい場合は ★ を表示し，それ以外の場合は何も表示しない。

　⑶　「合計」は，各列の合計を求める。

5．集合棒グラフは，「1．利用団体数集計表」から作成する。

　⑴　数値軸の目盛りは，最小値（0），最大値（12）および間隔（2）を設定する。

　⑵　軸ラベルの方向を設定する。

6．「2．利用料金集計表」は，次のように作成する。

　⑴　「使用料計」は，「4月」と「5月」の和に「使用料」を乗じて求める。

　⑵　「合計」は，各列の合計を求める。

　⑶　「構成比」は，「使用料計」の合計に対する「使用料計」の割合を求める。ただし，％表示で小数第1位まで表示する。

　⑷　「順位」は，「構成比」を基準として降順に順位をつける。

　⑸　「平均」は，各列の平均を求める。ただし，小数第1位まで表示する。

　⑹　「最大」は，各列の最大値を求める。

　⑺　「最小」は，各列の最小値を求める。

7．円グラフは，「2．利用料金集計表」から作成する。

　⑴　円グラフの最大部分を切り離す。

部屋の利用状況集計表

1. 利用団体数集計表

部屋名	4月	5月	計	備考
ホール	7	10	※	※
研修室	8	12	※	※
会議室	7	9	※	※
和室	6	4	※	※
合計	※	※	※	

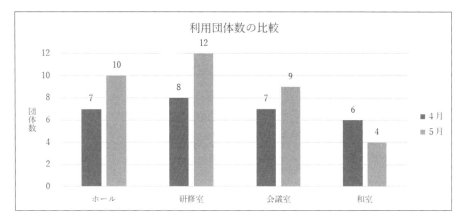

2. 利用料金集計表

部屋名	使用料	4月	5月	使用料計	構成比	順位
ホール	3,000	11	21	96,000	35.0%	※
研修室	※※	※※	※※	※	※	※
会議室	※※	※※	※※	※	※	※
和室	※※	※※	※※	※	※	
合計		※	※	※	※	
平均		※	※	※	※	
最大		※	※	※	※	
最小		※	※	※	※	

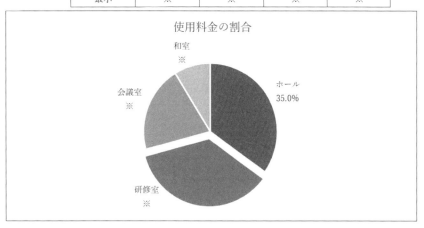

(シート1)

【1】　次の説明文に最も適した答えを解答群から選び，記号で答えなさい。

1．インターネットにおいて，HTML文書や画像などのファイルが保存されている場所を示すアドレス。

2．データの書き込みや読み出しができ，電源を切ると記憶内容が失われるメモリ。

3．インターネットにおいて，ブラウザからの要求により，保存されているHTML文書や画像などのファイルを送信するなどのサービスを提供するコンピュータ。

4．ネットワークシステムにおいて，利用者本人を識別するための番号や文字列。

5．青少年の健全な育成をさまたげる情報や，犯罪につながる情報を掲載しているWebサイト。

```
─ 解答群 ─
ア．USB            イ．ユーザID         ウ．Webサーバ
エ．URL            オ．パスワード        カ．RAM
キ．フィルタリング     ク．ファイルサーバ    ケ．有害サイト
コ．ROM
```

【2】　次のA群の語句に最も関係の深い説明文をB群から選び，記号で答えなさい。

＜A群＞　1．EOS　　　　2．フォーマット　　　3．スクロール
　　　　　4．OS　　　　　5．Webメール

＜B群＞
　ア．画面上に表示しきれない文字や画像を見るために，表示範囲を移動させること。

　イ．コンピュータで，ソフトウェアなどを導入・設定して実際に使用できるようにすること。

　ウ．利用者がコンピュータを使いやすくするために，基本的な制御や管理を行うソフトウェア。

　エ．電子メールを利用するためのソフトウェア。

　オ．企業間における商品の発注などを，オンラインで結んだコンピュータを利用して効率的に行うしくみ。

　カ．ブラウザで利用することができる電子メール。

　キ．入力位置を示す画面上のマーク。

　ク．表計算ソフトウェアなどのように，特定の目的に利用するためのソフトウェア。

　ケ．初期化とも呼ばれ，記憶媒体を利用できるようにするための作業。

　コ．スーパーマーケットのレジなどで商品のバーコードを読み取り，販売情報を収集し，売上管理や在庫管理に利用するしくみ。

【3】　次の説明文に最も適した答えをア，イ，ウの中から選び，記号で答えなさい。

1．10進数の14を2進数で表したもの。

　　　ア． 1101　　　　　　　**イ．** 1110　　　　　　　**ウ．** 1111

2．1,000,000,000分の1秒を表す時間の単位。

　　　ア． μs　　　　　　　**イ．** ns　　　　　　　**ウ．** ps

3．1枚または複数枚の金属の円盤によって構成され，磁気を利用してデータを読み書きする装置。

　　　ア． ブルーレイディスク　**イ．** DVD　　　　　　**ウ．** ハードディスク

4．白と黒の縞模様状の線の太さによって数値や文字を表す識別子を用いたコードを読み取る装置。

　　　ア． JANコード　　　　**イ．** QRコード　　　　　**ウ．** バーコードリーダ

5．コンピュータに対して，何らかの異常を引き起こす目的で作成された悪意のあるプログラム。

　　　ア． コンピュータウイルス　**イ．** 不正アクセス　　　**ウ．** パターンファイル

【4】　次の各問いに答えなさい。

問1．次の式を計算した結果を答えなさい。

　　　=ROUNDUP(12345678/1000,-3)

問2．次の表のA4に「5+3」は入力できたが，A5に「5－3」では正しく入力ができない。正しく入力する方法として適切なものを選び，記号で答えなさい。

	A	B
1		
2	計算問題用紙	
3	問題	答
4	5＋3	
5	5－3	

　　　ア．=5-3　　　　　　　　　　イ．'5-3
　　　ウ．"5-3

問3．次の表は，ハンマー投げの記録一覧表である。F列の「成功数」は，B列の「1回目」～D列の「3回目」に記録があるセルの数を求める。F4に設定する式として適切なものを選び，記号で答えなさい。

　　　ア．=COUNT(B4:D4)　　　　イ．=COUNTA(B4:D4)　　　　ウ．=SUM(B4:D4)

	A	B	C	D	E	F
1						
2	ハンマー投げ記録一覧表					
3	選手番号	1回目	2回目	3回目	最高記録	成功数
4	501	47.15	48.18	50.05	50.05	3
5	502	52.62	×	50.96	52.62	2
6	503	51.28	48.26	×	51.28	2
7	504	48.87	×	45.31	48.87	2
8	505	×	53.48	×	53.48	1

問4．次の表は，A列の「会社名」の文字数を求める表である。B4に設定する式として適切なものを選び，記号で答えなさい。

	A	B
1		
2	会社名の文字数表	
3	会社名	文字数
4	爽健美社	4
5	K'sリサーチ	7
6	吉本工業株式会社	8

　　　ア．=LEN(A4)
　　　イ．=LEFT(A4)
　　　ウ．=VALUE(A4)

問5．次の表のD4には，次の式が設定されている。D4に表示される値を答えなさい。

　　　=C4*(2*A4+(C4-1)*B4)/2

	A	B	C	D
1				
2	等差数列の和			
3	初項	公差	項数	和
4	3	2	5	※

（注）　※印は，値の表記を省略している。

【5】 次の各問いに答えなさい。

問1．次の表は，あるアミューズメント施設での割引額計算表である。会員番号の左端は，会員のランクを示している。会員のランクは，P，G，Sがあり，ランクにより割引率が決まっている。B5に次の式が設定されているとき，B5に表示される値を答えなさい。

=IF(LEFT(B3,1)="P",B4*0.3,IF(LEFT(B3,1)="G",B4*0.2,B4*0.1))

	A	B
1		
2	割引額計算表	
3	会員番号	G1054P
4	利用金額	5,000
5	割引額	※

(注) ※印は，値の表記を省略している。

問2．次の表とグラフは，ある学校におけるインターンシップの派遣先を業種ごとに集計したものである。次の(1)，(2)に答えなさい。

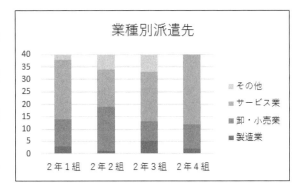

	A	B	C	D	E	F
1						
2			インターンシップ業種別派遣先一覧表			
3						
4	業種	2年1組	2年2組	2年3組	2年4組	合計
5	製造業	3	1	5	2	11
6	卸・小売業	11	18	8	10	47
7	サービス業	24	15	20	28	87
8	その他	2	6	7	0	15
9	計	40	40	40	40	160

(1) 表を印刷したら，A6の「卸・小売業」とA7の「サービス業」の文字が一部欠けて印刷された。この原因および対処法として考えられることとして適切なものを選び，記号で答えなさい。

ア．列幅の設定が原因なので適切に設定する。

イ．印刷の範囲設定が原因なので適切に設定する。

ウ．文字の配置の設定が原因なので適切に設定する。

(2) グラフから読み取った内容として正しいものを選び，記号で答えなさい。

ア．どのクラスもサービス業の割合が一番大きい。

イ．製造業の割合が一番小さいのは，2年4組である。

ウ．2年1組は，サービス業の割合が50%を超えている。

【6】 流れ図にしたがって処理するとき，次の各問いに答えなさい。

〈流れ図〉

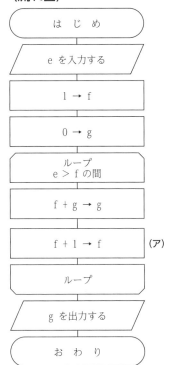

問1．eの値が4のとき，(ア)の処理は何回実行されるか答えなさい。

問2．eの値が4のとき，出力されるgの値を答えなさい。

【7】　次の表は，ある学校の保健室利用票にもとづき，作成されたものである。作成条件にしたがって，各問いに答えなさい。

資料

保健室利用票 クラス　1年A組	
月	利用数
4 月	3
5 月	2
6 月	無
7 月	無

保健室利用票 クラス　1年B組	
月	利用数
4 月	4
5 月	1
6 月	1
7 月	3

保健室利用票 クラス　1年C組	
月	利用数
4 月	1
5 月	1
6 月	3
7 月	無

保健室利用票 クラス　1年D組	
月	利用数
4 月	1
5 月	5
6 月	無
7 月	無

保健室利用票 クラス　1年E組	
月	利用数
4 月	2
5 月	1
6 月	1
7 月	4

	A	B	C	D	E	F	G	H
1								
2		新入生の保健室利用状況集計表						
3							単位：人	
4	クラス	4月	5月	6月	7月	合計	利用月数	備考A
5	1 年 A 組	3	2	無	無	5	④	※
6	1 年 B 組	4	1	1	③	9	4	※
7	1 年 C 組	①	1	3	無	5	3	※
8	1 年 D 組	1	5	②	無	6	2	※
9	1 年 E 組	2	1	1	4	8	4	※
10	月　別　計	11	⑤	5	7	33		
11	割　　　合	33.4%	30.4%	15.2%	21.3%			
12	備　考　B	●		○				

（注）　※印は，値の表記を省略している。

作成条件

1．「4月」～「7月」の利用人数をB5～E9に入力する。利用者のない月は 無 と入力する。

2．「合計」は，B列～E列の合計を求める。

3．「利用月数」は，B列～E列の利用者があった月の数を求める。

4．「備考A」は，「合計」が8人以上の場合は ＊＊ を表示し，それ以外の場合は何も表示しない。

5．「月別計」は，各列の合計を求める。

6．「割合」は，「月別計」の合計に対する各月の「月別計」の割合を求める。ただし，小数第3位未満を切り上げ，%表示で小数第1位まで表示する。

7．「備考B」は，「割合」がすべての割合の中で最大の場合は ● を，最小の場合は ○ を表示し，それ以外の場合は何も表示しない。

第3回

問1．表の①～⑤に表示されるデータを答えなさい。

問2．H列に表示される ＊＊ の数はいくつか答えなさい。

  ア．2   **イ**．3   **ウ**．4

問3．B10に設定する式を答えなさい。

  ア．=COUNTA(B5:B9)
  イ．=SUM(B5:B9)
  ウ．=COUNT(B5:B9)

問4．B11に設定する式を答えなさい。ただし，その式をC11～E11にコピーする。

  ア．=ROUNDUP(B10/$F$10,1)
  イ．=ROUNDUP(B10/$F$10,-1)
  ウ．=ROUNDUP(B10/$F$10,3)

問5．B12に設定する式を答えなさい。ただし，その式をC12～E12にコピーする。

  ア．=IF(B11=MAX(B11:E11),"●",IF(B11=MIN(B11:E11),"○",""))
  イ．=IF(B11=MAX($B$11:$E$11),"●",IF(B11=MIN($B$11:$E$11),"○",""))
  ウ．=IF(B11=MAX($B$11:$E$11),"○",IF(B11=MIN($B$11:$E$11),"●",""))

第3回　模擬問題（実技）　　制限時間：20分　　解答 p.23

　次の資料は，ある市が運営する施設の利用者数と売上高のデータである。資料と作成条件にしたがって，シート名「シート1」を作成しなさい。

資料

前月売上高（万円）	
切手博物館	79
植物園	453
ワンダーランド	4,322
臨海水族館	1,282
トリックアート	462

切手博物館	
利用区分	利用者数
小人	315人
大人	850人
シルバー	2,038人
今月売上高	98万円

植物園	
利用区分	利用者数
小人	908人
大人	2,505人
シルバー	4,580人
今月売上高	599万円

ワンダーランド	
利用区分	利用者数
小人	7,402人
大人	6,002人
シルバー	874人
今月売上高	6,570万円

臨海水族館	
利用区分	利用者数
小人	4,036人
大人	3,840人
シルバー	2,720人
今月売上高	1,440万円

トリックアート	
利用区分	利用者数
小人	3,420人
大人	2,002人
シルバー	832人
今月売上高	375万円

作成条件

ワークシートは，試験開始前に提供されたものを使用する。

1．表およびグラフの体裁は，右ページを参考にして設定する。
　　設　定　す　る　書　式：罫線
　　設定する数値の表示形式：3桁ごとのコンマ，％，小数の表示桁数

2．表の※印の部分は，式や関数を利用して求める。また，※※印の部分は，資料より必要な値を入力する。

3．グラフの※印の部分は，表に入力された値をもとに表示する。

4．「1．利用者数集計」は，次のように作成する。
　⑴　「合計」は，「小人」～「シルバー」の合計を求める。
　⑵　「総計」は，各列の合計を求める。
　⑶　「割合（％）」は，**「合計 × 100 ÷ 合計の総計」** で求める。ただし，小数第1位未満を四捨五入して小数第1位まで表示する。
　⑷　「備考」は，「合計」が10,000以上の場合は半角文字の ＊＊ を表示し，5,000以上の場合は半角文字の ＊ を表示し，それ以外の場合は何も表示しない。

5．円グラフは，「1．利用者数集計」から作成する。なお，小人のグラフを切り離す。

6．「2．売上高集計」は，次のように作成する。
　⑴　「対前月比」は，**「今月売上高 ÷ 前月売上高」** で求める。ただし，小数第2位未満を切り上げて小数第2位まで表示する。
　⑵　「合計」は，各列の合計を求める。
　⑶　「平均」は，各列の平均を求める。ただし，小数第1位まで表示する。
　⑷　「最大」は，各列の最大値を求める。
　⑸　「最小」は，各列の最小値を求める。

(6) 表の作成後，29～33行目のデータを，「今月売上高」を基準として，昇順に並べ替える。

7．積み上げ横棒グラフは，6．(6)の並べ替えの処理をしたあと，「2．売上高集計」から作成する。

(1) 数値軸の目盛りは，最小値（0），最大値（12,000）および間隔（3,000）を設定する。

(2) グラフのデータラベルは，「今月売上高」のみ表示する。

(3) 軸ラベルの方向を設定する。

市営施設の利用者数・売上集計表

1．利用者数集計

施設名	小人	大人	シルバー	合計	割合（％）	備考
切手博物館	315	850	2,038	3,203	※	※
植物園	908	2,505	4,580	※	※	※
ワンダーランド	7,402	6,002	874	※	※	※
臨海水族館	4,036	3,840	2,720	※	※	※
トリックアート	3,420	2,002	832	※	※	※
総計	※	※	※	※		

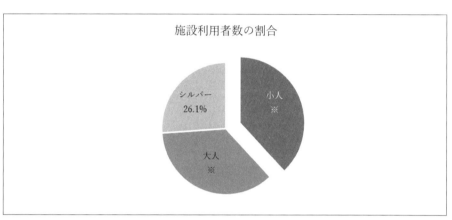

施設利用者数の割合

2．売上高集計　　　　　　　　　　　　　　　　単位：万円

施設名	前月売上高	今月売上高	対前月比
切手博物館	79	98	1.25
植物園	※※	※※	※
ワンダーランド	※※	※※	※
臨海水族館	※※	※※	※
トリックアート	※※	※※	※
合計	※	※	
平均	※	※	
最大	※	※	
最小	※	※	

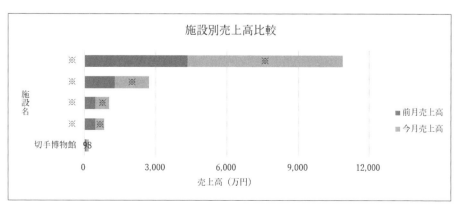

施設別売上高比較

【1】　次の説明文に最も適した答えを解答群から選び，記号で答えなさい。

1．ファイルの種類や機能などを，視覚的にわかりやすく表現した，画面上の小さな絵文字。

2．コンピュータ内における五大装置の中で，記憶装置内の命令を取り出して解読し，各装置に指示を与える装置。

3．細かな液状のインクを用紙に吹き付けて印字するプリンタ。

4．インターネットなどのネットワークを利用した商取引全般のこと。

5．数値などの大小を判断するための演算子。

┌─ 解答群 ─────────────────────────────────┐

　ア．アイコン　　　　　**イ**．比較演算子　　　　　**ウ**．レーザプリンタ

　エ．制御装置　　　　　**オ**．EC　　　　　　　　　**カ**．演算装置

　キ．算術演算子　　　　**ク**．インクジェットプリンタ　**ケ**．GUI

　コ．EOS

└──────────────────────────────────────┘

【2】　次のA群の語句に最も関係の深い説明文をB群から選び，記号で答えなさい。

＜A群＞　1．ワーム　　　　　2．ブルーレイディスク　　　3．サーチエンジン
　　　　　4．QRコード　　　　5．ビット

＜B群＞

　ア．2進数8桁で表される，情報の基本単位。

　イ．小さな正方形の点を縦横同じ数だけ並べた二次元コード。

　ウ．インターネットなどを通じてコンピュータに侵入し，自身を複製して他のシステムに拡散する性質を持ったマルウェア。

　エ．片面4.7GBの記憶容量をもつ光ディスク。

　オ．2進数1桁で表される，情報の最小単位。

　カ．データの読み書きに青紫色半導体レーザを利用する光ディスク。

　キ．Webページ上の文字列や画像をクリックすると目的のページへジャンプする機能。

　ク．日本産業規格に定められている，商品識別番号とバーコードの規格で，13桁の標準タイプと8桁の短縮タイプがある。

　ケ．有益・無害なプログラムに偽装されており，何らかのきっかけにより，データ漏洩や遠隔操作などの有害な動作を行うマルウェア。

　コ．インターネットで公開されている情報についてキーワードなどを使って探し出すWebページ。

【3】　次の説明文に最も適した答えをア，イ，ウの中から選び，記号で答えなさい。

1．2進数の11011を10進数で表したもの。

　　　　ア．27　　　　　　　　　**イ**．29　　　　　　　　　**ウ**．33

2．記憶容量の単位で，約10億バイトを表したもの。

　　　　ア．1KB　　　　　　　　**イ**．1MB　　　　　　　　**ウ**．1GB

3．利用者がコンピュータを使用する権限を，ユーザIDとパスワードを入力させることで識別すること。

　　　　ア．アクセス権　　　　　**イ**．認証　　　　　　　　**ウ**．不正アクセス

4．ソフトウェアをコンピュータに追加して，利用できる状態にすること。

　　　　ア．アップデート　　　　**イ**．インストール　　　　**ウ**．フィルタリング

5．迷惑メールのうち，受信者に受信内容を他の人に送信するようにうながすメール。

　　　　ア．チェーンメール　　　**イ**．スパムメール　　　　**ウ**．Webメール

第4回

【4】 次の各問いに答えなさい。

問1．セルに「日」を入力したのち，そのセルを指定する。指定したセルのある部分をポイントし，ドラッグすると連続したデータが入力できる。ポイントする位置として適切なものを選び，記号で答えなさい。

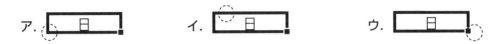

問2．セルに「=1/3」の式を入力し，その結果を「33.3%」と表示したい。正しい指定方法として適切なものを選び，記号で答えなさい。

   ア． %表示に設定し，小数第1位まで表示するように設定する。
   イ． 小数第1位まで表示するように設定し，%表示に設定する。
   ウ． 小数第1位まで表示するように設定する。

問3．次の表は，ある旅行会社のバスツアーの配車表である。「バス台数」を表示するために，C4に設定する式として適切なものを選び，記号で答えなさい。ただし，1台のバスに50人乗車できる。

	A	B	C
1			
2	バスツアーの配車表		
3	ツアー名	参加人数	バス台数
4	食い倒れツアー	106	3
5	大自然夢ツアー	60	2
6	道の駅巡り	134	3
7	マス掴み取り	50	1

   ア． =ROUNDUP(B4/50,0)
   イ． =ROUNDDOWN(B4/50,0)
   ウ． =ROUND(B4/50,0)

問4．A3に入力された数値をB3のように変更するために，B3に設定する式として適切なものを選び，記号で答えなさい。ただし，セルの書式設定の操作はしない。

	A	B
1		
2	変更前	変更後
3	1234.567	1,234.6

   ア． =VALUE(A3,1)
   イ． =ROUNDDOWN(A3,1)
   ウ． =ROUNDUP(A3,1)

問5．次の表は，ある町内の小学校一覧である。小学校の文字を削除して表示するために，B4に設定する式として適切なものを選び，記号で答えなさい。ただし，その式をB5～B7にコピーする。

	A	B
1		
2	町内小学校一覧	
3	小学校名	小学校を削除
4	舞浜小学校	舞浜
5	日の出小学校	日の出
6	あけぼの小学校	あけぼの
7	東小学校	東

   ア． =A4-RIGHT(A4,3)
   イ． =LEFT(A4,2)
   ウ． =LEFT(A4,LEN(A4)-3)

【5】　次の各問いに答えなさい。

問1．次の表のA2には 2 が入力され，A3，B2～B3には表示されている
　　式が設定されている。各セルを計算した結果，B3に表示される値を
　　答えなさい。

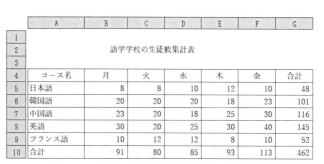

	A	B
1		
2	2	=A2^3
3	=A2*B2	=A3/A2

問2．次の表とグラフは，語学学校の生
　　徒数を集計したものである。次の(1)，
　　(2)に答えなさい。

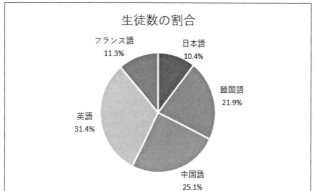

	A	B	C	D	E	F	G
1							
2			語学学校の生徒数集計表				
3							
4	コース名	月	火	水	木	金	合計
5	日本語	8	8	10	12	10	48
6	韓国語	20	20	20	18	23	101
7	中国語	23	20	18	25	30	116
8	英語	30	20	25	30	40	145
9	フランス語	10	12	12	8	10	52
10	合計	91	80	85	93	113	462

(1)　作成されたグラフのデータ範囲
　　として適切なものを選び，記号で
　　答えなさい。

　　ア．A5:A10とG5:G10
　　イ．A4:F9
　　ウ．A5:A9とG5:G9

生徒数の割合

フランス語 11.3%　日本語 10.4%　韓国語 21.9%　英語 31.4%　中国語 25.1%

(2)　グラフから読み取った内容とし
　　て正しいものを選び，記号で答え
　　なさい。

　　ア．「日本語」の生徒数が減少の傾向にある。
　　イ．「英語」の生徒数の割合は，全体の3分の1を超えている。
　　ウ．「英語」と「中国語」を合わせると全体の半数を超えている。

【6】　流れ図にしたがって処理するとき，次の各問いに答えなさい。
〈流れ図〉

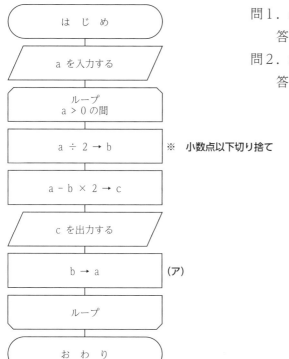

問1．a の値が 12 のとき，3 回目に出力される c の値を
　　答えなさい。
問2．a の値が 12 のとき，(ア)の処理は何回実行されるか
　　答えなさい。

はじめ

a を入力する

ループ
a > 0 の間

a ÷ 2 → b　※　小数点以下切り捨て

a − b × 2 → c

c を出力する

b → a　(ア)

ループ

おわり

【7】　次の表は，高校生の思い出に関するアンケートの集計資料にもとづき，作成条件にしたがって，作成されたものである。各問いに答えなさい。

資料

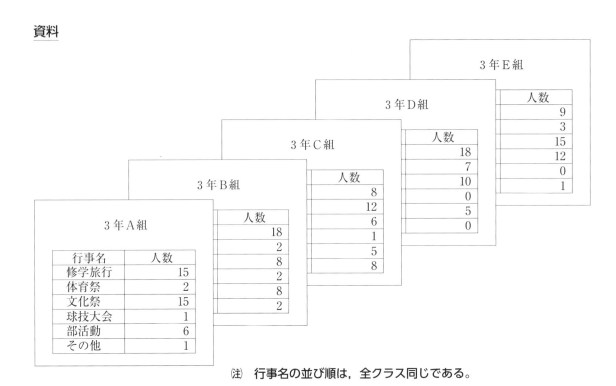

㊟　行事名の並び順は，全クラス同じである。

	A	B	C	D	E	F	G	H	I	J
1										
2			高校生の思い出に関するアンケート							
3										
4	行事名	3A	3B	3C	3D	3E	計	割合（％）	順位	備考
5	修学旅行	15	18	8	18	9	68	34.0%	1	☆☆
6	体育祭	2	2	12	③	3	26	13.0%	3	☆
7	文化祭	①	8	6	10	15	54	27.0%	2	☆☆
8	球技大会	1	2	1	0	12	16	8.0%	⑤	
9	部活動	6	②	5	5	0	24	12.0%	4	☆
10	その他	1	2	8	0	1	12	6.0%	6	
11	合計	40	40	40	40	40	200	100.0%		
12						最高	④			

作成条件

1．資料を参考にして，B5～F10に人数を入力する。

2．「計」は，B列～F列の合計を求める。

3．「割合（%）」は，アンケート全体の合計に対する各行事名ごとの割合を求める。ただし，小数第3位未満を四捨五入し，%表示で小数第1位まで表示する。

4．「順位」は，「割合（%）」を基準として降順に順位をつける。

5．「備考」は，「割合（%）」が20%を超える場合は ☆☆ ，10%を超える場合は ☆ を表示し，それ以外の場合は何も表示しない。

6．「合計」は，各列の合計を求める。

7．「最高」は，「計」の最大値を求める。

問1．表の①～⑤の数値を答えなさい。

問2．H5に設定する式を答えなさい。ただし，その式をH6～H10までコピーする。

　　　ア． =ROUNDUP(G5/$G$11,3)

　　　イ． =ROUNDDOWN(G5/$G$11,3)

　　　ウ． =ROUND(G5/$G$11,3)

問3．I5に設定する式を答えなさい。ただし，その式をI6～I10までコピーする。

　　　ア． =RANK(H5,$H$5:$H$10,0)

　　　イ． =RANK(H5,$H$5:$H$10,1)

　　　ウ． =RANK(H5,H5:H10,1)

問4．J5に設定する式を答えなさい。

　　　ア． =IF(H5>=20%,"☆☆",IF(H5>=10%,"☆",""))

　　　イ． =IF(H5>20%,"☆☆",IF(H5>10%,"☆",""))

　　　ウ． =IF(H5>20%,"☆",IF(H5>10%,"☆☆",""))

問5．G12に設定する式を答えなさい。

　　　ア． =MIN(G5:G10)

　　　イ． =MAX(G5:G10)

　　　ウ． =SUM(G5:G10)

第4回　模擬問題（実技）

制限時間：20分　　解答 ➡ p.26

　次の資料は，ある弁当販売店の昨年度・今年度の販売状況を示したものである。資料と作成条件にしたがって，シート名「シート1」を作成しなさい。

資料

売上情報		
商品名	カツ重	
価格		¥420
販売数		
	昨年度	15,871
	今年度	39,543

売上情報		
商品名	幕の内弁当	
価格		¥520
販売数		
	昨年度	23,690
	今年度	24,800

売上情報		
商品名	唐揚げ弁当	
価格		¥380
販売数		
	昨年度	25,470
	今年度	22,603

売上情報		
商品名	シャケ弁当	
価格		¥280
販売数		
	昨年度	12,350
	今年度	12,042

売上情報		
商品名	のり弁当	
価格		¥270
販売数		
	昨年度	11,452
	今年度	10,235

作成条件

ワークシートは，試験開始前に提供されたものを使用する。

1．表およびグラフの体裁は，右ページを参考にして設定する。

$$\begin{bmatrix} 設　定　す　る　書　式：罫線 \\ 設定する数値の表示形式：3桁ごとのコンマ, \%, 小数の表示桁数 \end{bmatrix}$$

2．表の※印の部分は，式や関数を利用して求める。また，※※印の部分は，資料より必要な値を入力する。

3．グラフの※印の部分は，表に入力された値をもとに表示する。

4．「1．売上数の集計」は，次のように作成する。

　(1)　「計」は，B列とC列の合計を求める。

　(2)　「合計」は，各列の合計を求める。

　(3)　「構成比（％）」は，「計」の「合計」に対する各弁当の「計」の割合を求める。ただし，小数第1位未満を四捨五入して小数第1位まで表示する。

　(4)　「対前年比（％）」は，昨年度の「販売数」に対する今年度の「販売数」の割合を求める。ただし，小数第1位未満を切り捨てて小数第1位まで表示する。

　(5)　「備考」は，今年度の「販売数」が昨年度の「販売数」より大きい場合，半角文字の ＊＊ を表示し，それ以外の場合は何も表示しない。

5．集合縦棒グラフは，「1．売上数の集計」から作成する。

　(1)　数値軸の目盛りは，最小値（0），最大値（40,000）および間隔（10,000）を設定する。

　(2)　凡例を設定する。

6．「2．売上金額の集計」は，次のように作成する。

　(1)　「昨年度」は，「価格」と「1．売上数の集計」の「昨年度」の販売数を乗じて求める。

　(2)　「今年度」は，「昨年度」と同様に求める。

　(3)　「計」は，C列とD列の合計を求める。

　(4)　「合計」は，各列の合計を求める。

　(5)　「最高」は，各列の最大値を求める。

　(7)　「最低」は，各列の最小値を求める。

7．円グラフは，「2．売上金額の集計」から作成する。

各種弁当の年間売上表

1．売上数の集計

商品名	販売数		計	構成比（％）	対前年比（％）	備考
	昨年度	今年度				
カツ重	15,871	※※	※	※	※	※
幕の内弁当	23,690	※※	※	※	※	※
唐揚げ弁当	25,470	※※	※	※	※	※
シャケ弁当	12,350	※※	※	※	※	※
のり弁当	11,452	※※	※	※	※	※
合計	※	※	※			

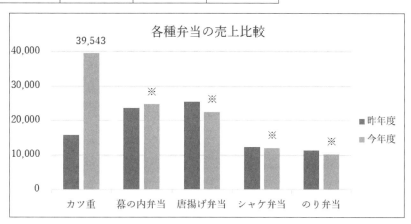

2．売上金額の集計

商品名	価格	売上高		計
		昨年度	今年度	
カツ重	¥420	※	※	※
幕の内弁当	¥520	※	※	※
唐揚げ弁当	¥380	※	※	※
シャケ弁当	¥280	※	※	※
のり弁当	¥270	※	※	※
合計		※	※	※
最高		※	※	※
最低		※	※	※

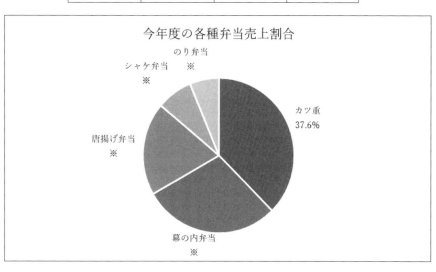

第5回 模擬問題（筆記） 制限時間：20分 解答 → p.27

【1】 次の説明文に最も適した答えを解答群から選び，記号で答えなさい。

1．表計算ソフトウェアにおいて，行と列により区切られた1つ1つのマス目。

2．記憶装置の中に，ファイルを分類して保存するために作られた記憶場所。

3．パソコンや携帯電話からWebサイトにアクセスすると，いきなり料金請求の画面が表示されて不当料金を請求される行為。

4．ブラウザでメールの送受信を行うことができるシステムやサービス。

5．微小な無線チップによって直接接触することなく，人や物を識別・管理するシステム。

解答群

ア．Webメール	**イ**．ワークシート	**ウ**．フォルダ
エ．フィッシング詐欺	**オ**．バーコード	**カ**．メーラ
キ．ワンクリック詐欺	**ク**．セル	**ケ**．フラッシュメモリ
コ．RFID		

【2】 次のA群の語句に最も関係の深い説明文をB群から選び，記号で答えなさい。

＜A群＞ 1．フィルタリング 2．HTML 3．メールサーバ
4．SSD 5．IoT

＜B群＞

ア．保存してあるデータを，ネットワーク上の他のコンピュータと共有して利用できるようにするコンピュータ。

イ．インターネットを利用する際，データの受発信やWebページの閲覧を制限する機能。

ウ．記憶媒体として半導体メモリを複数個組み合わせたドライブ装置。

エ．Webページを作成するためのマークアップ言語。

オ．データの読み書きに青紫色半導体レーザを利用する光ディスク。

カ．さまざまな物に通信機能を持たせ，インターネットに接続し相互に通信することにより，自動認識や自動制御などを行うこと。

キ．Webページを表示するためのソフトウェア。

ク．インターネットを通じて，コンピュータに不正に侵入する行為。

ケ．インターネットに常に接続され，メールの送信や受信を行うコンピュータ。

コ．学習，認識，判断などの，人間の脳が行う知的な活動を，コンピュータに代替させようとするシステム。

【3】　次の説明文に最も適した答えをア，イ，ウの中から選び，記号で答えなさい。

1．10進数の20を2進数で表したもの。

　　ア．10100　　　　　　　　**イ**．10101　　　　　　　　**ウ**．10011

2．1,000,000分の1秒を表す時間の単位。

　　ア．ms　　　　　　　　　**イ**．μs　　　　　　　　**ウ**．ns

3．家電やAV機器向けのデジタル映像・音声入出力用のインターフェースの規格。

　　ア．HDMI　　　　　　　　**イ**．USB　　　　　　　　**ウ**．Bluetooth

4．ディスプレイに表示されたボタンに指やペンで触れてデータを入力する装置。

　　ア．イメージスキャナ　　　**イ**．バーコードリーダ　　　**ウ**．タッチパネル

5．表計算などにおいて，複写しても計算式などのセルの番地が固定されている参照方法。

　　ア．相対参照　　　　　　　**イ**．絶対参照　　　　　　　**ウ**．引数

第5回

【4】　次の各問いに答えなさい。

問1．A2に17，B2に10があらかじめ入力されている。C2には表示されている式が設定されている。計算をした結果，C2に表示される値を答えなさい。

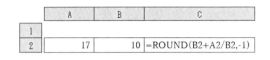

	A	B	C
1			
2	17	10	=ROUND(B2+A2/B2,-1)

問2．次の表のA2に1，A3に3を入力し，A2～A3までの範囲を指定する。指定した範囲の右下隅をポイントし，A5までドラッグする。A5に表示される数値として適切なものを選び，記号で答えなさい。

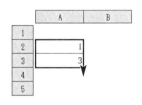

	A	B
1		
2	1	
3	3	
4		
5		

　　ア．3　　　　　　イ．5　　　　　　ウ．7

問3．次の表は，ある基準で並べ替えをしてある。並べ替えの基準として適切なものを選び，記号で答えなさい。

	A	B	C	D
1				
2	店コード	品名	来店者数	売上金額
3	T12	東口店	322	64,800
4	T23	飯倉店	349	68,300
5	T34	豊栄店	356	68,900
6	T26	新町店	389	67,400

　　ア．「店コード」をキー項目として，昇順に並べ替えた。
　　イ．「来店者数」をキー項目として，昇順に並べ替えた。
　　ウ．「売上金額」をキー項目として，降順に並べ替えた。

問4．次の表は，ある店の夏物セール一覧表である。表のように「値引割合」を表示するために，C4に設定する式として適切なものを選び，記号で答えなさい。

	A	B	C
1			
2	夏物セール一覧表		
3	商品名	在庫数	値引割合
4	ジャケット	20	30%
5	Tシャツ	33	30%
6	セーター	12	20%
7	スカート	4	10%
8	パンツ	15	20%

　　ア．=IF(B4>=20,30%,IF(B4>=10,20%,10%))
　　イ．=IF(B4>20,30%,IF(B4>10,20%,10%))
　　ウ．=IF(B4>=20,10%,IF(B4>=10,20%,30%))

問5．次の表は，ある大学の学生番号から必要なデータを抽出するための表である。学生番号は左端から4桁が入学年，次の2桁がクラス，右端から2桁が出席番号で構成されている。D列の「出席番号」は，A列の「学生番号」から出席番号を数値として抽出している。D4に設定する式として適切なものを選び，記号で答えなさい。

	A	B	C	D
1				
2	学生番号表			
3	学生番号	入学年	クラス	出席番号
4	20181325	2018	13	25
5	20171023	2017	10	23
6	20181132	2018	11	32

　　ア．=VALUE(RIGHT(A4,2,2))
　　イ．=RIGHT(VALUE(A4,2,2))
　　ウ．=VALUE(RIGHT(A4,2))

【5】　次の表とグラフは，修学旅行の体験学習希望をクラス別に集計したものである。次の問1～問3
　　　に答えなさい。

	A	B	C	D	E	F
1						
2	修学旅行体験学習希望集計表					
3						（単位：人）
4	クラス	ダイビング	カヤック	乗馬	釣り	合計
5	A組	16	10	9	5	40
6	B組	9	15	14	2	40
7	C組	14	0	18	8	40
8	D組	8	9	17	6	40
9	合計	47	34	58	21	160

問1．A4~F4に項目名を入力したのち，項目の表示を中央揃えにする。A4~F4を選択し，指定する
　　　ボタンとして適切なものを選び，記号で答えなさい。

　　　ア.▤　　　　　　　　イ.▤　　　　　　　　ウ.▤

問2．作成されたグラフのデータ範囲として適切なものを選び，記号で答えなさい。

　　　ア．A4:E8　　　　　　　イ．A4:A9とF4:F9　　　　　　ウ．B4:E4とB9:E9

問3．グラフから読み取った内容として正しいものを選び，記号で答えなさい。

　　　ア．「釣り」と「乗馬」を希望した者が全体の半数以上であった。
　　　イ．「釣り」を希望した者は，「乗馬」を希望した者の半数以下であった。
　　　ウ．今年は「乗馬」を希望する生徒が増加した。

第5回

【6】　流れ図にしたがって処理するとき，次の各問いに答えなさい。
〈流れ図〉

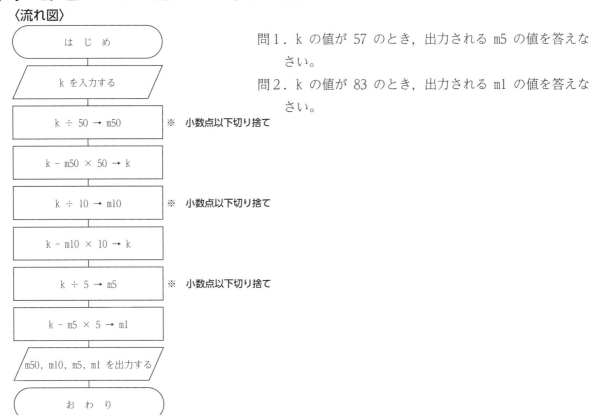

問1．k の値が 57 のとき，出力される m5 の値を答えな
　　　さい。
問2．k の値が 83 のとき，出力される m1 の値を答えな
　　　さい。

【7】 次の表は，各月の売上一覧の資料にもとづき，作成条件にしたがって作成されたものである。各問いに答えなさい。

資料

6月の売上一覧表	
品名	売上数
とろとろプリン	120
抹茶あんみつ	74
メロンシュー	94
フルーツアイス	124
はちみつ金時	113

7月の売上一覧表	
品名	売上数
とろとろプリン	155
抹茶あんみつ	83
メロンシュー	88
フルーツアイス	156
はちみつ金時	122

8月の売上一覧表	
品名	売上数
とろとろプリン	140
抹茶あんみつ	79
メロンシュー	90
フルーツアイス	224
はちみつ金時	157

	A	B	C	D	E	F	G	H	I
1									
2					夏期限定スイーツ売上一覧表				
3									
4	商品番号	品名	単価	6月	7月	8月	売上金額	売上比率	備考
5	S10300	とろとろプリン	300	120	155	140	124,500	21.0%	
6	S11450	抹茶あんみつ	450	74	①	79	106,200	17.9%	
7	S12320	メロンシュー	320	94	88	90	87,040	14.7%	
8	S13250	フルーツアイス	250	124	156	224	126,000	21.3%	**
9	S14380	はちみつ金時	380	113	122	②	148,960	25.1%	**
10			合計	③	604	690	592,700	100.0%	
11			平均	105	121	138	118,540		
12			最高	④	156	224	148,960		
13			最低	⑤	83	79	87,040		

作成条件

1．資料を参考にして，B5～F9に売上数を入力する。

2．「単価」は，「商品番号」の右端から3文字を抽出し，数値に変換して求める。

3．「売上金額」は，D列～F列の合計に「単価」を乗じて求める。

4．「売上比率」は，売上金額の合計に対する商品ごとの割合を求める。ただし，小数第3位未満を
　　四捨五入し，%表示で小数第1位まで表示する。

5．「備考」は，「8月」の売上数が6月～8月で最も多い場合は，　** を表示し，それ以外の場合は
　　何も表示しない。

6．「合計」は，各列の合計を求める。

7．「平均」は，各列の平均を求める。

8．「最高」は，各列の最大値を求める。

9．「最低」は，各列の最小値を求める。

問1．表の①～⑤の数値を答えなさい。

問2．C5に設定する式を答えなさい。

　　　ア． =VALUE(RIGHT(A5,5))

　　　イ． =VALUE(RIGHT(A5,3))

　　　ウ． =VALUE(RIGHT(A5,4))

問3．G5に設定する式を答えなさい。ただし，その式をG6～G9までコピーする。

　　　ア． =SUM($D$5:$F$5)*C5

　　　イ． =C5/SUM(D5:F5)

　　　ウ． =SUM(D5:F5)*C5

問4．H5に設定する式を答えなさい。ただし，その式をH6～H9までコピーする。

　　　ア． =ROUNDUP(G5/$G$10,1)

　　　イ． =ROUNDDOWN(G5/$G$10,3)

　　　ウ． =ROUND(G5/$G$10,3)

問5．I5に設定する式を答えなさい。

　　　ア． =IF(F5=MAX($D$5:$F$5),"**","")

　　　イ． =IF(F5=MAX(D5:F5),"**","")

　　　ウ． =IF(F5=MIN(D5:F5),"**","")

第
5
回

第5回 模擬問題（実技）

制限時間：20分　　解答 ➡ p.29

【1】 次の資料は，あるボウリング大会の成績提出票である。資料と作成条件にしたがって，シート名「シート1」を作成しなさい。

資料

成績提出票	
1ゲーム	
選手名	スコア
中田 邦子	133

成績提出票	
1ゲーム	
選手名	スコア
市原 恵理	209

成績提出票	
1ゲーム	
選手名	スコア
野口 一美	198

成績提出票	
1ゲーム	
選手名	スコア
斉藤 裕花	217

成績提出票	
1ゲーム	
選手名	スコア
石川 裕香	164

成績提出票	
1ゲーム	
選手名	スコア
大場 美紀	176

成績提出票	
2ゲーム	
選手名	スコア
中田 邦子	180

成績提出票	
2ゲーム	
選手名	スコア
市原 恵理	163

成績提出票	
2ゲーム	
選手名	スコア
野口 一美	194

成績提出票	
2ゲーム	
選手名	スコア
斉藤 裕花	195

成績提出票	
2ゲーム	
選手名	スコア
石川 裕香	219

成績提出票	
2ゲーム	
選手名	スコア
大場 美紀	199

成績提出票	
3ゲーム	
選手名	スコア
中田 邦子	129

成績提出票	
3ゲーム	
選手名	スコア
市原 恵理	175

成績提出票	
3ゲーム	
選手名	スコア
野口 一美	197

成績提出票	
3ゲーム	
選手名	スコア
斉藤 裕花	186

成績提出票	
3ゲーム	
選手名	スコア
石川 裕香	162

成績提出票	
3ゲーム	
選手名	スコア
大場 美紀	214

作成条件

ワークシートは，試験開始前に提供されたものを使用する。

1．表およびグラフの体裁は，右ページを参考にして設定する。

> 設 定 す る 書 式：罫線
> 設定する数値の表示形式：小数の表示桁数

2．表の※印の部分は，式や関数を利用して求める。また，※※印の部分は，資料より必要な値を入力する。

3．グラフの※印の部分は，表に入力された値をもとに表示する。

4．表は，次のように作成する。

　⑴　「個人合計」は，各ゲームの合計を求める。

　⑵　「個人最高」は，各ゲームの最大値を求める。

　⑶　「備考」は，「個人最高」の中で個人最高が最大値の場合は ハイスコア を表示し，最小値の場合は ロースコア を表示し，それ以外の場合は何も表示しない。

　⑷　「平均」は，各列の平均を求める。ただし，小数第1位まで表示する。

　⑸　「最高」は，各列の最大値を求める。

　⑹　「最低」は，各列の最小値を求める。

　⑺　表の作成後，5～10行目のデータを，「個人合計」を基準として，降順（逆順）に並べ替える。ただし，数値が同じ場合は，「個人最高」を基準として，降順（逆順）に並べ替える。

5．積み上げ棒グラフは，4．⑺の並べ替えの処理をしたあと，「ボウリング大会成績一覧表」から作成する。

　⑴　数値軸の目盛りは，最小値（0），最大値（600）および間隔（100）を設定する。

6．折れ線グラフは，4．⑺の並べ替えの処理をしたあと，「ボウリング大会成績一覧表」から作成する。

　⑴　数値軸の目盛りは，最小値（100），最大値（250）および間隔（50）を設定する。

　⑵　軸ラベルの方向を設定する。

ボウリング大会成績一覧表

選手名	1ゲーム	2ゲーム	3ゲーム	個人合計	個人最高	備考
中田　邦子	133	180	※※	※	※	※
市原　恵理	209	163	※※	※	※	※
野口　一美	198	194	※※	※	※	※
斉藤　裕花	217	195	※※	※	※	※
石川　裕香	164	219	※※	※	※	※
大場　美紀	176	199	※※	※	※	※
			平均	※	※	
			最高	※	※	
			最低	※	※	

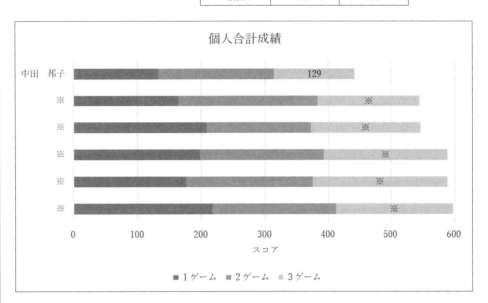

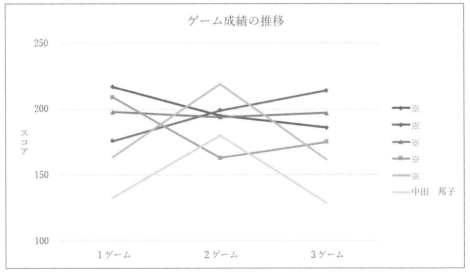

（シート1）

第6回　模擬問題（筆記）	制限時間：20分　　解答 ➡ p.30

【1】　次の説明文に最も適した答えを解答群から選び，記号で答えなさい。

1．コンピュータの操作を直観的に行えるようにボタンやアイコンで表現されている環境。

2．特定のプリンタを複数のコンピュータで利用できるようにジョブ等を管理するコンピュータ。

3．コンピュータシステムを利用する際，本人確認のためのユーザIDとともに用いられる，本人以外は知らない文字列。

4．コンビニエンスストアのレジなどで商品のバーコードを読み取り，販売情報を収集し，売上管理や在庫管理に利用するしくみ。

5．パソコンの画面やDVDなどのビデオ画像をスクリーンに拡大して投影・表示する機器。

```
─ 解答群 ─────────────────────────────
ア．OS              イ．プリントサーバ      ウ．認証
エ．バーコードリーダ  オ．パスワード         カ．プロジェクタ
キ．ファイルサーバ    ク．POSシステム        ケ．HDMI
コ．GUI
─────────────────────────────────
```

【2】　次のA群の語句に最も関係の深い説明文をB群から選び，記号で答えなさい。

＜A群＞　1．ROM　　　　　　2．アップロード　　　　3．マルウェア
　　　　　4．リアルタイム処理　5．ワクチンプログラム

＜B群＞

ア．自分のコンピュータ内に存在するファイルを，ネットワークで接続された他のコンピュータに転送して保存すること。

イ．ネットワークで接続された他のコンピュータに存在するファイルを，自分のコンピュータに取り込み，保存すること。

ウ．データの読み出しができ，電源を切っても記憶内容が消えないメモリ。

エ．コンピュータウイルスの検出や駆除を専門に行うソフトウェア。

オ．発生したデータを一定期間ためておき，一括して処理する方式。

カ．善意・無害のプログラムを装って利用者のコンピュータに侵入し攻撃を行う，潜伏型のソフトウェア。

キ．データが発生するたびに，ただちに処理する方式。

ク．データの書き込みや読み出しができ，電源を切ると記憶内容が失われるメモリ。

ケ．コンピュータの正常な利用を妨げたり，利用者やコンピュータに害をもたらす不正な動作を行ったりするソフトウェアの総称。

コ．コンピュータウイルスを検出する際に使うファイル。

【3】　次の説明文に最も適した答えをア，イ，ウの中から選び，記号で答えなさい。

1．2進数の1100を10進数で表したもの。

　　　ア．10　　　　　　　　　　　**イ．**11　　　　　　　　　　　**ウ．**12

2．記憶容量の単位で，約1,000,000,000,000バイトを表したもの。

　　　ア．1GB　　　　　　　　　　**イ．**1TB　　　　　　　　　　**ウ．**1PB

3．電子メールの宛先を指定し，さらに参考として知らせたい相手を指定する方法であり，受信者は指定された宛先がわからない。

　　　ア．To　　　　　　　　　　　**イ．**Cc　　　　　　　　　　　**ウ．**Bcc

4．コンピュータをインターネットに接続するサービスを提供する業者。

　　　ア．プロバイダ　　　　　　　**イ．**ブラウザ　　　　　　　　**ウ．**ハイパーリンク

5．次の図のような制御構造。

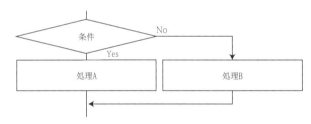

　　　ア．選択　　　　　　　　　　**イ．**繰り返し　　　　　　　　**ウ．**順次

【4】 次の各問いに答えなさい。

問1. 次の表のB2に「1年A組」を入力し，図のような
マウスポインタの状態から，D2までドラッグした
ときにD2に表示される文字として適切なものを選
び，記号で答えなさい。

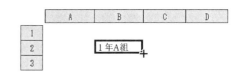

　　　　ア．1年A組　　　　　　　　　イ．1年C組　　　　　　　ウ．3年A組

問2. 次の表のC4に「=B4/B6」を入力し，C5～C6にコピーした
らエラーメッセージが表示された。次の(1)，(2)に答えなさ
い。

	A	B	C
1			
2	入場者数一覧表		
3	性別	入場者	割合
4	男	115	57.5%
5	女	85	#DIV/0!
6	合計	200	#DIV/0!

(1) C5にコピーされた式を答えなさい。

(2) このエラーメッセージの意味として適切なものを選び，記号で答えなさい。

　　　　ア．列幅が狭くて表示しきれない。
　　　　イ．コピーする方法が間違っている。
　　　　ウ．0または空のセルで除算をしている。

問3. 次の表のC4には，次の式が設定されている。C4に表示
される値を答えなさい。

=(A4*4-B4)/2

	A	B	C
1			
2	鶴と亀の頭数		
3	頭数	足の数	鶴の頭数
4	10	32	※

(注) ※印は，値の表記を省略している。

問4. 次の表は，A列の「商品コード」から型を抽出する表であ
る。B4に設定する式として適切なものを選び，記号で答え
なさい。

　　　　ア．=MID(A4,4,2)
　　　　イ．=MID(A4,3,2)
　　　　ウ．=MID(A4,2,4)

	A	B
1		
2	液晶テレビ一覧表	
3	商品コード	型
4	PNS32X5	32
5	SHP40H7	40
6	SHP60W7	60
7	SNY40HX	40
8	SNY46HX	46

(注) 「型」は抽出後，右揃えに設定されている。

【5】　次の表とグラフは，ある食品メーカーの部門別売上高を集計したものである。次の問1～問3に答えなさい。

	部門名	第35期	第36期	第37期	第38期	前期比
	部門別売上高一覧表					
パン		115,100	111,585	113,813	117,060	102.9%
和菓子		36,758	37,758	35,502	33,768	95.1%
洋菓子		44,356	61,749	61,876	62,855	101.6%
弁当		50,642	51,839	52,239	58,304	111.6%
合計		246,856	262,976	263,430	271,987	

（表1）

（図1）　（図2）

問1．図1の①～③の部分に表示される凡例の組み合わせとして適切なものを選び，記号で答えなさい。

　　　　ア．①和菓子　②洋菓子　③弁当
　　　　イ．①和菓子　②弁当　　③洋菓子
　　　　ウ．①弁当　　②洋菓子　③和菓子

問2．図2のグラフを作成する場合，データ範囲として適切なものを選び，記号で答えなさい。

　　　　ア．A5:E8　　　　　　　イ．A5:A8とE5:E8　　　　　　ウ．A5:A9とE5:E9

問3．図2のグラフから読み取った内容として正しいものを選び，記号で答えなさい。

　　　　ア．弁当部門の売上高は増加傾向にある。
　　　　イ．弁当部門の売上高の割合は4番目に多い。
　　　　ウ．弁当部門と洋菓子部門の売上高の合計は，パン部門の売上高より多い。

【6】　流れ図にしたがって処理するとき，次の各問いに答えなさい。

〈流れ図〉

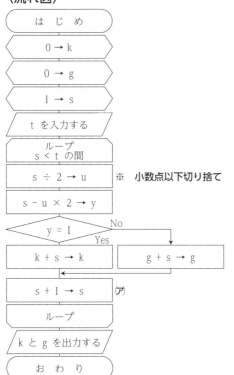

問1．t の値が 5 のとき，出力される g の値を答えなさい。

問2．t の値が 5 のとき，㋐の処理は何回実行されるか答えなさい。

【7】 次の表は，ある店の売上明細票の資料にもとづき，作成条件にしたがって作成されたものである。各問いに答えなさい。

資料

	A	B	C	D	E	F	G
1							
2			月別売上数量一覧表				
3							
4	月	ネット販売	店舗販売	合計	ネット割合	順位	備考
5	1月	10,204	1,508	④	87.12%	5	※
6	2月	①	6,029	26,905	77.59%	6	※
7	3月	31,526	2,727	34,253	92.04%	2	※
8	4月	41,530	③	47,309	87.78%	4	※
9	5月	51,138	5,706	56,844	89.96%	3	※
10	6月	②	5,841	74,962	92.21%	1	※
11				平均	87.78%		
12	月数	6		最低	⑤		

(注) ※印は，値の表記を省略している。

作成条件

1．「合計」は，B列とC列の合計を求める。

2．「ネット割合」は，合計に対するネット販売の割合を求める。ただし，%表示で小数第2位まで表示する。

3．「順位」は，「ネット割合」を基準として降順に順位をつける。

4．「備考」は，「ネット割合」が90%以上の場合は ＊＊ を，80%以上の場合は ＊ を表示し，それ以外の場合は何も表示しない。

5．「平均」は，E列の平均を求める。

6．「最低」は，E列の最小値を求める。

7．「月数」は，月の数を求める。

問1．表の①〜⑤に表示されるデータを答えなさい。

問2．G列に表示される ＊ の数はいくつか答えなさい。

　　　ア． 1　　　　　　　　　　**イ．** 2　　　　　　　　　　**ウ．** 3

問3．E5に設定する式を答えなさい。ただし，その式をE6〜E10までコピーする。

　　　ア． =B5/D5
　　　イ． =B5/$D$5
　　　ウ． =D5/B5

問4．F5に設定する式を答えなさい。ただし，その式をF6〜F10までコピーする。

　　　ア． =RANK(D5,$D$5:$D$10,0)
　　　イ． =RANK(E5,E5:E10,0)
　　　ウ． =RANK(E5,$E$5:$E$10,0)

問5．B12に設定する式を答えなさい。

　　　ア． =COUNT(A5:A10)
　　　イ． =COUNTA(A5:A10)
　　　ウ． =COUNT(A5:A11)

第6回　模擬問題（実技）

制限時間：20分　　解答 ➡ p.32

　次の資料は，あるスーパーマーケットの持ち帰り寿司売場での調理・販売状況を示したものである。資料と作成条件にしたがって，シート名「シート1」を作成しなさい。

資料

寿司の販売単価表

商品名	販売単価
にぎり	780
上にぎり	1,180
ちらし	680
ねぎとろ巻	480
助六	380

寿司の調理数表

商品名	調理数
にぎり	48
上にぎり	20
ちらし	8
ねぎとろ巻	7
助六	14

寿司の廃棄数表

商品名	廃棄数
にぎり	8
上にぎり	2
ちらし	2
ねぎとろ巻	0
助六	3

※ 寿司の製造原価率は50%である。

作成条件

ワークシートは，試験開始前に提供されたものを使用する。

1．表およびグラフの体裁は，右の表を参考にして設定する。

> 設 定 す る 書 式：罫線
> 設定する数値の表示形式：3桁ごとのコンマ，小数の表示桁数

2．表の※印の部分は，式や関数を利用して求める。また，※※印の部分は，資料より必要な値を入力する。

3．グラフの※印の部分は，表に入力された値をもとに表示する。

4．表は，次のように作成する。

(1)　「販売金額」は，「販売単価」に「調理数」と「廃棄数」の差をかけて求める。

(2)　「廃棄金額」は，「販売単価」と「廃棄数」と「製造原価率」をかけて求める。

(3)　「廃棄率（%）」は，「調理数」に対する「廃棄数」の割合を求める。ただし，小数第1位まで表示する。

(4)　「備考」は，「廃棄率（%）」が20を超える場合は ▲ を表示し，10を超える場合は △ を表示し，それ以外は何も表示しない。

(5)　「合計」は，各列の合計を求める。

(6)　「平均」は，各列の平均を求める。ただし，小数第1位まで表示する。

(7)　「最大」は，各列の最大値を求める。

(8)　「最小」は，各列の最小値を求める。

(9)　表の作成後，5～9行目のデータを，「販売金額」を基準として，降順（逆順）に並べ替える。

5．集合棒グラフは，4．(9)の並べ替えの処理をしたあと，「本日の調理数・廃棄数集計表」から作成する。

(1)　数値軸の目盛りは，最小値（0），最大値（50）および間隔（10）を設定する。

(2)　軸ラベルの方向を設定する。

6．円グラフは，4．(9)の並べ替えの処理をしたあと，「本日の調理数・廃棄数集計表」から作成する。

(1)　円グラフの最大部分を切り離す。

本日の調理数・廃棄数集計表

商品名	販売単価	調理数	廃棄数	販売金額	廃棄金額	廃棄率（％）	備考
にぎり	780	48	※※	※	※	※	※
上にぎり	1,180	20	※※	※	※	※	※
ちらし	680	8	※※	※	※	※	※
ねぎとろ巻	480	7	※※	※	※	※	※
助六	380	14	※※	※	※	※	※
	合計	※	※	※	※		
	平均	※	※	※	※	※	
	最大	※	※	※	※	※	
	最小	※	※	※	※	※	

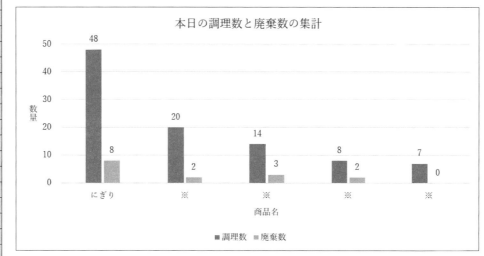

本日の調理数と廃棄数の集計

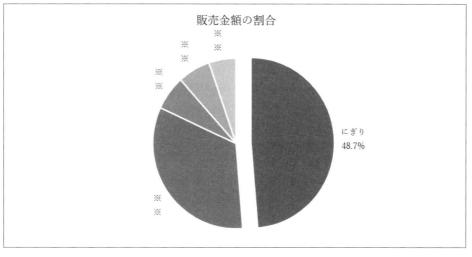

販売金額の割合

（シート1）

第7回　模擬問題（筆記）

制限時間：20分　　解答 ➡ p.33

【1】　次の説明文に最も適した答えを解答群から選び，記号で答えなさい。

1．コンピュータにおける五大装置のうち，計算および比較判断を行う装置。

2．アプリケーションソフトウェアをコンピュータに導入する作業。

3．電子メールを利用するためのソフトウェア。

4．記憶媒体として半導体メモリを複数個組み合わせた補助記憶装置。

5．数m～数十m程度の，デジタル機器用の短距離無線通信の規格。

```
┌─解答群─────────────────────────────────┐
│  ア．メーラ          イ．制御装置        ウ．アップデート      │
│  エ．DVD            オ．SSD            カ．HDMI            │
│  キ．演算装置        ク．メールサーバ     ケ．インストール      │
│  コ．Bluetooth                                        │
└───────────────────────────────────────┘
```

【2】　次のA群の語句に最も関係の深い説明文をB群から選び，記号で答えなさい。

＜A群＞　1．フラッシュメモリ　　2．USB　　　　3．EOS
　　　　　4．スパイウェア　　　　5．フィッシング詐欺

＜B群＞

ア．家電やAV機器向けのデジタル映像・音声入出力用のインタフェース。

イ．データの消去・書き込みを自由に行うことができ，電源を切っても内容が消えない半導体メモリ。

ウ．金融機関などからの正規のメールやWebサイトをよそおい，暗証番号やクレジットカード番号などを不正に入手する行為。

エ．利用者に気づかれないように，利用者のコンピュータに侵入し，機密データなどのさまざまな情報を収集して攻撃者に送信する有害なソフトウェア。

オ．パソコンや携帯電話からWebサイトにアクセスすると，いきなり料金請求の画面が表示され，不当料金を請求される行為。

カ．インターネットなどのネットワークを利用した商取引全般のこと。

キ．通信機能を搭載しており，ネットワークを経由して他のコンピュータにも自分のコピーを送信し，自己増殖を行ってさまざまな不具合を引き起こす有害なソフトウェア。

ク．コンピュータ本体にマウスなどの周辺装置を接続するインタフェース。

ケ．データの読み出しができ，電源を切っても記憶内容が消えないメモリ。

コ．企業間における商品の発注などを，オンラインで結んだコンピュータを利用して効率的に行うしくみ。

【3】　次の説明文に最も適した答えをア，イ，ウの中から選び，記号で答えなさい。

1．10進数の25を2進数で表したもの。

　　　　ア．10101　　　　　　　　**イ**．11001　　　　　　　　**ウ**．11011

2．1,000,000,000,000,000分の1秒を表す時間の単位。

　　　　ア．ns　　　　　　　　　　**イ**．ps　　　　　　　　　　**ウ**．fs

3．電子メールアドレスやURLに使われる組織・団体などの所属を表す部分。

　　　　ア．宛先　　　　　　　　　**イ**．ドメイン名　　　　　　**ウ**．Cc

4．迷惑メールのうち，不特定多数の受信者へ一方的に送られる，広告や勧誘を内容としたメール。

　　　　ア．Webメール　　　　　　**イ**．チェーンメール　　　　**ウ**．スパムメール

5．他人のユーザIDなどを不正に利用し，その人のふりをしてネットワーク上で活動すること。

　　　　ア．なりすまし　　　　　　**イ**．プライバシーの侵害　　**ウ**．不正アクセス

【4】 次の各問いに答えなさい。

問1．表1のA3のように数字を全角で入力するとき，数字の先頭に入力する記号
として適切なものを選び，**ア～ウ**の記号で答えなさい。

ア． =　　　　　　　　　　**イ．** "　　　　　　　　**ウ．** '

(表1)

問2．表1のA2のように項目の表示を中央揃えにする。A2を選択し，クリックするボタンとして適
切なものを選び，記号で答えなさい。

ア． ≡　　　　　　　**イ．** ≡　　　　　　　**ウ．** ≡

問3．表2のB6には「=B7+B8+B9」と
入力されているが，関数を用い
た式に変更したい。B6に設定す
る式として適切なものを選び，
記号で答えなさい。

	A	B	C	D	E	F	G
1							
2	新規就農者数の推移						
3							
4	区分	２０年	２１年	２２年	２３年		
5					実数	構成比	対前年増減率
6	新規就農者	59,990	66,820	54,560	58,120	100.0%	6.5%
7	39歳以下	14,430	15,030	13,150	14,220	24.5%	8.1%
8	40～59歳	17,760	18,210	13,970	12,610	21.7%	-9.7%
9	60歳以上	27,800	33,580	27,440	31,290	53.8%	※

(表2)

    ア． =COUNT(B7:B9)
    イ． =COUNTA(B7:B9)
    ウ． =SUM(B7:B9)

問4．表2のG6に「=E6/D6-1」を入力し，その式をG7～G9までコピーをした。G9に表示される値を
答えなさい。

問5．表3は，表2のA7～G9の範囲を指定し，ある項目を基準として並べ替えたときのA列の「区分」
を表している。並べ替えの基準として適切なものを選び，記号で答えなさい。

    ア．「C列」をキー項目として，降順に並べ替えた。
    イ．「D列」をキー項目として，降順に並べ替えた。
    ウ．「E列」をキー項目として，降順に並べ替えた。

区分
新規就農者
60歳以上
39歳以下
40～59歳

(表3)

第7回

【5】　次の各問いに答えなさい。

問1．表4のD2には，次の式が設定されている。D2に表示される値を答えなさい。

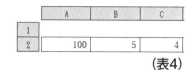

	A	B	C
1			
2	100	5	4

（表4）

=A2/（B2*C2^2/4）

問2．次の表とグラフは，ハイブリッド車等の保有台数の推移である。次の(1)，(2)に答えなさい。

	A	B	C
1			
2	ハイブリッド車等の保有台数の推移		
3			
4	西暦	ハイブリッド車	電気自動車
5	2004年	196,800	875
6	2005年	256,600	647
7	2006年	343,600	505
8	2007年	429,300	421
9	2008年	536,500	389
10	2009年	983,800	2,106
11	2010年	1,418,400	9,409

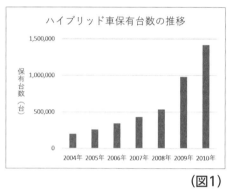

（図1）

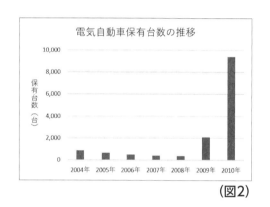

（図2）

(1)　図1のデータ範囲として適切なものを選び，記号で答えなさい。

　　ア．A4:B11　　　　　　　**イ**．A4:C11　　　　　　　**ウ**．A4:A11とC4:C11

(2)　図1・図2から読み取った内容として適切なものを選び，記号で答えなさい。

　　ア．ハイブリッド車・電気自動車ともに，毎年順調に増加している。
　　イ．ハイブリッド車は，毎年順調に増加している。
　　ウ．「2010」は「2009」の倍以上の伸び率である。

【6】　流れ図にしたがって処理するとき，次の各問いに答えなさい。

〈流れ図〉

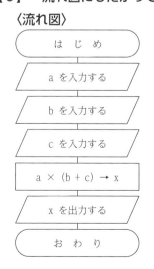

問1．aの値が2，bの値が3，cの値が6のとき，出力されるxの値を答えなさい。

問2．aの値が4，bの値が12，cの値が10のとき，出力されるxの値を答えなさい。

【7】 次の表は，ある会社の各営業所の収支報告の資料にもとづき，作成条件にしたがって作成された
ものである。各問いに答えなさい。

<u>資料</u>

上半期の売上高	
	単位：万円
営業所名	金額
北海道営業所	7,039
関東営業所	15,605
関西営業所	6,334
中国営業所	5,568
九州営業所	10,252

下半期の売上高	
	単位：万円
営業所名	金額
北海道営業所	6,457
関東営業所	13,560
関西営業所	8,393
中国営業所	4,724
九州営業所	9,821

売上原価	
	単位：万円
営業所名	金額
北海道営業所	11,350
関東営業所	22,933
関西営業所	12,547
中国営業所	7,317
九州営業所	16,014

	A	B	C	D	E	F	G	H	I
1									
2		営業所の売上高一覧表							
3								（単位：万円）	
4	営業所名	売上高			割合（％）	順位	売上原価	売上総利益	判定
5		上半期	下半期	合計					
6	北海道営業所	①	6,457	13,496	15.4	4	11,350	2,146	
7	関東営業所	15,605	13,560	29,165	33.2	1	22,933	6,232	◎
8	関西営業所	6,334	②	14,727	16.8	3	12,547	2,180	
9	中国営業所	5,568	4,724	③	11.7	5	7,317	2,975	○
10	九州営業所	10,252	9,821	20,073	④	2	⑤	4,059	○
11	合計	44,798	42,955	87,753	100.0	―	70,161	17,592	
12	平均	8,960	8,590	17,550	―	―	14,030	3,520	

作成条件

1．資料を参考にして，B6～C10に売上高，G6～G10に売上原価を入力する。

2．「合計」は，B列～C列の合計を求める。

3．「割合（%）」は，次の式で求める。ただし，小数第1位まで表示するように設定されている。

「各営業所の売上高合計　×　100　÷　全体の売上高合計」

4．「順位」は，「割合（%）」を基準として降順に順位をつける。

5．「売上総利益」は，「売上高」の「合計」から「売上原価」を引いて求める。

6．「判定」は，各営業所の「売上総利益」が，5,000以上の場合は ◎ を表示し，2,500以上の場合は ○ を表示し，それ以外の場合は何も表示しない。

7．「合計」は，各列の合計を求める。

8．「平均」は，各列の平均を求める。ただし，10万円未満を四捨五入する。

問1．表の①～⑤の数値を答えなさい。

問2．E6に設定する式を答えなさい。ただし，E6の式をE7～E10にコピーする。

    ア． =D6*100/D11

    イ． =D6*100/$D$11

    ウ． =$D$6*100/D11

問3．F6に設定する式を答えなさい。ただし，F6の式をF7～F10にコピーする。

    ア． =RANK(E6,$E$6:$E$10,0)

    イ． =RANK(E6,$E$6:$E$10,1)

    ウ． =RANK($E$6,E6:E10,1)

問4．I6に設定する式を答えなさい。

    ア． =IF(H6<=2500,"",IF(H6<=5000,"○","◎"))

    イ． =IF(H6>5000,"◎",IF(H6>2500,"○",""))

    ウ． =IF(H6>=5000,"◎",IF(H6>=2500,"○",""))

問5．B12に設定する式を答えなさい。

    ア． =ROUND(AVERAGE(B6:B10),0)

    イ． =ROUND(AVERAGE(B6:B10),-1)

    ウ． =ROUND(AVERAGE(B6:B10),-5)

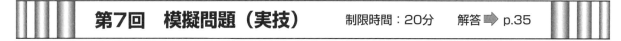

　　次の資料は，ある高等学校1学年の文化祭の収支状況を示したものである。資料と作成条件にしたがって，シート名「シート1」を作成しなさい。

資料

```
      収支報告
              A組

 1   収入
       初日    34,710
      最終日   42,230

 2   総費用  73,000
```

```
      収支報告
              B組

 1   収入
       初日    28,700
      最終日   31,040

 2   総費用  65,000
```

```
      収支報告
              C組

 1   収入
       初日    32,110
      最終日   32,880

 2   総費用  58,000
```

```
      収支報告
              D組

 1   収入
       初日    19,870
      最終日   25,670

 2   総費用  32,000
```

```
      収支報告
              E組

 1   収入
       初日    36,980
      最終日   41,080

 2   総費用  75,000
```

作成条件

ワークシートは，試験開始前に提供されたものを使用する。

1．表およびグラフの体裁は，右ページを参考にして設定する。

　　　設 定 す る 書 式：罫線
　　　設定する数値の表示形式：3桁ごとのコンマ

2．表の※印の部分は，式や関数を利用して求める。また，※※印の部分は，資料より必要な値を入力する。

3．グラフの※印の部分は，表に入力された値をもとに表示する。

4．表は，次のように作成する。

　(1)　「計」は，「初日」と「最終日」の売上高の合計を求める。

　(2)　「利益・損失」は，「計」から「総費用」を引いて求める。

　(3)　「納付金」は，「利益・損失」が0より大きい場合，「利益・損失」の1/2を求め，それ以外の場合は0を表示する。

　(4)　「合計」は，各列の合計を求める。

　(5)　「平均」は，各列の平均を求める。ただし，整数部のみ表示する。

　(6)　「最大」は，各列の最大値を求める。

　(7)　「最小」は，各列の最小値を求める。

5．「クラス別収支一覧」の棒グラフは，「文化祭（1学年）の収支表」から作成する。

　(1)　数値軸の目盛りは，最小値（0），最大値（80,000）および間隔（20,000）を設定する。

　(2)　軸ラベルの方向を設定する。

6．「クラス別利益・損失一覧」の棒グラフは，「文化祭（1学年）の収支表」から作成する。

　(1)　数値軸の目盛りは，最小値（-6,000），最大値（15,000）および間隔（3,000）を設定する。

第7回

文化祭（1学年）の収支表

クラス	売上高			総費用	利益・損失	納付金
	初日	最終日	計			
A組	34,710	42,230	※	73,000	3,940	1,970
B組	※※	※※	※	※※	※	※
C組	※※	※※	※	※※	※	※
D組	※※	※※	※	※※	※	※
E組	※※	※※	※	※※	※	※
合計	※	※	※	※	※	※
平均	※	※	※	※		
最大	※	※	※	※		
最小	※	※	※	※		

クラス別収支一覧

クラス別利益・損失一覧

第8回　模擬問題（筆記）　　制限時間：20分　　解答 ➡ p.36

【1】　次の説明文に最も適した答えを解答群から選び，記号で答えなさい。

1．複数の電子回路をまとめ，1つの部品として構成したもの。

2．レーザ光を使い，印字データを感光ドラムにあて，トナーを付着させてから用紙に転写する出力装置。

3．初期化とも呼ばれ，記憶媒体を利用できるようにするための作業。

4．カードの内部にアンテナを持ち，外部の端末が発信する弱い電波を利用してデータを送受信するICカード。

5．ネットワークを経由して，利用者に記憶媒体の容量を貸し出すサービス。

```
─ 解答群 ─────────────────────────────────
ア．インタフェース　　イ．集積回路　　　　ウ．インクジェットプリンタ
エ．オンラインストレージ　オ．レーザプリンタ　カ．ROM
キ．POSシステム　　　ク．フォーマット　　ケ．RAM
コ．非接触型ICカード
```

【2】　次のA群の語句に最も関係の深い説明文をB群から選び，記号で答えなさい。

＜A群＞　1．主記憶装置　　　2．バーコードリーダ　　3．アンインストール
　　　　　4．添付ファイル　　5．ハイパーリンク

＜B群＞
　　ア．コンピュータに導入したアプリケーションソフトウェアを削除し，導入前の状態に戻すこと。
　　イ．コンピュータウイルスを検出する際に使うファイル。
　　ウ．処理装置と直接データのやりとりができる記憶装置。
　　エ．インターネットで公開されている情報についてキーワードなどを使って探し出すWebページ。
　　オ．コンビニエンスストアのレジなどで商品のバーコードを読み取り，販売情報を収集し，売上管理や在庫管理に利用するしくみ。
　　カ．電子メールの本文とともに送受信される，送信者が指定したファイル。
　　キ．ハードディスクやDVDなどの総称。
　　ク．Webページ上の文字列や画像をクリックすると目的のページへジャンプする機能。
　　ケ．白と黒の縞模様状の線の太さによって数値や文字を表す識別子であるバーコードを読み取る装置。
　　コ．ソフトウェアを最新の状態に更新すること。

【3】　次の説明文に最も適した答えをア，イ，ウの中から選び，記号で答えなさい。

1．2進数の11011を10進数で表したもの。

　　　　ア．23　　　　　　　　　　**イ**．25　　　　　　　　　　**ウ**．27

2．記憶容量の単位で，約1,000,000,000,000バイトを表したもの。

　　　　ア．1MB　　　　　　　　　　**イ**．1GB　　　　　　　　　　**ウ**．1TB

3．インターネットにおいて，ブラウザからの要求により，保存されているHTML文書や画像などの
　ファイルを送信するなどのサービスを提供するコンピュータ。

　　　　ア．ブラウザ　　　　　　　　**イ**．Webサーバ　　　　　　　**ウ**．プロバイダ

4．インターネットを使い，他人のコンピュータに侵入してデータを改ざんしたり，盗み出したり
　すること。

　　　　ア．なりすまし　　　　　　　**イ**．不正アクセス　　　　　　**ウ**．コンピュータウイルス

5．画面上で入力位置を示すしるし。

　　　　ア．カーソル　　　　　　　　**イ**．アイコン　　　　　　　　**ウ**．GUI

【4】 次の各問いに答えなさい。

問1．次の表のA2に6，A3に2があらかじめ入力されている。A4には
表示されている式が設定されている。計算をした結果，A4に表
示される値を答えなさい。

	A
1	
2	6
3	2
4	=A3+A2/A3+3＊A2

問2．次の表のB4には「てんぷらうどん」と入力されているが，文
字の一部は表示されていない。このセルの内容をすべて表示さ
せる方法として適切なものを選び，記号で答えなさい。

	A	B	C
1			
2	番号	メニュー	注文数
3	1	肉うどん	2
4	2	てんぷら	3
5	3	やきそば	1

　　　ア．A列とB列の列名の境界をポイントし，左へドラッグする。
　　　イ．B列とC列の列名の境界をポイントし，右へドラッグする。
　　　ウ．B4のセルをクリックしたのち，セルの右下をポイントし，右へドラッグする。

問3．次の表のD4に「=B4+C4」と入力し，D5～D7にコピーし
た。D7に設定されている式として適切なものを選び，記
号で答えなさい。

	A	B	C	D
1				
2	ゴルフスコア表			
3	選手名	イン	アウト	合計
4	マキロイ	34	39	73
5	スコット	36	36	72
6	石川	37	37	74
7	谷口	35	40	75

　　　ア．=B4+C7　　　**イ**．=B7+C4　　　**ウ**．=B7+C7

問4．次の表は，ある店の日替わり弁当売
上表である。表のように「平日割合」
を表示するために，I4に設定する式と
して適切なものを選び，記号で答えな
さい。

	A	B	C	D	E	F	G	H	I
1									
2	日替わり弁当売上表								
3	月	火	水	木	金	土	日	合計	平日割合
4	55	38	42	45	63	80	57	380	63.9%

　　　ア．=ROUND(SUM(A4:F4)/H4,3)　　**イ**．=ROUND(SUM(A4:E4)/H4,1)　　**ウ**．=ROUND(SUM(A4:E4)/H4,3)

問5．次の表は，あるケーキ店の売上表である。「累計比
率」は「割合」を上から順に合計したものである。D
4に設定する式として適切なものを選び，記号で答え
なさい。ただし，D4の式をD5～D9までコピーする。

	A	B	C	D
1				
2	○○ケーキ店売上表			
3	商品名	売上金額	割合	累計比率
4	ロールケーキ	92,000	30.5%	30.5%
5	ガトーショコラ	61,000	20.2%	50.7%
6	チーズケーキ	60,500	20.1%	70.8%
7	モンブラン	58,200	19.3%	90.1%
8	アップルパイ	20,600	6.8%	96.9%
9	ザッハトルテ	9,400	3.1%	100.0%
10	合計	301,700	100.0%	

　　　ア．=SUM($C$4:C4)
　　　イ．=SUM($C$4:$C$4)
　　　ウ．=SUM(C4:$C$4)

第8回

【5】　次の各問いに答えなさい。

問1．次の表は，ダンスコンテストの予選成績表である。
D4には，次の式が設定されている。この式をD8までコ
ピーしたとき，「結果」に表示される 予選通過 の数
として適切なものを選び，記号で答えなさい。

=IF(SUM(B4:C4)>140,IF(B4>=80,"予選通過",""),"")

ア．2　　　　　　**イ**．3　　　　　　**ウ**．4

	A	B	C	D
1				
2	ダンスコンテスト予選成績表			
3	氏名	踊り	構成	結果
4	谷敷　○○	85	80	※
5	佐藤　○○	65	85	※
6	太田　○○	80	70	※
7	酒井　○○	80	60	※
8	清水　○○	70	90	※

（注）　※印は，値の表記を省略している。

問2．次の表とグラフは，ある弁当販売店
のおにぎり売上数を月別に集計したも
のである。次の(1)，(2)に答えなさい。

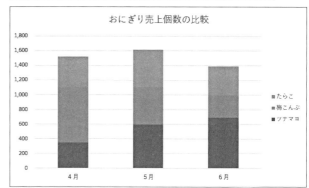

おにぎり売上表

（単位：個）

	A	B	C	D	E	F
1						
2						
3						
4	種類	4月	5月	6月	合計	平均
5	ツナマヨ	350	600	690	1,640	546.7
6	梅こんぶ	760	510	310	1,580	526.7
7	たらこ	410	510	390	1,310	436.7
8	合計	1,520	1,620	1,390	4,530	

(1)　作成されたグラフのデータ範囲と
して適切なものを選び，記号で答え
なさい。

ア．A4:D7
イ．B4:D4とB8:D8
ウ．A4:A7とE4:E7

(2)　グラフから読み取った内容として
適切なものを選び，記号で答えなさ
い。

ア．「梅こんぶ」は3か月間一定した売上個数である。
イ．月別売上個数では，4月が最も多い。
ウ．「ツナマヨ」の売上個数が3か月連続して伸びている。

【6】　流れ図にしたがって処理するとき，次の各問いに答えなさい。

〈流れ図〉

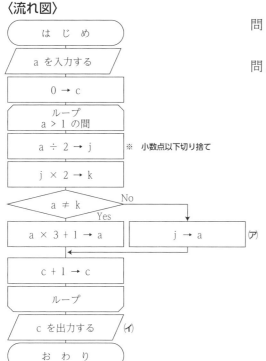

問1．a の値が 6 のとき，2 回目に(ア)の処理を行った後の
a の値を答えなさい。
問2．a の値が 6 のとき，(イ)で出力される c の値を答え
なさい。

【7】 次の表は，ある外来種動物の捕獲の資料にもとづき，作成条件にしたがって作成されたものである。各問いに答えなさい。

資料

	A	B	C	D	E	F	G
1							
2			外来種動物捕獲数一覧表				
3							
4	動物名	前年	今年	割合(%)	順位	増加率（%）	判定
5	アライグマ	45	99	16.1	4	120.0	★★
6	アカゲザル	171	201	32.7	1	17.6	★
7	サソリ	2	5	0.8	6	150.0	★★
8	マングース	①	112	18.2	3	75.0	★
9	カミツキガメ	200	172	28.0	2	-14.0	
10	フクロギツネ	13	26	4.2	②	100.0	★
11	合計	495	③	100.0			
12							
13	最大捕獲数	④					
14	動物数	⑤					

作成条件

1．「合計」は，各列の合計を求める。

2．「割合（%）」は，次の式で求める。ただし，小数第1位まで表示するように設定されている。

　　　「今年の捕獲数　×　100　÷　今年の捕獲数合計」

3．「順位」は，「割合（%）」を基準として降順に順位をつける。

4．「増加率（%）」は，次の式で求める。ただし，小数第1位未満を切り上げて，小数第1位まで表示する。

　　　「今年の捕獲数　×　100　÷　前年の捕獲数　－　100」

5．「判定」は，「増加率（%）」が100を超える場合は ★★ を表示し，0を超える場合は ★ を表示し，それ以外の場合は何も表示しない。

6．「最大捕獲数」は，「前年」と「今年」の捕獲数の中で最大値を求める。

7．「動物数」は，A列の「動物名」の数を求める。

問1．表の①～⑤に表示されるデータを答えなさい。

問2．D5に設定する式を答えなさい。ただし，D5の式をD6～D10にコピーする。

　　ア． =C5*100/$C$11

　　イ． =C5/(C11*100)

　　ウ． =C5/($C$11*100)

問3．E5に設定する式を答えなさい。ただし，E5の式をE6～E10にコピーする。

　　ア． =RANK(D5:D10,$D$5,0)

　　イ． =RANK(D5,$D$5:$D$10,0)

　　ウ． =RANK($D$5:$D$10,D5,0)

問4．F5に設定する式を答えなさい。

　　ア． =ROUNDUP(C5*100/B5-100,-1)

　　イ． =ROUNDUP(C5*100/B5-100,1)

　　ウ． =ROUNDUP(C5*100/B5-100,3)

問5．G5に設定する式を答えなさい。

　　ア． =IF(F5>0,"★",IF(F5>100,"★★",""))

　　イ． =IF(F5>100,"★",IF(F5<0,"","★★"))

　　ウ． =IF(F5>100,"★★",IF(F5>0,"★",""))

次の資料は，ある高等学校の3年間の進路状況を示したものである。資料と作成条件にしたがって，シート名「シート1」を作成しなさい。

資料

	進路情報 一昨年度
卒業生	320名
大学	107名
短期大学	15名
専門学校	68名
民間就職	109名
公務員	16名
その他	※名

	進路情報 昨年度
卒業生	318名
大学	119名
短期大学	11名
専門学校	63名
民間就職	102名
公務員	10名
その他	※名

	進路情報 今年度
卒業生	322名
大学	134名
短期大学	9名
専門学校	56名
民間就職	103名
公務員	11名
その他	※名

作成条件

ワークシートは，試験開始前に提供されたものを使用する。

1．表およびグラフの体裁は，右ページを参考にして設定する。
　　設　定　す　る　書　式：罫線
　　設定する数値の表示形式：3桁ごとのコンマ，％，小数の表示桁数

2．表の※印の部分は，式や関数を利用して求める。また，※※印の部分は，資料より必要な値を入力する。

3．グラフの※印の部分は，表に入力された値をもとに表示する。

4．表は，次のように作成する。

　⑴　「合計」は，「一昨年度」の人数から「今年度」の人数までの合計を求める。

　⑵　「構成比」は，「卒業生数」に対する進路先ごとの「今年度」の人数の割合を求める。
　　　ただし，％表示で，小数第3位未満を四捨五入して小数第1位まで表示する。

　⑶　「備考」は，各進路先の「今年度」の人数が，「昨年度」の人数を上回った場合　↑　を表示し，それ以外は何も表示しない。

　⑷　「その他」は，「卒業生数」から6行目から10行目の合計を引いて求める。

　⑸　「最大」は，各列の最大値を求める。

　⑹　「最小」は，各列の最小値を求める。

　⑺　表の作成後，6～10行目のデータを，「合計」を基準として，降順に並べ替える。

5．積み上げ横棒グラフは，4．⑺の並べ替えの処理をしたあと，「A高校の3年間の進路状況」から作成する。

　⑴　数値軸の目盛りは，最小値（0），最大値（400）および間隔（50）を設定する。

　⑵　軸ラベルの方向を設定する。

　⑶　数値軸の目盛り線を表示する。

6．円グラフは，「A高校の3年間の進路状況」から作成する。

　⑴　円グラフの最大部分を切り離す。

	A	B	C	D	E	F	G

A高校の３年間の進路状況

進路先	人数			合計	構成比	備考
	一昨年度	昨年度	今年度			
大学	107	※※	※※	※	※	↑
※※	15	※※	※※	※	※	※
※※	68	※※	※※	※	※	※
※※	109	※※	※※	※	※	※
※※	16	※※	※※	※	※	※
その他	※	※	※	※	※	※
卒業生数	320	※※	※※	※		
最大	※	※	※			
最小	※	※	※			

３年間の進路状況

公務員
3.4%

今年度の進路先割合

(シート1)

【1】　次の説明文に最も適した答えを解答群から選び，記号で答えなさい。

1．データが発生するたびに，ただちに処理する方式。

2．光ディスクの一種で，両面記録や2層記録が可能な記憶媒体。

3．日本産業規格に定められている，商品識別番号とバーコードの規格の1つ。

4．ブラウザで利用することができる電子メール。

5．入力位置を示す画面上のマーク。

解答群

ア．DVD	**イ**．バッチ処理	**ウ**．カーソル
エ．メールサーバ	**オ**．JANコード	**カ**．スクロール
キ．Webメール	**ク**．リアルタイム処理	**ケ**．QRコード
コ．フラッシュメモリ		

【2】　次のA群の語句に最も関係の深い説明文をB群から選び，記号で答えなさい。

＜A群＞　1．イメージスキャナ　　2．パターンファイル　　3．フォルダ
　　　　　4．SSD　　　　　　　　5．相対参照

＜B群＞

　ア．画面上で文字入力の位置を指し示す記号。

　イ．記憶媒体として半導体メモリを複数個組み合わせたドライブ装置で，ハードディスクの代替として使用できる。

　ウ．データの書き込みや消去が自由にでき，電源を切っても記録内容が消えない半導体メモリ。

　エ．写真や絵，印刷物などを光学的に読み取り，デジタルデータとして入力する装置。

　オ．表計算などにおいて，複写しても計算式などのセルの番地が固定されている参照方法。

　カ．記憶装置の中で，ファイルを分類して保存するために作られた記憶場所。

　キ．コンピュータウイルスを排除するプログラム。

　ク．パソコンの画面やDVDなどのビデオ画像をスクリーンに拡大して投影・表示する機器。

　ケ．コンピュータウイルスに関する情報を記録したデータ。

　コ．表計算などにおいて，複写によって計算式などのセルの番地が変化する参照方法。

【3】　次の説明文に最も適した答えをア，イ，ウの中から選び，記号で答えなさい。

1．10進数の23を2進数で表したもの。

　　　ア． 10101　　　　　　　**イ．** 10110　　　　　　　**ウ．** 10111

2．10億分の1秒を表す時間の単位。

　　　ア． μs　　　　　　　**イ．** ns　　　　　　　**ウ．** ps

3．次の図のような，電子メールを送信する場合の宛先欄で，相手のメールアドレスを入力する。

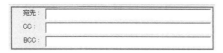

　　　ア． To　　　　　　　**イ．** ドメイン名　　　　**ウ．** 添付ファイル

4．指紋や瞳の中の虹彩などの生体情報を読み取らせることで本人確認を行うこと。

　　　ア． ユーザID　　　　**イ．** バイオメトリクス認証　　**ウ．** パスワード

5．利用者にファイルを保管するための外部記憶装置の容量を貸し出すネットサービスのこと。

　　　ア． URL　　　　　　**イ．** Webサーバ　　　　**ウ．** オンラインストレージ

【4】 次の各問いに答えなさい。

問1. 次の表は，ある学校の在籍数表である。表を見やすくするためにA4〜A7，A8〜A10のセルを一つにまとめている。この機能の名称として適切なものを選び，記号で答えなさい。

	A	B	C
1			
2	在籍数表		
3	学科	組	在籍数
4	普通科	A	40
5		B	39
6		C	40
7		D	40
8	園芸科	E	39
9		F	39
10		G	40

  ア．並べ替え
  イ．セル結合
  ウ．再計算

問2. 次の表のD4には，次の式が設定されている。D4に表示される値を答えなさい。

	A	B	C	D
1				
2	等比数列の和			
3	初項	公比	項数	和
4	3	2	5	※

(注) ※印は，値の表記を省略している。

  =A4*(1-B4^C4)/(1-B4)

問3. 次の表は，あるクリーニング店の特急仕上げの時刻表である。B4は現在の時刻から3時間後の時刻を求める。B4に設定する式として適切なものを選び，記号で答えなさい。

	A	B
1		
2	特急仕上げ時刻表	
3	現在の時刻	仕上り時刻
4	13：17	16：17

  ア．=TODAY()+3
  イ．=NOW()+3
  ウ．=NOW()+3/24

問4. 次の表は，ある工房でグラスに文字を刻印する加工料金表である。加工料金は，刻印する文字数により異なっている。C4に次の式が設定されているとき，C7に表示される値を答えなさい。ただし，その式をC8までコピーする。

	A	B	C
1			
2	加工料金表		
3	注文番号	刻印文字	加工料金
4	101	いつまでも元気でいてね	2,300
5	102	御結婚おめでとう！	2,100
6	103	祝60歳	2,000
7	104	祝ホールインワン記念	※
8	105	開店20周年記念	2,000

(注) ※印は，値の表記を省略している。

  =IF(LEN(B4)<=8,2000,2000+(LEN(B4)-8)*100)

問5. 次の表は，100m走トレーニングの結果表である。E4には，次の式が設定されている。E4に表示される値として適切なものを選び，記号で答えなさい。

	A	B	C	D	E
1					
2	100m走トレーニング				
3	氏名	実施前	実施後	差	順位
4	高山○○	14.39	13.41	-0.98	※
5	青木○○	12.09	11.98	-0.11	※
6	井上○○	13.97	12.92	-1.05	※
7	大塚○○	16.48	15.69	-0.79	※
8	多田○○	15.77	15.21	-0.56	※

(注) ※印は，値の表記を省略している。

  =RANK(D4,$D$4:$D$8,1)

  ア．2
  イ．3
  ウ．4

【5】 次の各問いに答えなさい。

問1．次の表は，ある貸しテニスコートの利用受付表である。この表は，B4の「受付日時」に日時を設定すると，B5の「終了日時」に90分後の日付と時刻を表示するように設定されている。B4に設定する関数として適切なものを選び，記号で答えなさい。

	A	B
1		
2	テニスコート利用受付表	
3	コート番号	6
4	受付日時	2021/12/1 14:17
5	終了日時	2021/12/1 17:17

ア． =TODAY() **イ．** =VALUE() **ウ．** =NOW()

問2．次の表とグラフは，あるコンビニエンスストアにおける一日のおにぎりの売上個数を集計したものである。次の(1)，(2)に答えなさい。

	A	B	C	D	E
1					
2		おにぎりの時間帯別売上個数			
3					9月29日
4	商品名	朝	昼	夜	合計
5	さけ	48	53	32	133
6	明太子	40	31	24	95
7	おかか	21	22	11	54
8	うめ	15	13	14	42
9	合計	124	119	81	324
10	構成比	38.3%	36.7%	25.0%	100.0%

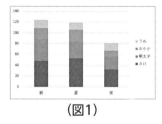 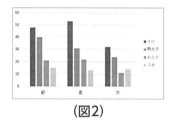 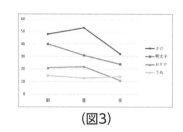

（図1） （図2） （図3）

(1) 図1のグラフを作成する場合，データ範囲として適切なものを選び，記号で答えなさい。

ア． A4:D8 **イ．** A4:E8 **ウ．** A4:D9

(2) おにぎり別に時間帯ごとの変化を読み取るために作成するグラフとして適切なものを選び，記号で答えなさい。

ア． 図1 **イ．** 図2 **ウ．** 図3

【6】 流れ図にしたがって処理するとき，次の各問いに答えなさい。

〈流れ図〉

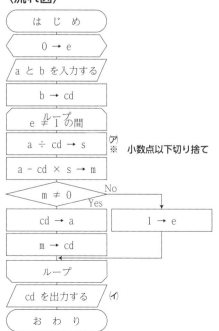

問1．a の値が 33，b の値が 9 のとき，(ア)の処理は何回実行されるか答えなさい。

問2．a の値が 40，b の値が 25 のとき，(イ)で出力される cd の値を答えなさい。

【7】　次の表は，国ごとの短時間労働者の割合にもとづき，作成されたものである。作成条件にしたがって，各問いに答えなさい。

資料

短時間労働者の割合 日本	
	単位　％
年	割合
2005年	18.3
2010年	20.3
2015年	22.7

短時間労働者の割合 アメリカ	
	単位　％
年	割合
2005年	12.8
2010年	13.5
2015年	12.7

短時間労働者の割合 イギリス	
	単位　％
年	割合
2005年	23.0
2010年	24.6
2015年	24.0

短時間労働者の割合 フランス	
	単位　％
年	割合
2005年	13.2
2010年	13.6
2015年	14.4

短時間労働者の割合 オランダ	
	単位　％
年	割合
2005年	35.6
2010年	37.1
2015年	38.5

短時間労働者の割合 韓国	
	単位　％
年	割合
2005年	9.0
2010年	10.7
2015年	10.6

	A	B	C	D	E	F	G	H
1								
2			就業者に占める短時間労働者の割合					
3								
4	国名	2005年	2010年	2015年	順位	増加数	増加率	備考
5	日本	18.3	20.3	22.7	③	4.4	24.0	↑↑
6	アメリカ	12.8	①	12.7	5	-0.1	-0.8	
7	イギリス	23.0	24.6	24.0	2	1.0	4.3	
8	フランス	13.2	13.6	②	4	1.2	9.1	
9	オランダ	35.6	37.1	38.5	1	2.9	8.1	
10	韓国	9.0	10.7	10.6	6	④	17.8	↑
11	最高	35.6	37.1	38.5				
12	最低	⑤	10.7	10.6				
13	平均	18.7	20.0	20.5				

作成条件

1．「順位」は，「2015年」を基準として降順に順位をつける。

2．「増加数」は，「2015年」と「2005年」の差を求める。

3．「増加率」は，次の式で求める。

　　「(2015年　÷　2005年　－　1)　×　100」

4．「備考」は，「増加率」が20を超える場合は　↑↑　を表示し，10を超える場合は　↑　を表示し，それ以外の場合は何も表示しない。

5．「最高」は，各列の最大値を求める。

6．「最低」は，各列の最小値を求める。

7．「平均」は，各列の平均を求める。

問１．表の①～⑤に表示されるデータを答えなさい。

問２．E5に設定する式を答えなさい。ただし，E5の式をE6～E10にコピーする。

  ア． =RANK(D5,D5:D10,0)
  イ． =RANK(D5,$D$5:$D$10,0)
  ウ． =RANK($D$5:$D$10,D5,0)

問３．F5に設定する式を答えなさい。

  ア． =B5+D5
  イ． =B5-D5
  ウ． =D5-B5

問４．H5に設定する式を答えなさい。

  ア． =IF(G5<10,"",IF(G5<20,"↑","↑↑"))
  イ． =IF(G5>20,"↑↑",IF(G5>10,"↑",""))
  ウ． =IF(G5>=20,"↑↑",IF(G5>=10,"↑",""))

問５．B11に設定する式を答えなさい。

  ア． =MAX(B5:B10)
  イ． =MAX(B5:C10)
  ウ． =MAX(B5:D10)

第9回　模擬問題（実技）

制限時間：20分　　解答 p.41

　次の資料は，ある学校の新入生対象の図書室の利用状況調査の結果である。資料と作成条件にしたがって，シート名「シート1」を作成しなさい。

資料

A組

項目	借りた人数
1～10冊	18
11～30冊	7
31冊以上	5
在籍数	40

B組

項目	借りた人数
1～10冊	20
11～30冊	9
31冊以上	8
在籍数	41

C組

項目	借りた人数
1～10冊	11
11～30冊	16
31冊以上	7
在籍数	41

D組

項目	借りた人数
1～10冊	11
11～30冊	18
31冊以上	9
在籍数	40

E組

項目	借りた人数
1～10冊	7
11～30冊	4
31冊以上	4
在籍数	38

作成条件

ワークシートは，試験開始前に提供されたものを使用する。

1．表およびグラフの体裁は，右ページを参考にして設定する。
　設定する書式：罫線
　設定する数値の表示形式：3桁ごとのコンマ，%，小数の表示桁数

2．表の※印の部分は，式や関数を利用して求める。また，※※印の部分は，資料より必要な値を入力する。

3．グラフの※印の部分は，表に入力された値をもとに表示する。

4．表は，次のように作成する。

　(1)　「借りない」は，「在籍数」からB列～D列の合計を引いて求める。

　(2)　「借りない人数の割合」は，「在籍数」に対する「借りない」の割合を求め，%表示で小数第1位まで表示する。

　(3)　「判定」は，「31冊以上」が8以上の場合に，半角文字の ＊＊ を表示し，それ以外は何も表示しない。

　(4)　「合計」は，各列の合計を求める。

　(5)　「平均」は，各列の平均を求め，小数第1位まで表示する。

　(6)　「割合」は，「在籍数」の合計に対する調査項目ごとの割合を次の式で求める。ただし，小数第3位未満を切り上げて，%表示で小数第1位まで表示する。

　　　「各調査項目の合計　÷　在籍数の合計」

　(7)　表の作成後，6～10行目のデータを，E列の「借りない」を基準として，昇順に並べ替える。

5．グラフは，4.(7)の並べ替えの処理をしたあと，「新入生の図書室利用状況」から作成する。

　(1)　「調査項目別の比較」のグラフの数値軸の目盛りは，最小値（0），最大値（80）および間隔（10）を設定する。

　(2)　「クラス別の比較」のグラフの数値軸の目盛りは，最小値（0），最大値（25）および間隔（5）を設定する。

新入生の図書室利用状況

クラス	調査項目				在籍数	借りない人数の割合	判定
	1～10冊	11～30冊	31冊以上	借りない			
A組	18	7	※※	※	※※	※	※
B組	20	9	※※	※	※※	※	※
C組	11	16	※※	※	※※	※	※
D組	11	18	※※	※	※※	※	※
E組	7	4	※※	※	※※	※	※
合計	※	※	※	※	※		
平均	※	※	※	※	※		
割合	※	※	※	※	※		

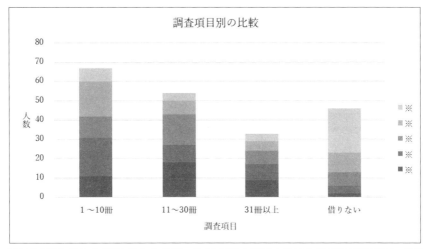

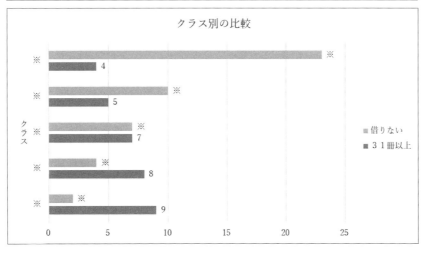

(シート1)

第10回　模擬問題（筆記）　制限時間：20分　解答 ➡ p.42

【1】　次の説明文に最も適した答えを解答群から選び，記号で答えなさい。

1．利用者がコンピュータを使いやすくするために，基本的な制御や管理を行うソフトウェア。

2．データの読み出しができ，電源を切っても記憶内容が消えないメモリ。

3．1枚または複数枚の金属の円盤によって構成され，磁気を利用してデータを読み書きする装置。

4．Webページを作成するためのマークアップ言語。

5．パソコンや携帯電話からWebサイトにアクセスすると，いきなり料金請求の画面が表示される不当料金を請求する行為。

```
─解答群────────────────────────────
 ア．ワンクリック詐欺     イ．ハードディスク      ウ．ブラウザ

 エ．RAM          オ．OS          カ．フィッシング詐欺

 キ．HTML         ク．ブルーレイディスク    ケ．ROM

 コ．アプリケーションソフトウェア
```

【2】　次のA群の語句に最も関係の深い説明文をB群から選び，記号で答えなさい。

＜A群＞　1．CPU　　　　　2．インクジェットプリンタ　3．サーチエンジン
　　　　　4．アクセス権　　5．トロイの木馬

＜B群＞
　ア．一般家庭や企業などに，インターネットへの接続サービスを提供する業者。

　イ．コンピュータ内における五大装置の中で，記憶装置内の命令を取り出して解読し，各装置に指示を与える装置。

　ウ．細かな液状のインクを用紙に吹き付けて印字する出力装置。

　エ．有益・有害なプログラムに偽装されており，何らかのきっかけによりデータ漏洩や遠隔操作などの有害な動作を行うソフトウェア。

　オ．ネットワークにおいて，システムやファイル等の使用を限定すること。

　カ．プログラムなどを解読し，演算装置や各装置などの制御を行うコンピュータの中心部分。

　キ．他人のユーザIDやパスワードを使用してその人を装い，情報を盗んだり，だましたりすること。

　ク．ネットワークにおいて，システムやファイル等を利用する権限。

　ケ．レーザ光を使い，印字データを感光ドラムにあて，トナーを付着させてから用紙に転写する出力装置。

　コ．インターネットで公開されている情報について，キーワードなどを使って探し出すWebページ。

【3】　次の説明文に最も適した答えをア，イ，ウの中から選び，記号で答えなさい。

1．2進数の101100を10進数で表したもの。

　　　　ア．44　　　　　　　　　　**イ**．46　　　　　　　　　　**ウ**．48

2．記憶容量の単位で，約1,000,000,000バイトを表したもの。

　　　　ア．1MB　　　　　　　　　　**イ**．1GB　　　　　　　　　　**ウ**．1TB

3．コンピュータの操作を直感的に行えるようにボタンやアイコンで表現されている環境。

　　　　ア．OS　　　　　　　　　　**イ**．EOS　　　　　　　　　　**ウ**．GUI

4．コンピュータに対して，何らかの異常を引き起こす目的で作成された悪意のあるプログラム。

　　　　ア．不正アクセス　　　　**イ**．コンピュータウイルス　　**ウ**．パターンファイル

5．微小な無線チップによって直接接触することなく，人や物を識別・管理するシステム。

　　　　ア．RFID　　　　　　　　　　**イ**．AI　　　　　　　　　　**ウ**．EC

【4】 次の各問いに答えなさい。

問1. 次の表のように罫線を引く。B2～C2を選択し，指定する罫線の
ボタンとして適切なものを選び，記号で答えなさい。

ア. ⊞   **イ.** ⠿   **ウ.** ⊡

問2. 次の表のA列～C列をすべて同じ列幅に設定する方法として適切
なものを選び，記号で答えなさい。

ア. A列～C列の列番号を選択し，A列とB列の境界をポイントし
て右または左にドラッグする。
イ. A列～C列の列番号を選択し，A列とB列の境界をポイントし
てクリックする。
ウ. A列～C列の列番号を選択し，A列とB列の境界をポイントす
る。

問3. 次の表のA2には2が，B2には3が，C2には4が入力さ
れ，D2には表示されている式が設定されている。計
算をした結果，D2に表示される値を答えなさい。

	A	B	C	D	E
1					
2	2	3	4	=A2^B2*(A2+C2)	

問4. 次の表は，収穫した梨を箱に詰める際の計算表で
ある。D4は，箱に詰められずに残った個数を求める。
D4に設定する式として適切なものを選び，記号で答
えなさい。

	A	B	C	D
1				
2	箱詰計算表			
3	収穫個数	1箱の個数	詰める個数	残る個数
4	1,384	12	115	4

ア. =ROUNDDOWN(A4/B4,0)
イ. =A4-ROUNDDOWN(A4/B4,0)
ウ. =A4-ROUNDDOWN(A4/B4,0)*B4

問5. 次の表は，色で始まる言葉から色を抽出する表である。B4に設定する
式として適切なものを選び，記号で答えなさい。

	A	B
1		
2	色抽出数	
3	色で始まる言葉	色
4	黄身	黄
5	赤字	赤
6	青写真	青
7	赤潮	赤
8	黄河文明	黄
9	青のり	青
10	赤ペン	赤

ア. =LEN(A4,1)
イ. =LEFT(A4,1)
ウ. =RIGHT(A4,1)

第10回

【5】　次の各問いに答えなさい。

問１．次の表のA4～F10の範囲を指定して，第1キーを「得点」として降順に，第2キーを「レポート」として降順に並べ替えた。A列の学校名が正しく並べ替えられているものを選び，記号で答えなさい。

	A	B	C	D	E	F
1						
2			研究発表大会審査表			
3						
4	学校名	レポート	発表			得点
5			時間	説得力	団結力	
6	森永学園	3	4	2	3	12
7	明治高校	3	4	3	5	15
8	亀田高校	2	4	3	3	12
9	不二家商業	4	5	4	5	18
10	江崎高校	3	3	3	4	13

ア.

学校名
不二家商業
明治高校
江崎高校
亀田高校
森永学園

イ.

学校名
不二家商業
明治高校
江崎高校
森永学園
亀田高校

ウ.

学校名
亀田高校
森永学園
江崎高校
明治高校
不二家商業

問２．次の表とグラフは，オリンピックでの日本のメダル獲得数を集計したものである。次の(1)，(2)に答えなさい。

	A	B	C	D	E	F	G
1							
2			オリンピックでの日本のメダル獲得数				
3							
4	開催地	国名	参加国数	金	銀	銅	合計
5	バルセロナ	スペイン	172	3	8	11	22
6	アトランタ	アメリカ	197	3	6	5	14
7	シドニー	オーストラリア	200	5	8	5	18
8	アテネ	ギリシャ	202	16	7	12	35
9	北京	中国	204	9	6	10	25
10	ロンドン	イギリス	204	7	14	17	38

(1)　※印の部分に表示される凡例として適切なものを選び，記号で答えなさい。

ア. ―◆―金　―■―銀　―▲―銅

イ. ―▲―金　―■―銀　―◆―銅

ウ. ―■―金　―▲―銀　―◆―銅

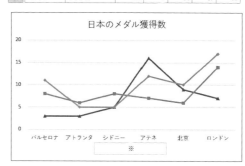

(2)　グラフから読み取った内容として正しいものを選び，記号で答えなさい。

ア.「銀」「銅」のメダル獲得数は「ロンドン」が一番多い。

イ. すべてのメダルの獲得数は開催ごとに増加している。

ウ. 参加国数は開催ごとに増加している。

【6】　流れ図にしたがって処理するとき，次の各問いに答えなさい。

〈流れ図〉

問１．n の値が 6，r の値が 5 のとき，(ア)の処理を 3 回目に実施したあとの p の値を答えなさい。

問２．n の値が 7，r の値が 4 のとき，(イ)で出力される p の値を答えなさい。

【7】　次の表は，新市名公募の応募状況の資料にもとづき，作成条件にしたがって作成されたものである。各問いに答えなさい。

資料

応募状況（10歳未満）	
応募手段	応募数
郵送	20
回収BOX	3
インターネット	5

応募状況（30～40代）	
応募手段	応募数
郵送	23
回収BOX	10
インターネット	403

応募状況（70代以上）	
応募手段	応募数
郵送	47
回収BOX	46
インターネット	4

応募状況（10～20代）	
応募手段	応募数
郵送	11
回収BOX	1
インターネット	318

応募状況（50～60代）	
応募手段	応募数
郵送	65
回収BOX	37
インターネット	328

	A	B	C	D	E	F	G
1							
2		都市名公募の応募状況					
3							
4	年齢層	応募手段			応募総数	割合	備考
5		郵送	回収BOX	インターネット			
6	10歳未満	20	3	5	④	2.1%	
7	10～20代	11	②	318	330	25.0%	
8	30～40代	23	10	403	436	33.0%	最多層
9	50～60代	①	37	328	430	32.6%	
10	70代以上	47	46	③	97	7.3%	
11	合計	166	97	1,058	⑤		
12	平均	33.2	19.4	211.6	264.2		
13	順位	2	3	1			

作成条件

1．資料を参考にして，B6～D10に応募数を入力する。
2．「応募総数」は，B列～D列の合計を求める。
3．「割合」は，「応募総数」の「合計」に対する年齢層ごとの「応募総数」の割合を求める。
4．「備考」は，「応募総数」が最大値の場合は 最多層 と表示し，それ以外の場合は何も表示しない。
5．「合計」は，6～10行目の合計を求める。
6．「平均」は，6～10行目の平均を求める。ただし，小数第1位未満を切り上げる。
7．「順位」は，「合計」を基準として降順に順位をつける。

問１．表の①～⑤の数値を答えなさい。

問２．F6に設定する式を答えなさい。ただし，F6の式をF7～F10までコピーする。

 ア． =E6/E11

 イ． =E6/$E$11

 ウ． =$E$6/E11

問３．G6に設定する式を答えなさい。ただし，G6の式をG7～G10までコピーする。

 ア． =IF(MIN($E$6:$E$10)=E6,"","最多層")

 イ． =IF(RANK(E6,$E$6:$E$10,1)=1,"最多層","")

 ウ． =IF(MAX($E$6:$E$10)=E6,"最多層","")

問４．B12に設定する式を答えなさい。

 ア． =ROUND(AVERAGE(B6:B10),2)

 イ． =ROUNDUP(AVERAGE(B6:B10),1)

 ウ． =ROUNDDOWN(AVERAGE(B6:B10),2)

問５．B13に設定する式を答えなさい。ただし，B13の式をC13～D13までコピーする。

 ア． =RANK(B11,$B$11:$D$11,0)

 イ． =RANK($B$11,B11:D11,0)

 ウ． =RANK($B$11,B11:D11,1)

第10回　模擬問題（実技）　制限時間：20分　解答 ➡ p.44

　次の資料は，今年発売された新型自動車に関する販売台数とお客様の評価に関するデータである。資料と作成条件にしたがって，シート名「シート1」を作成しなさい。

資料

販売台数

車名	4月	5月
シリウス	8,940	9,934
フット	5,681	6,727
アクワ	15,745	18,502

デザイン

車名	評価
シリウス	9
フット	2
アクワ	6

機能性

車名	評価
シリウス	4
フット	3
アクワ	10

価格

車名	評価
シリウス	2
フット	10
アクワ	8

燃費

車名	評価
シリウス	6
フット	9
アクワ	4

安全性

車名	評価
シリウス	10
フット	2
アクワ	4

作成条件

ワークシートは，試験開始前に提供されたものを使用する。

1．表およびグラフの体裁は，右ページを参考にして設定する。

　　設　定　す　る　書　式：罫線
　　設定する数値の表示形式：3桁ごとのコンマ，％，小数の表示桁数

2．表の※印の部分は，式や関数を利用して求める。また，※※印の部分は，資料より必要な値を入力する。

3．グラフの※印の部分は，表に入力された値をもとに表示する。

4．「1．新型自動車の評価」は，次のように作成する。

　(1)　「合計」は，「シリウス」～「アクワ」の合計を求める。

　(2)　「平均」は，「シリウス」～「アクワ」の平均を求める。ただし，小数第1位まで表示する。

　(3)　「最大」は，「シリウス」～「アクワ」の最大値を求める。

　(4)　「最小」は，「シリウス」～「アクワ」の最小値を求める。

　(5)　C列～E列の「計」は，各列の7行目から11行目までの合計を求める。

　(6)　「総合評価」は，自動車ごとの評価の「計」がH12の「最大」とI12の「最小」の平均より大きい場合に ★★★ を表示し，それ以外の場合は何も表示しない。

5．レーダーチャートグラフは，「1．新型自動車の評価」から作成する。ただし，自動車ごとの評価の「計」の値が高い上位2台について作成する。なお，数値軸の目盛りは，最小値（0），最大値（10）および間隔（2）を設定する。

6．「2．4月・5月の販売台数」は，次のように作成する。

　(1)　「合計」は，「4月」と「5月」の合計を求める。

　(2)　「前月比」は，**「5月 ÷ 4月」**で求める。ただし，小数第3位未満を切り捨てて，％表示で小数第1位まで表示する。

　(3)　「順位」は，「合計」を基準として，降順に順位をつける。

7．積み上げ棒グラフは，表よりグラフ化する範囲を指定して作成する。

　(1)　数値軸の目盛りは，最小値（0），最大値（40,000）および間隔（10,000）を設定する。

　(2)　軸ラベルの方向を設定する。

新型自動車レポート

1．新型自動車の評価

評価項目	車名			合計	平均	最大	最小
	シリウス	フット	アクワ				
デザイン	9	2	6	17	5.7	※	※
機能性	※※	※※	※※	※	※	※	※
価格	※※	※※	※※	※	※	※	※
燃費	※※	※※	※※	※	※	※	※
安全性	※※	※※	※※	※	※	※	※
計	※	※	※	※	※	32	※
総合評価	※	※	※				

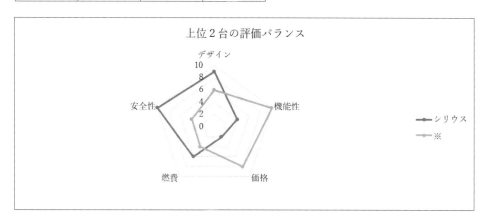

2．4月・5月の販売台数

車名	販売台数		合計	前月比	順位
	4月	5月			
シリウス	8,940	9,934	18,874	111.1%	※
フット	※※	※※	※	※	※
アクワ	※※	※※	※	※	※

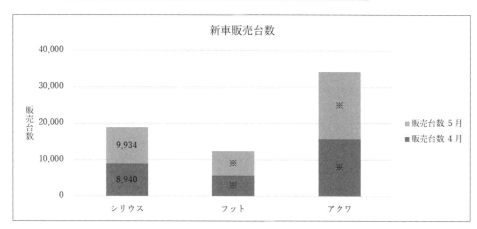

（シート1）

第11回　模擬問題（筆記）　　制限時間：20分　　解答 ➡ p.45

【1】　次の説明文に最も適した答えを解答群から選び，記号で答えなさい。

　　1．ハードディスクやSSDなどの総称。

　　2．指先や専用のペンで画面に触れることで入力を行う装置。

　　3．迷惑メールのうち，不特定多数の受信者へ一方的に送られる，広告や勧誘を内容としたメール。

　　4．ソフトウェアを最新の状態に更新すること。

　　5．数m～十数m程度の，デジタル機器用の短距離無線通信の規格。

> **解答群**
>
> | | | |
> |---|---|---|
> | ア．アップデート | イ．バーコードリーダ | ウ．補助記憶装置 |
> | エ．スパムメール | オ．主記憶装置 | カ．タッチパネル |
> | キ．チェーンメール | ク．HDMI | ケ．Bluetooth |
> | コ．インストール | | |

【2】　次のA群の語句に最も関係の深い説明文をB群から選び，記号で答えなさい。

＜A群＞　　1．バッチ処理　　　2．POSシステム　　　3．ワークシート

　　　　　　4．メーラ　　　　　5．降順

＜B群＞

　　ア．白と黒の縞模様状の線の太さによって数値や文字を表す識別子であるバーコードを読み取る装置。

　　イ．発生したデータを一定期間ためておき，一括して処理する方式。

　　ウ．ブラウザで利用することができる電子メール。

　　エ．表計算ソフトウェアにおいて，行と列により区切られた1つ1つのマス目。

　　オ．電子メールを利用するためのソフトウェア。

　　カ．データの並びがキー項目を基準に，数値や文字コードが大きいものから小さいものへと並んでいる状態。

　　キ．データが発生するたびに，ただちに処理する方式。

　　ク．表計算において，データの入力や計算，グラフの作成を行う，複数の行と複数の列からなる領域。

　　ケ．データの並びがキー項目を基準に，数値や文字コードが小さいものから大きいものへと並んでいる状態。

　　コ．コンビニエンスストアのレジなどで商品のバーコードを読み取り，販売情報を収集し，売上管理や在庫管理に利用するしくみ。

【3】　次の説明文に最も適した答えをア，イ，ウの中から選び，記号で答えなさい。

1．10進数の33を2進数で表したもの。

　　　　ア．11110　　　　　　　　**イ**．11111　　　　　　　　**ウ**．100001

2．1兆分の1秒を表す時間の単位。

　　　　ア．μs　　　　　　　　　**イ**．ns　　　　　　　　　　**ウ**．ps

3．さまざまな物に通信機能を持たせ，インターネットに接続し相互に通信することにより，自動
　認識や自動制御，遠隔操作を行うこと。

　　　　ア．IoT　　　　　　　　　　**イ**．RFID　　　　　　　　**ウ**．EOS

4．電子メールアドレスなどに使われる，組織・団体などの所属を表す部分。

　　　　ア．URL　　　　　　　　　　**イ**．ドメイン名　　　　　**ウ**．ハイパーリンク

5．コンピュータの正常な利用を妨げたり，利用者やコンピュータに害をもたらす不正な動作を
　行ったりするソフトウェアの総称。

　　　　ア．ウイルス定義ファイル　**イ**．マルウェア　　　　　**ウ**．オンラインストレージ

【4】 次の各問いに答えなさい。

問1．A2に234.567があらかじめ入力されている。B2には表示されている式が設定されている。計算をした結果，B2に表示される値を答えなさい。

	A	B
1		
2	234.567	=ROUND(A2/100,2)*100

問2．次の表はB列とC列の列幅が狭いため，B4・C4に入力されている数値が表示されていない。正しく表示されるように，B列とC列を同時に同じ列幅にするための操作として適切なものを選び，記号で答えなさい。

	A	B	C
1			
2	国名	肉	野菜
3	日本	923,430	523,000
4	中国	#########	#########
5	韓国	434,230	342,900

　　ア．B列とC列の境界をポイントしてダブルクリックする。
　　イ．B列とC列の列名を選択し，B列とC列の境界をポイントして，右へドラッグする。
　　ウ．B列とC列の列名を選択し，A列とB列の境界をポイントして，右へドラッグする。

問3．次の表は，ある店のかき氷の売上表である。「商品コード」の右端から3文字は，単価を表している。「単価」を数値で抽出するために，B4に設定する式として適切なものを選び，記号で答えなさい。

	A	B	C	D
1				
2	かき氷の売上表			
3	商品コード	単価	数量	金額
4	S300	300	25	7,500
5	SM400	400	33	13,200
6	L300	300	38	11,400
7	B350	350	41	14,350
8	BS480	480	40	19,200
9			合計金額	65,650

　　ア．=RIGHT(A4,3)
　　イ．=VALUE(RIGHT(A4,3))
　　ウ．=MID(A4,3)

問4．次の表について，C4に「=B4/$B$9」を入力し，C5～C8にコピーした。C8に設定される式として適切なものを選び，記号で答えなさい。

	A	B	C
1			
2	職業別アンケート集計		
3	職業	人数	比率
4	会社員	203	67.67%
5	自営業	19	6.33%
6	主婦	45	15.00%
7	アルバイト	23	7.67%
8	その他	10	3.33%
9	合計	300	

　　ア．=B8/$B$9
　　イ．=B4/$B$9
　　ウ．=B8/$B$13

問5．次の表は，あるラーメン店の月別売上数を集計し，合計・平均したものである。D5に入力した値が誤りであることが判明し，訂正したところ，他のセルの値も自動的に変更された。再計算機能により変更されたセルの数として適切なものを選び，記号で答えなさい。

	A	B	C	D	E	F	G
1							
2	ラーメンの売上数						
3	品名	7月	8月	9月	10月	合計	月平均
4	塩	360	321	267	344	1,292	323.0
5	みそ	456	345	421	540	1,762	440.5
6	しょうゆ	230	301	267	320	1,118	279.5
7	とんこつ	228	205	197	200	830	207.5
8	合計	1,274	1,712	1,152	1,404	5,002	

　　ア．3　　　　　　　　イ．4　　　　　　　　ウ．5

【5】　次の各問いに答えなさい。

問1．ワークシートのA列とB列の間に2列分の空白列を挿入したい。これを実行するための指定方法として適切なものを選び，記号で答えなさい。

ア.
（A列とB列を選択）

イ.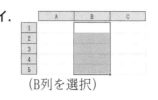
（B列を選択）

ウ.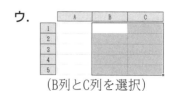
（B列とC列を選択）

問2．次の表とグラフは，生徒会の予算額と執行額を運動部別に集計したものである。次の(1)，(2)に答えなさい。

	A	B	C	D	E
1					
2	運動部予算執行状況				
3					単位：円
4	部活名	予算額	執行額	割合	残額
5	野球	151,000	133,800	88.6%	17,200
6	陸上競技	158,000	87,000	55.1%	71,000
7	サッカー	164,000	115,700	70.5%	48,300
8	テニス	68,000	66,000	97.1%	2,000
9	剣道	95,000	29,300	30.8%	65,700
10	合計	636,000	431,800	67.9%	

(1)　作成されたグラフのデータ範囲として適切なものを選び，記号で答えなさい。

ア. A4:D9

イ. A4:C9

ウ. A4:B9とE4:E9

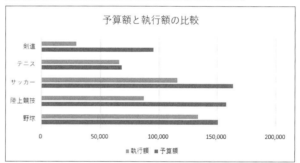

(2)　グラフから読み取った内容として正しいものを選び，記号で答えなさい。

ア.「剣道」の執行額は，「野球」の執行額の2分の1以下である。

イ.「サッカー」の執行額が他の執行額に比べて最も大きい。

ウ.「野球」は予算額と執行額の差が最も小さい。

【6】　流れ図にしたがって処理するとき，次の各問いに答えなさい。

〈流れ図〉

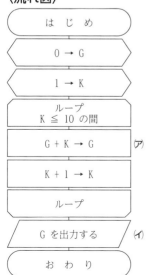

問1．(ア)の処理を 5 回目に実施したあとの G の値を答えなさい。

問2．(イ)で出力される G の値を答えなさい。

【7】 次の表は，あるゴルフ用品専門店の売上伝票の資料にもとづき，作成条件にしたがって作成されたものである。各問いに答えなさい。

資料

売上伝票 伝票番号 3521	
品名	金額
クラブ一式	68,500
シューズ	12,000

売上伝票 伝票番号 3522	
品名	金額
クラブ一式	123,000
バッグ	18,000
シューズ	22,000

売上伝票 伝票番号 3523	
品名	金額
シューズ	14,800

売上伝票 伝票番号 3524	
品名	金額
クラブ一式	34,500
バッグ	9,800
シューズ	9,800

売上伝票 伝票番号 3525	
品名	金額
クラブ一式	99,500

売上伝票 伝票番号 3526	
品名	金額
クラブ一式	198,000
バッグ	24,800
シューズ	25,800

	A	B	C	D	E	F	G
1							
2		ゴルフ用品売上一覧表					
3							
4	伝票番号	クラブ一式	バッグ	シューズ	合計金額	セット	販売金額
5	3521	68,500		12,000	80,500		⑤
6	3522	①	18,000	22,000	163,000	◎	146,700
7	3523			③	14,800		14,800
8	3524	34,500	9,800	9,800	④	◎	48,690
9	3525	99,500			99,500		99,500
10	3526	198,000	②	25,800	248,600	◎	223,740
11	合計	523,500	52,600	84,400	660,500		
12	割合	79.3%	8.0%	12.8%	100.0%		
13	順位	1	3	2			

作成条件

1．資料を参考にして，B5～D10に金額を入力する。

2．「合計金額」は，B列～D列の合計を求める。

3．「セット」は，B列～D列のすべてに数値が入力されている場合は ◎ を表示し，それ以外の場合は何も表示しない。

4．「販売金額」は，「セット」が ◎ の場合は「合計金額」の1割引を求め，整数未満を四捨五入し，整数部のみ表示する。それ以外の場合は「合計金額」を表示する。

5．「合計」は，各列の合計を求める。

6．「割合」は，次の式で求める。ただし，%表示で，小数第1位まで表示するように設定されている。

　　　　「合計　÷　合計金額の合計」

7．「順位」は，「割合」を基準として降順に順位をつける。

問１．表の①～⑤の数値を答えなさい。

問２．F5に設定する式を答えなさい。

 ア． =IF(COUNT(B5:D5)>3,"◎","")
 イ． =IF(COUNT(B5:D5)=3,"◎","")
 ウ． =IF(COUNT(B5:D5)<>3,"◎","")

問３．G5に設定する式を答えなさい。

 ア． =IF(F5="◎",ROUND(E5*0.9,0),E5)
 イ． =IF(F5="◎",ROUND(E5*0.1,0),E5)
 ウ． =IF(F5<>"◎",ROUND(E5*0.1,0),E5)

問４．B12に設定する式を答えなさい。ただし，B12の式をC12～E12までコピーする。

 ア． =B11/E11
 イ． =$B$11/E11
 ウ． =B11/$E$11

問５．B13に設定する式を答えなさい。

 ア． =RANK(B12,$B$12:$D$12,0)
 イ． =RANK(B12,$B$12:$D$12,1)
 ウ． =RANK($B$12,$B$12:$D$12,1)

||||| **第11回　模擬問題（実技）**　　制限時間：20分　　解答 ➡ p.47 ||||

次の資料は，ある洋菓子店のシュークリームの売上表である。資料と作成条件にしたがって，シート名「シート1」を作成しなさい。

資料

売上表（5月）

商品名	売上高
カスタードシュー	94,550
生シュー	118,700
ヨーグルトシュー	50,200
イチゴシュー	63,500
ツインシュー	146,750

売上表（6月）

商品名	売上高
カスタードシュー	100,300
生シュー	122,100
ヨーグルトシュー	49,900
イチゴシュー	40,850
ツインシュー	167,050

作成条件

ワークシートは，試験開始前に提供されたものを使用する。

1．表およびグラフの体裁は，右ページを参考にして設定する。

　設 定 す る 書 式：罫線
　設定する数値の表示形式：3桁ごとのコンマ，％，小数の表示桁数

2．表の※印の部分は，式や関数を利用して求める。また，※※印の部分は，資料より必要な値を入力する。

3．グラフの※印の部分は，表に入力された値をもとに表示する。

4．「1．5月の売上集計表」は，次のように作成する。

 ⑴　「目標売上高」は，「5月売上高」の3％増しの金額を求める。ただし，1,000円未満を切り上げて表示する。

 ⑵　「合計」は，各列の合計を求める。

 ⑶　「平均」は，各列の平均を求める。ただし，整数未満を切り上げて表示する。

5．集合横棒グラフは，「1．5月の売上集計表」から作成する。

 ⑴　数値軸の目盛りは，最小値（0），最大値（160,000）および間隔（40,000）を設定する。

6．「2．6月の売上高と目標達成率」は，次のように作成する。

 ⑴　「目標達成率」は，「1．5月の売上集計表」の「目標売上高」に対する「6月売上高」の割合を求める。ただし，小数第3位未満を四捨五入して，％表示で小数第1位まで表示する。

 ⑵　「備考」は，「6月売上高」が「目標売上高」に達した場合は 達成 を表示し，それ以外は何も表示しない。

 ⑶　「平均」は，各列の平均を求める。ただし，C列は整数部のみ，D列は％表示で小数第1位まで表示する。

 ⑷　「最高」は，各列の最大値を求める。

 ⑸　「最小」は，各列の最小値を求める。

7．円グラフは，「2．6月の売上高と目標達成率」から作成する。ただし，最も割合の高い商品を切り離して表示する。

洋菓子店の売上集計表

1．5月の売上集計表

商品名	5月売上高	目標売上高
カスタードシュー	94,550	※
生シュー	※※	※
ヨーグルトシュー	※※	※
イチゴシュー	※※	※
ツインシュー	※※	※
合計	※	※
平均	※	※

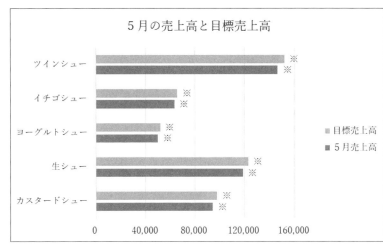

2．6月の売上高と目標達成率

商品名	6月売上高	目標達成率	備考
カスタードシュー	100,300	※	※
生シュー	※※	※	※
ヨーグルトシュー	※※	※	※
イチゴシュー	※※	※	※
ツインシュー	※※	※	※
平均	※	※	
最高	※	※	
最小	※	※	

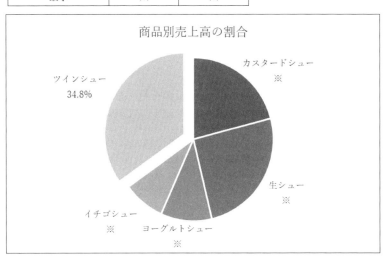

（シート1）

【1】　次の説明文に最も適した答えを解答群から選び，記号で答えなさい。

1．コンピュータ内における五大装置の中で，記憶装置内の命令を取り出して解読し，各装置に指示を与える装置。

2．コンピュータ本体にマウスなどの周辺装置を接続するインタフェース。

3．小さな正方形の点を縦横同じ数だけ並べた二次元コード。

4．ソフトウェアを最新の状態に更新すること。

5．家電やAV機器向けのデジタル映像・音声入出力用のインタフェースの規格。

---解答群---

ア．インストール　　　　イ．制御装置　　　　ウ．QRコード

エ．Bluetooth　　　　　オ．HDMI　　　　　　カ．RFID

キ．JANコード　　　　　ク．USB　　　　　　　ケ．アップデート

コ．CPU

【2】　次のA群の語句に最も関係の深い説明文をB群から選び，記号で答えなさい。

＜A群＞　1．スクロール　　　2．パスワード　　　3．ブラウザ
　　　　　4．オンラインストレージ　　5．フィルタリング

＜B群＞

ア．Webページを表示するためのソフトウェア。

イ．自分のコンピュータ内に存在するファイルを，ネットワークで接続された他のコンピュータに転送して保存すること。

ウ．ネットワークにおいて，システムやファイル等を利用する権限。

エ．コンピュータシステムを利用する際，本人確認のためのユーザIDとともに用いられる本人以外は知らない文字列。

オ．インターネットで公開されている情報について，キーワードなどを使って探し出すWebページ。

カ．ファイルを保管するための外部記憶装置の容量を利用者に貸し出すネットサービスのこと。

キ．画面上に表示しきれない文字や画像を見るために，表示範囲を移動させること。

ク．コンピュータをインターネットに接続するサービスを提供する業者。

ケ．インターネットを通じて，コンピュータに不正に侵入する行為。

コ．インターネットを利用する際，データの受発信やWebページの閲覧を制限する機能。

【3】　次の説明文に最も適した答えをア，イ，ウの中から選び，記号で答えなさい。

1．2進数の100111を10進数で表したもの。

　　　ア．35　　　　　　　　　**イ**．37　　　　　　　　　**ウ**．39

2．記憶容量の単位で，約1兆バイトを表したもの。

　　　ア．1MB　　　　　　　　**イ**．1GB　　　　　　　　**ウ**．1TB

3．次の図のような，画像や映像を大型スクリーンなどに投影し表示する装置。

　　　ア．プロジェクタ　　　　**イ**．ブルーレイディスク　　**ウ**．HDMI

4．インターネットなどのネットワークを利用した商取引全般のこと。

　　　ア．EOS　　　　　　　　**イ**．EC　　　　　　　　　**ウ**．POSシステム

5．コンピュータや銀行のATMなどを利用する際に，指紋や瞳の中の虹彩などの生体情報を読み取らせることで本人確認を行うこと。

　　　ア．パスワード　　　　　**イ**．バイオメトリクス認証　　**ウ**．フィルタリング

【4】 次の各問いに答えなさい。

問1．A2に入力した文字を，A列からG列のセルの中央に表示したい。指定するボタンとして適切なものを選び，記号で答えなさい。

ア. [図] 　　　　　イ. [図] 　　　　　ウ. [図]

問2．次の表のA2とB2のように数値を表示したい。数値を入力したあと指定するボタンとして適切なものを選び，記号で答えなさい。

	A	B
1		
2	¥1,000	¥2,000

ア. [図] 　　　　　イ. [図] 　　　　　ウ. [図]

問3．次の表は，支店別売上目標設定表である。「売上目標高」を表示するために，C4に設定する式として適切なものを選び，記号で答えなさい。

	A	B	C
1			
2	支店別売上目標設定表		
3	支店名	今期売上高	売上目標高
4	中央支店	5,436,700	6,500,000
5	東支店	5,080,751	6,000,000
6	西支店	2,578,036	3,000,000
7	南支店	3,397,004	4,000,000
8	北支店	3,156,812	3,700,000

　ア． =ROUNDDOWN(B4*1.2,5)
　イ． =ROUNDDOWN(B4*1.2,-5)
　ウ． =ROUNDDOWN(B4*1.2,-6)

問4．次の表は，住所一覧表である。「町名・番地」を表示するために，C4に設定する式として適切なものを選び，記号で答えなさい。

	A	B	C
1			
2	住所一覧表		
3	住所	区名	町名・番地
4	中央区日本橋○○番地	中央区	日本橋○○番地
5	港区南青山○○番地○号	港区	南青山○○番地○号
6	千代田区一番町○○○番地	千代田区	一番町○○○番地

　ア． =MID(A4,LEN(B4)+1,LEN(A4)-LEN(B4))
　イ． =MID(A4,LEN(B4),LEN(A4)-LEN(B4))
　ウ． =MID(A4,LEN(B4)-1,LEN(A4)-LEN(B4))

問5．次の表は，夏期講習最終テスト成績表である。E列の「順位」には，次の式が入力されている。E4に表示されるものとして適切なものを選び，記号で答えなさい。

	A	B	C	D	E
1					
2	夏期講習最終テスト成績表				
3	氏名	国語	数学	合計	順位
4	井沢 ○○	85	75	160	※
5	小松 ○○	90	100	190	※
6	佐藤 ○○	95	95	190	※
7	谷崎 ○○	75	80	155	※
8	内藤 ○○	80	70	150	※
9	森本 ○○	75	70	145	※
10	山田 ○○	65	75	140	※

（注） ※印は，値の表記を省略している。

=RANK(D4,$D$4:$D$10,0)

　ア． 2 　　**イ．** 3 　　**ウ．** 5

【5】　次の各問いに答えなさい。

問1．次の表のA2には2が，A3，B2～B3には表示されている式が設定されている。各セルを計算した結果，B3に表示される値を答えなさい。

	A	B
1		
2	2	=A2^3
3	=A2*(A2+B2)	=A3/5

問2．次の表とグラフは，校外学習のコース別人数を集計したものである。次の(1)，(2)に答えなさい。

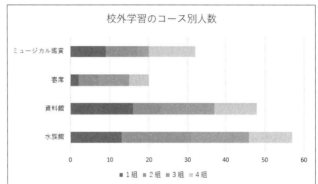

校外学習コース別人数集計表

	A	B	C	D	E	F
4	コース	1組	2組	3組	4組	コース計
5	水族館	13	18	15	11	57
6	資料館	16	7	14	11	48
7	寄席	2	5	8	5	20
8	ミュージカル鑑賞	9	8	3	12	32
9	クラス計	40	38	40	39	157

(1)　グラフを，全体の人数に対するコース別の人数の割合を表すグラフに変更したい。変更したグラフとして適切なものを選び，記号で答えなさい。

　　ア．円グラフ
　　イ．積み上げ横棒グラフ
　　ウ．レーダーチャート

(2)　グラフから読み取った内容として正しいものを選び，記号で答えなさい。

　　ア．1組の生徒が参加するコースは，「資料館」が最も多く，「ミュージカル鑑賞」が最も少ない。
　　イ．「水族館」を選んだのは，2組が最も多く，1組が最も少ない。
　　ウ．「水族館」を選んだ生徒は，「寄席」を選んだ生徒の2倍を超えている。

【6】　流れ図にしたがって処理するとき，次の各問いに答えなさい。

〈流れ図〉

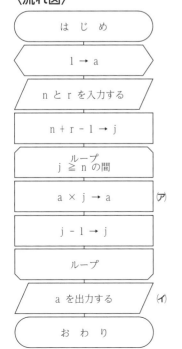

問1．n の値が 2，r の値が 5 のとき，(ア)の処理を 3 回目に実施したあとの a の値を答えなさい。

問2．n の値が 2，r の値が 5 のとき，(イ)で出力される a の値を答えなさい。

【7】 次の表は，主な県庁所在市の主要品目の年平均小売価格の資料にもとづき，作成条件にしたがって作成されたものである。各問いに答えなさい。

資料

食パン　小売価格

都市名	価格(円)
札幌	366
秋田	350
千葉	442
東京（区部）	438
岐阜	386
京都	434
広島	452
高知	426
福岡	330
鹿児島	480

牛肉　小売価格

都市名	価格(円)
札幌	538
秋田	676
千葉	738
東京（区部）	808
岐阜	806
京都	899
広島	653
高知	826
福岡	670
鹿児島	690

キャベツ　小売価格

都市名	価格(円)
札幌	201
秋田	183
千葉	202
東京（区部）	199
岐阜	137
京都	183
広島	161
高知	149
福岡	177
鹿児島	155

	A	B	C	D	E	F	G	H	I	J
1										
2				県庁所在市の主要品目年平均小売価格表						
3										
4	都市名	食パン（kg）		牛肉（100g）		キャベツ（kg）		指数平均	順位	備考
5		価格（円）	指数	価格（円）	指数	価格（円）	指数			
6	札幌	366	89.2	538	73.7	201	115.1	92.7	2	※
7	秋田	350	85.3	676	92.6	③	104.8	94.2	3	※
8	千葉	442	107.7	738	101.0	202	115.6	108.1	8	※
9	東京（区部）	438	106.7	808	110.6	199	113.9	110.4	9	※
10	岐阜	386	94.1	②	110.4	137	78.4	94.3	4	※
11	京都	434	105.8	899	123.1	183	104.8	111.2	10	※
12	広島	452	110.1	653	89.4	161	92.2	97.2	5	※
13	高知	①	103.8	826	113.1	149	85.3	100.7	7	※
14	福岡	330	80.4	670	91.7	177	101.3	91.1	1	※
15	鹿児島	480	117.0	690	94.5	155	88.7	100.1	6	※
16	平均	410.4	100.0	730.4	100.0	174.7	100.0			
17	最高	480	④	899	123.1	202	115.6			
18	最低	330	80.4	538	73.7	137	⑤			

(注)　※印は，値の表記を省略している。

作成条件

1．資料を参考にして，B6〜B15，D6〜D15，F6〜F15に小売価格（円）を入力する。

2．「平均」は，各列の平均を求める。

3．「指数」は，次の式で求める。ただし，小数第1位未満を四捨五入する。

　　「価格（円）　÷　平均　×　100」

4．「指数平均」は，各行の「指数」の平均を求める。

5．「順位」は，「指数平均」を基準として昇順に順位をつける。

6．「備考」のJ6には，次の式を設定する。

　　=IF(H6<=95,"★★★",IF(H6<105,"★★","★"))

7．「最高」は，各列の最大値を求める。

8．「最低」は，各列の最小値を求める。

問１．表の①〜⑤の数値を答えなさい。

問２．C6に設定する式を答えなさい。ただし，C6の式をC7〜C15までコピーする。

    ア．=ROUND(B6/$B$16*100,-1)

    イ．=ROUND(B6/$B$16*100,1)

    ウ．=ROUND(B6/$B$16*100,2)

問３．I6に設定する式を答えなさい。ただし，I6の式をI7〜I15までコピーする。

    ア．=RANK(H6,$H$6:$H$15,0)

    イ．=RANK(H6,$H$6:$H$15,1)

    ウ．=RANK(I6,$I$6:$I$15,0)

問４．J列に表示される★★の数はいくつか答えなさい。ただし，J6の式はJ7〜J15までコピーする。

    ア．1　　　　　　　　　　　**イ**．2　　　　　　　　　　　**ウ**．3

問５．B17に設定する式を答えなさい。

    ア．=MAX(B6:B15)

    イ．=MAX(B6:B16)

    ウ．=MAX(B6:B17)

第12回　模擬問題（実技）　制限時間：20分　解答 ➡ p.50

次の資料は，ある高等学校の文化祭で販売された商品の売上伝票である。資料と作成条件にしたがって，シート名「シート1」を作成しなさい。

資料

売上伝票（1日目）

品名	売上数	売上金額
カレーライス	120	30,000
ワッフル	185	14,800
お好み焼き	152	27,360
おでん	93	13,950
ストラップ	75	7,500

売上伝票（2日目）

品名	売上数	売上金額
カレーライス	173	43,250
ワッフル	247	19,760
お好み焼き	250	45,000
おでん	124	18,600
ストラップ	143	14,300

作成条件

ワークシートは，試験開始前に提供されたものを使用する。

1．表およびグラフの体裁は，右ページを参考にして設定する。

> 設定する書式：罫線
> 設定する数値の表示形式：3桁ごとのコンマ，％，小数の表示桁数

2．表の※印の部分は，式や関数を利用して求める。また，※※印の部分は，資料より必要な値を入力する。

3．グラフの※印の部分は，表に入力された値をもとに表示する。

4．「1．売上数の集計」は，次のように作成する。

 (1)　「計」は，「1日目」と「2日目」の合計を求める。

 (2)　「平均」は，「1日目」と「2日目」の平均を求める。ただし，整数部のみ表示する。

5．積み上げ縦棒グラフは，表よりグラフ化する範囲を指定して作成する。

 (1)　数値軸の目盛りは，最小値（0），最大値（500）および間隔（100）を設定する。

 (2)　軸ラベルの方向を設定する。

6．「2．売上金額の集計」は，次のように作成する。

 (1)　「計」は，「1日目」と「2日目」の合計を求める。

 (2)　「寄付金」は，「計」の25％の値を求める。ただし，整数未満を切り捨てて，整数部のみ表示する。

 (3)　「備考」は，「寄付金」が16,000を超えた場合は ★★ を表示し，8,000を超えた場合は ★ を表示し，それ以外の場合は何も表示しない。

 (4)　「合計」は，各列の合計を求める。

 (5)　「最大」は，各列の最大値を求める。

 (6)　「最小」は，各列の最小値を求める。

7．円グラフは，表よりグラフ化する範囲を指定して作成する。

文化祭販売品の売上集計表

1．売上数の集計

品名	1日目	2日目	計	平均
カレーライス	120	173	※	※
ワッフル	185	247	※	※
お好み焼き	152	250	※	※
おでん	93	124	※	※
ストラップ	75	143	※	※

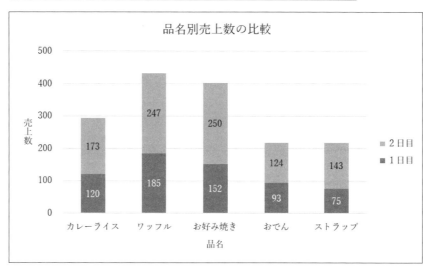

品名別売上数の比較

2．売上金額の集計

品名	1日目	2日目	計	寄付金	備考
カレーライス	30,000	43,250	※	※	※
ワッフル	※※	※※	※	※	※
お好み焼き	※※	※※	※	※	※
おでん	※※	※※	※	※	※
ストラップ	※※	※※	※	※	※
		合計	※	※	
		最大	※	※	
		最小	※	※	

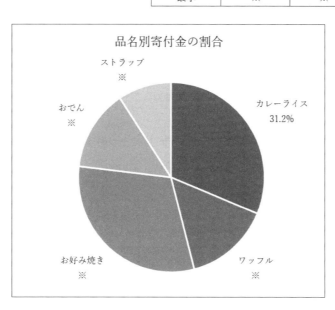

品名別寄付金の割合

（シート1）

主催　公益財団法人　全国商業高等学校協会

令和5年度（第69回）情報処理検定試験　第3級筆記

制限時間：20分　　解答 ➡ p.51

【1】　次の説明文に最も適した答えを解答群から選び，記号で答えなさい。

1．コンピュータ内部でデータやプログラムを記憶する装置のうち，中央処理装置から直接読み書きできる装置。

2．液状の細かなインク粒を用紙に吹き付けて印刷するプリンタ。

3．ネットワークを通じて様々な機器が，相互に情報を交換して動作する仕組み。モノのインターネットと訳される。

4．電子メールの送受信や閲覧などをするために使用されるソフトウェア。

5．様々なコンピュータウイルスのパターンを記録したファイル。ウイルス対策ソフトウェアがコンピュータウイルスを検出するために使用する。

解答群

ア． ファイルサーバ　　　**イ．** レーザプリンタ　　　**ウ．** ウイルス定義ファイル
エ． 主記憶装置　　　**オ．** メーラ　　　**カ．** AI
キ． フィッシング詐欺　　　**ク．** インクジェットプリンタ　　　**ケ．** 演算装置
コ． IoT

【2】　次のA群の語句に最も関係の深い説明文をB群から選び，記号で答えなさい。

＜A群＞　1．アイコン　　　2．アップロード　　　3．チェーンメール
　　　　　4．なりすまし　　　5．アプリケーションソフトウェア

＜B群＞
ア． 受信者に対して不安をあおり，受信内容を別の人へ転送するようにうながす迷惑メール。

イ． 自分のコンピュータに保存されているデータを，ネットワークで接続された他のコンピュータに送信すること。

ウ． ユーザIDとパスワードなどによって，利用者本人であるかを判断すること。

エ． 受信者の意思を無視して，不特定多数に送られる大量の迷惑メール。

オ． アプリケーションの操作画面で，現在の入力位置を指し示すしるし。

カ． 文書作成ソフトウェアや表計算ソフトウェアなど，特定の目的で利用される応用ソフトウェア。

キ． プログラムやファイルの種類，フォルダなどを視覚的に分かりやすく表現した画面上の絵や記号。

ク． ネットワークで接続された他のコンピュータに保存されているデータを，自分のコンピュータに受信すること。

ケ． 悪意のある者が，利用者本人のふりをしてネットワーク上にアクセスすること。

コ． ハードウェアやソフトウェアなどの管理や制御を行い，コンピュータを効率よく利用するための基本ソフトウェア。

【3】 次の説明文に最も適した答えをア，イ，ウの中から選び，記号で答えなさい。

1．10進数の 22 を2進数で表したもの。

　　ア．1101　　　　　　　　　　イ．10110　　　　　　　　　　ウ．11010

2．1,000分の1秒を表す時間の単位。

　　ア．ms　　　　　　　　　　イ．μs　　　　　　　　　　ウ．ns

3．インターネット上にあるWebサイトや画像など，データの保存されている場所を表す文字列。

　　ア．Bcc　　　　　　　　　　イ．To　　　　　　　　　　ウ．URL

4．ネットワークを利用し，商品の受発注や代金の請求，支払いなどを一元管理するシステム。

　　ア．EOS　　　　　　　　　　イ．GUI　　　　　　　　　　ウ．RFID

5．ハードディスク装置の代替として使用されており，複数の半導体メモリにデータを読み書きする補助記憶装置。

　　ア．DVD　　　　　　　　　　イ．SSD　　　　　　　　　　ウ．ブルーレイディスク

【4】 次の各問いに答えなさい。

問1. 次の表は，あるカレー専門店のアンケート集計表である。「種類」は，文字列の一部が表示されていない。この内容をすべて表示するために行う操作の名称として適切なものを選び，記号で答えなさい。

	A	B
1		
2	アンケート集計表	
3	種類	票数
4	キーマカ	91
5	グリーン	44
6	チキンカ	72
7	バターチ	59
8	ビーフカ	65

　ア．行高の変更
　イ．セル結合
　ウ．列幅の変更

問2. 次の表は，バナナ生産量の上位6か国一覧表である。「生産量(t)」に3桁ごとのコンマを表示したい。指定するボタンとして適切なものを選び，記号で答えなさい。

	A	B
1		
2	バナナ生産量の上位6か国一覧表	
3	国名	生産量（ t ）
4	インド	30460000
5	中国	11655700
6	インドネシア	7280659
7	ブラジル	6812708
8	エクアドル	6583477
9	フィリピン	6049601

　ア． ←.0 .00　　　　イ． ♪　　　　ウ． ％

問3. 次の表は，ある地域の時間帯別気温観測表である。「平均気温」は，B列の平均を求める。B12に設定する式として適切なものを選び，記号で答えなさい。

	A	B
1		
2	時間帯別気温観測表	
3	時刻（時）	気温（℃）
4	0	21
5	3	20
6	6	19
7	9	25
8	12	30
9	15	31
10	18	28
11	21	26
12	平均気温	25

　ア．=AVERAGE(B4:B11)
　イ．=SUM(B4:B11)
　ウ．=COUNT(B4:B11)

問4. 次の表は，ある文化祭の模擬店売上集計表である。4行目から10行目の範囲を指定し，「合計」を基準として降順に並べ替えたい。並べ替え後，A4に表示されるデータとして適切なものを選び，記号で答えなさい。

	A	B	C	D
1				
2	模擬店売上集計表			単位：個
3	商品名	1日目	2日目	合計
4	みたらし団子	189	231	420
5	わらびもち	78	56	134
6	ぜんざい	121	144	265
7	駄菓子	302	393	695
8	モナカ	55	87	142
9	クレープバー	231	458	689
10	ドーナツ	153	138	291

　ア．わらびもち
　イ．クレープバー
　ウ．駄菓子

問5. 次の表は，ある文房具店のボールペン名入れ料金表である。B4は，A4に入力された文字数を求める。B4に設定する式として適切なものを選び，記号で答えなさい。

	A	B	C
1			
2	ボールペン名入れ料金表		
3	刻印文字	文字数	料金
4	卒業記念	4	400
5	株式会社ＡＢＣＤ	8	800
6	創立１００周年	7	700
7	ＸＹＺ杯ゴルフ大会	9	900
8	満点合格賞	5	500

　ア．=LEFT(A4,1)
　イ．=LEN(A4)
　ウ．=MID(A4,2,1)

【5】　次の各問いに答えなさい。

問1．次の表のC1は，次の式が設定されている。C1に表示される値を答えなさい。

	A	B	C
1	20	32	※

(注)※印は，値の表記を省略している。

=A1+B1/4*A1

問2．次の表とグラフは，県別農産物産出額を集計したものである。次の(1)，(2)に答えなさい。

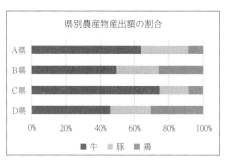

	A	B	C	D	E
1					
2	県別農産物産出額				単位：億円
3	県名	牛	豚	鶏	合計
4	A県	1,049	455	141	1,645
5	B県	549	276	292	1,117
6	C県	442	100	52	594
7	D県	1,278	879	663	2,820

(1)　作成されたグラフの名称として適切なものを選び，記号で答えなさい。

　　ア．集合横棒グラフ
　　イ．100%積み上げ横棒グラフ
　　ウ．積み上げ横棒グラフ

(2)　グラフから読み取った内容として正しいものを選び，記号で答えなさい。

　　ア．C県の「豚」は，A県の「豚」よりも農産物産出額の割合が大きい。
　　イ．D県において，「鶏」の農産物産出額の割合が最も大きい。
　　ウ．すべての県において，「牛」の農産物産出額の割合が40%を超えている。

【6】　流れ図にしたがって処理するとき，次の各問いに答えなさい。なお，入力する a の値は 1 以上の整数とする。

＜流れ図＞

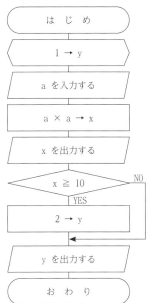

問1．a の値が 3 のとき，出力される x の値を答えなさい。
問2．a の値が 5 のとき，出力される y の値を答えなさい。

第69回検定

【7】 次の表は，ある国の車種別レンタカー車両数の資料にもとづき，作成条件にしたがって作成されたものである。各問いに答えなさい。

資料

2019年の車両数	
	単位：千台
車種	台数
貨物車	3,461
乗用車	4,774
特殊車	505
マイクロバス	68
二輪車	30

2020年の車両数	
	単位：千台
車種	台数
貨物車	3,591
乗用車	4,992
特殊車	529
マイクロバス	68
二輪車	32

2021年の車両数	
	単位：千台
車種	台数
貨物車	3,604
乗用車	4,600
特殊車	544
マイクロバス	59
二輪車	35

2022年の車両数	
	単位：千台
車種	台数
貨物車	3,650
乗用車	4,899
特殊車	559
マイクロバス	57
二輪車	35

	A	B	C	D	E	F	G	H	I
1									2023/9/24
2		車種別レンタカー車両数の推移							
3								単位：千台	
4	車種	2019年	2020年	2021年	2022年	最大	最小	増減率	備考
5	貨物車	3,461	②	3,604	3,650	3,650	3,461	5.5%	○
6	乗用車	4,774	4,992	4,600	4,899	⑤	4,600	2.6%	
7	特殊車	505	529	③	559	559	505	10.7%	○
8	①	68	68	59	57	68	57	-16.2%	
9	二輪車	30	32	35	35	35	30	16.7%	○
10	合計	8,838	9,212	8,842	9,200				
11	平均	1,768	1,842	1,768	④				
12	乗用車割合	54.0%	54.2%	52.0%	53.3%				

作成条件

1．資料を参考にして，A5～E9にデータを入力する。
2．I1は，本日の日付を求める。なお，本日は2023年9月24日とする。
3．「最大」は，「2019年」から「2022年」の最大値を求める。
4．「最小」は，「2019年」から「2022年」の最小値を求める。
5．「増減率」は，次の式で求める。ただし，％で小数第1位まで表示する。
　　　「2022年　÷　2019年　－　1」
6．「備考」は，「増減率」が5.0％以上の場合，○ を表示し，それ以外の場合，何も表示しない。
7．「合計」は，各列の合計を求める。
8．「平均」は，各列の平均を求める。ただし，整数部のみ表示する。
9．「乗用車割合」は，次の式で求める。ただし，％で小数第1位まで表示する。
　　「乗用車　÷　合計」

問1．表の①～⑤に表示されるデータを答えなさい。

問2．I1に設定する式として適切なものを選び，記号で答えなさい。

　　ア．=SUM(B5:E5)
　　イ．=TODAY()
　　ウ．=VALUE(B5)

問3．G5に設定する式として適切なものを選び，記号で答えなさい。

　　ア．=MIN(B5:B9)
　　イ．=MIN(B5,B9)
　　ウ．=MIN(B5:E5)

問4．I5に設定する式として適切なものを選び，記号で答えなさい。

　　ア．=IF(H5>=5.0%,"○","")
　　イ．=IF(H5<=5.0%,"○","")
　　ウ．=IF(H5>=5.0%,"","○")

問5．B12に設定する式として適切なものを選び，記号で答えなさい。ただし，この式をE12までコピーする。

　　ア．=B6/B10
　　イ．=B6/$B$10
　　ウ．=B10/B6

主催　公益財団法人　全国商業高等学校協会

令和5年度（第69回）情報処理検定試験　第3級実技

制限時間：20分　　解答 ➡ p.52

　次の資料は，ある国の一次エネルギー国内供給と部門別最終エネルギー消費を示したものである。資料と作成条件にしたがってシート名「シート1」を作成しなさい。

資料

一次エネルギー国内供給　　　　　　　　　単位：ペタジュール

エネルギー源	1990年	2000年	2010年	2020年
再生可能エネルギー	267	274	436	1,193
未活用エネルギー	318	410	530	540
石炭	3,318	4,199	4,997	4,419
石油	11,008	11,164	8,858	6,545
天然ガス・都市ガス	2,056	3,059	3,995	4,272
原子力	1,884	2,858	2,462	327
水力	819	746	716	664

部門別最終エネルギー消費　　　　　　　　単位：ペタジュール

部門	1990年	2000年	2010年	2020年
企業事業所他	8,835	9,900	9,161	7,488
家庭	1,640	2,125	2,165	1,908
運輸	3,078	3,830	3,387	2,691

作成条件

　ワークシートは，試験開始前に提供されたものを使用する。
1．表およびグラフの体裁は，右ページを参考にして設定する。
　　設定する書式：罫線
　　設定する数値の表示形式：3桁ごとのコンマ，％，小数の表示桁数
2．表の※印の部分は，式や関数を利用して求める。また，※※印の部分は，資料より必要な値を入力する。
3．グラフの※印の部分は，表に入力された値をもとに表示する。
4．「1．一次エネルギー国内供給」は，次のように作成する。
　⑴　「順位」は，「2020年」を基準として，降順に順位を求める。
　⑵　「備考」は，「2020年」が「1990年」より大きい場合，○ を表示し，それ以外の場合，何も表示しない。
　⑶　「最大」は，各列の最大値を求める。
5．折れ線グラフは，「1．一次エネルギー国内供給」から作成する。
　⑴　数値軸の目盛は，最小値（200），最大値（1,200），および間隔（200）を設定する。
　⑵　軸ラベルの方向を設定する。
　⑶　凡例の位置を設定する。
6．「2．部門別最終エネルギー消費」は，次のように作成する。
　⑴　「平均」は，「1990年」から「2020年」の平均を求める。ただし，整数部のみ表示する。
　⑵　「伸び率」は，次の式で求める。ただし，％で小数第1位まで表示する。
　　　　「2020年　÷　1990年」
　⑶　「合計」は，各列の合計を求める。
7．集合縦棒グラフは，「2．部門別最終エネルギー消費」から作成する。
　⑴　数値軸の目盛は，最小値（1,000），最大値（9,000），および間隔（2,000）を設定する。
　⑵　軸ラベルの方向を設定する。
　⑶　データラベルを設定する。

エネルギーの供給と消費

1．一次エネルギー国内供給　　　　　　　　　単位：ペタジュール

エネルギー源	1990年	2000年	2010年	2020年	順位	備考
再生可能エネルギー	267	274	436	1,193	4	○
未活用エネルギー	318	410	530	540	※	※
石炭	3,318	4,199	4,997	4,419	※	※
石油	11,008	11,164	8,858	6,545	※	※
天然ガス・都市ガス	2,056	3,059	3,995	4,272	※	※
原子力	1,884	※※	※※	327	※	※
水力	819	※※	※※	664	※	※
最大	11,008	※	※	※		

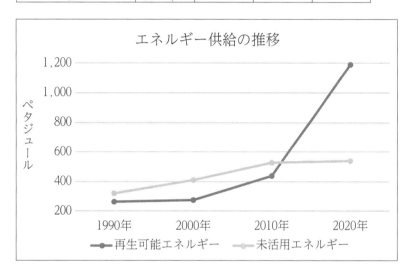

2．部門別最終エネルギー消費　　　　　　　　単位：ペタジュール

部門	1990年	2000年	2010年	2020年	平均	伸び率
企業事業所他	8,835	9,900	9,161	7,488	8,846	84.8%
家庭	1,640	※※	※※	1,908	※	※
運輸	3,078	※※	※※	2,691	※	※
合計	13,553	※	※	※		

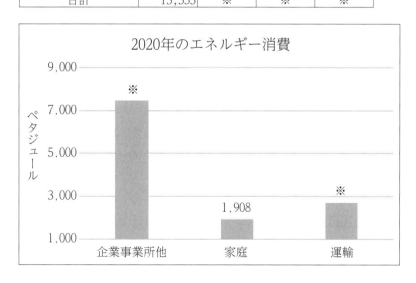

主催　公益財団法人　全国商業高等学校協会

令和5年度（第70回）情報処理検定試験　第3級筆記

制限時間：20分　　解答 ➡ p.55

【1】　次の説明文に最も適した答えを解答群から選び，記号で答えなさい。

1．電源を切っても記憶内容が消えない，読み出し専用のメモリ。

2．ディスプレイ上を指や専用のペンなどで触れることによって，文字の入力や画面の操作を行う装置。

3．Webページのテキストや画像などをクリックすることで，関連付けた別のページへ移動するしくみ。

4．コンピュータの画面上で，入力位置や操作位置を示すしるし。

5．実在する企業や金融機関を装ったメールを送り，偽装したWebサイトへ誘導し，個人情報を盗み出す行為。

```
─ 解答群 ─
ア．タッチパネル          イ．スクロール          ウ．カーソル
エ．RAM                  オ．RFID               カ．ROM
キ．検索エンジン          ク．ハイパーリンク       ケ．イメージスキャナ
コ．フィッシング詐欺
```

【2】　次のA群の語句に最も関係の深い説明文をB群から選び，記号で答えなさい。

＜A群＞　1．演算装置　　　　　2．アップデート　　　　3．JANコード
　　　　　4．Cc　　　　　　　5．ワクチンプログラム

＜B群＞

ア．メーラの機能の一つで，この方法で指定したメールアドレスは他の受信者には表示されない。

イ．数値の計算や大小の比較判断を行う装置。

ウ．コンピュータやスマートフォンに導入したアプリケーションソフトウェアをシステムから削除すること。

エ．コンピュータウイルスからコンピュータを守るために，ウイルスの発見や削除を行うソフトウェア。

オ．日本で利用されているバーコード規格の一つで，メーカコードや製品コードなどの情報を縦線の太さと間隔によって表すコード。

カ．主記憶装置に記憶されている命令の読み込みと解読を行い，各装置に指示を出す装置。

キ．メーラの機能の一つで，この方法で指定したメールアドレスは他の受信者全員に表示される。

ク．縦方向と横方向の二方向に図形を配置し情報を持つコード。数字の他に英字や漢字などのデータも保存できる。

ケ．ソフトウェアに対して機能追加や不具合の修正を行い，最新の状態にすること。

コ．利用者に気づかれないようにコンピュータに侵入し，コンピュータ内部の情報や利用者の個人情報をインターネットを通じて，外部に送信するマルウェア。

【3】　次の説明文に最も適した答えをア，イ，ウの中から選び，記号で答えなさい。

1．2進数の 10001 を10進数で表したもの。

　　　ア．12　　　　　　　　　　　　**イ**．17　　　　　　　　　　　**ウ**．33

2．約1,000,000バイトの記憶容量を表したもの。

　　　ア．1KB　　　　　　　　　　　**イ**．1MB　　　　　　　　　　**ウ**．1GB

3．プログラムやデータを，整理して保管する場所。ディレクトリともいう。

　　　ア．EC　　　　　　　　　　　　**イ**．フォーマット　　　　　**ウ**．フォルダ

4．コンピュータの利用者を識別するための，個別に割り振られた文字や数字などの組み合わせ。

　　　ア．ユーザID　　　　　　　　　**イ**．ファイル名　　　　　　**ウ**．アクセス権

5．インターネット上でファイルを保存するため，一定の容量を提供するサービス。

　　　ア．プリントサーバ　　　　　　**イ**．URL　　　　　　　　　**ウ**．オンラインストレージ

【4】 次の各問いに答えなさい。

問1．次の表は，ある学校における冬期講座の受講者数一覧表である。表を見やすくするためにA4～A6，A7～A8，A9～A10のセルをそれぞれ一つにまとめている。この機能の名称として適切なものを選び，記号で答えなさい。

ア．セル結合
イ．行の挿入
ウ．列幅の変更

	A	B	C	D	E
1					
2	受講者数一覧表			単位：人	
3	分類名	講座名	1年	2年	3年
4	情報処理	表計算	36	44	21
5		文書処理	25	22	19
6		プログラミング	20	51	35
7	簿記	入門	41	12	4
8		応用	12	25	44
9	英語	スピーキング	30	31	35
10		リスニング	29	22	26

問2．次の表は，あるクラスの連絡先一覧表である。A3～C3に項目名を入力したのち，項目の表示を中央揃えにする。A3～C3を選択し，指定するボタンとして適切なものを選び，記号で答えなさい。

	A	B	C
1			
2	連絡先一覧表		
3	出席番号	生徒名	連絡先
4	1	安達　○	080-1192-XXXX
5	2	井上　○○	070-9257-XXXX
6	3	大口　○	090-5613-XXXX
7	4	小林　○	080-6818-XXXX
8	5	小松　○	070-6691-XXXX
9	6	佐藤　○○	090-4473-XXXX

ア． **,**　　　　イ． **←.0 .00**　　　　ウ． **≡**

問3．次の表は，ある施設の利用料金表である。「会員価格」は，「一般価格」に85%を掛けて求める。C4に設定する式として適切なものを選び，記号で答えなさい。ただし，10円未満を切り上げて表示する。

ア．=ROUND(B4*85%,-1)
イ．=ROUNDUP(B4*85%,-1)
ウ．=ROUNDDOWN(B4*85%,-1)

	A	B	C
1			
2	利用料金表		単位：円
3	施設名	一般価格	会員価格
4	メインホール	2,660	2,270
5	リハーサル室	600	510
6	楽屋	340	290
7	会議室	520	450
8	研修室	410	350

問4．次の表は，ある野球リーグの投手防御率一覧表である。4行目から8行目の範囲を指定し，「防御率」を基準として昇順に並べ替えた。この操作によって「選手名」が適切に並べ替えられているものを選び，記号で答えなさい。

	A	B	C	D
1				
2	投手防御率一覧表			
3	選手名	投球回数	自責点	防御率
4	飯田　□□	141	37	2.36
5	池田　□	137	35	2.30
6	伊藤　□□	150	22	1.32
7	佐々木　□	155	38	2.21
8	森田　□	158	50	2.85

ア．
選手名
伊藤　□□
池田　□
飯田　□□
佐々木　□
森田　□

イ．
選手名
森田　□
飯田　□□
池田　□
佐々木　□
伊藤　□□

ウ．
選手名
伊藤　□□
佐々木　□
池田　□
飯田　□□
森田　□

問5．次の表は，ある大学の在学生一覧表である。「学籍番号」の左端から3桁目より2文字は，「年度」を表している。「年度」を抽出するために，D4に設定する式として適切なものを選び，記号で答えなさい。

ア．=VALUE(MID(A4,2,3))
イ．=VALUE(MID(A4,3,2))
ウ．=VALUE(LEFT(A4,3))

	A	B	C	D
1				
2	在学生一覧表			
3	学籍番号	学部コード	学部名	年度
4	BU20001	BU	経営学部	20
5	EC20102	EC	経済学部	20
6	LI21252	LI	文学部	21
7	PH22156	PH	薬学部	22
8	SC23202	SC	理学部	23

【５】　次の各問いに答えなさい。

問１．次の表のD1は，次の式が設定されている。D1に表示される値を答えなさい。

=A1^2+B1/C1

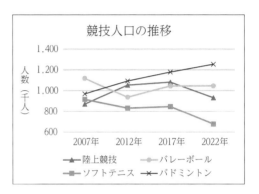

	A	B	C	D
1	10	20	2	※

(注)　※印は，値の表記を省略している。

問２．次の表とグラフは，ある地域の競技人口を集計したものである。次の(1)，(2)に答えなさい。

(1)　作成されたグラフのデータの範囲として適切なものを選び，記号で答えなさい。

　　ア．A3:E7
　　イ．A3:E8
　　ウ．B4:E8

(2)　グラフから読み取った内容として正しいものを選び，記号で答えなさい。

　　ア．2022年の「バレーボール」の競技人口は，2012年の「バレーボール」の競技人口よりも少ない。
　　イ．2017年において，競技人口が最も多いのは「ソフトテニス」である。
　　ウ．「バドミントン」の競技人口は，5年ごとに増加している。

	A	B	C	D	E
1					
2	競技人口				単位：千人
3	競技名	2007年	2012年	2017年	2022年
4	陸上競技	870	1,054	1,082	932
5	バレーボール	1,118	937	1,045	1,046
6	ソフトテニス	916	832	846	678
7	バドミントン	969	1,093	1,179	1,254
8	合計	3,873	3,916	4,152	3,910

競技人口の推移

【６】　流れ図にしたがって処理するとき，次の各問いに答えなさい。
　　＜流れ図＞

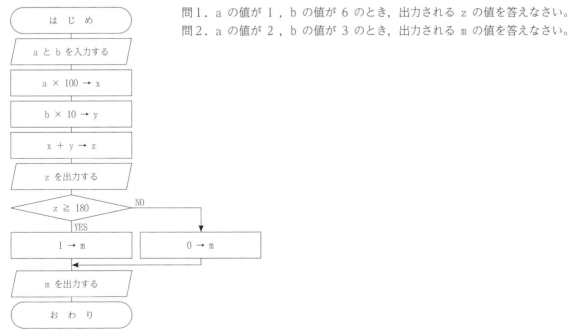

問１．a の値が 1，b の値が 6 のとき，出力される z の値を答えなさい。
問２．a の値が 2，b の値が 3 のとき，出力される m の値を答えなさい。

```
はじめ
a と b を入力する
a × 100 → x
b × 10 → y
x + y → z
z を出力する
z ≧ 180
  YES → 1 → m
  NO  → 0 → m
m を出力する
おわり
```

第70回検定

【7】 次の表は，ある国の媒体別広告費の資料にもとづき，作成条件にしたがって作成されたものである。各問い
に答えなさい。

資料

2019年　媒体別広告費 単位：百億円	
媒体	金額
テレビメディア	186
新聞	45
雑誌	17
ラジオ	13
インターネット	211
プロモーションメディア	222

2020年　媒体別広告費 単位：百億円	
媒体	金額
テレビメディア	165
新聞	37
雑誌	11
ラジオ	12
インターネット	223
プロモーションメディア	168

2021年　媒体別広告費 単位：百億円	
媒体	金額
テレビメディア	184
新聞	36
雑誌	12
ラジオ	11
インターネット	271
プロモーションメディア	164

2022年　媒体別広告費 単位：百億円	
媒体	金額
テレビメディア	180
新聞	37
雑誌	12
ラジオ	10
インターネット	309
プロモーションメディア	161

	A	B	C	D	E	F	G	H	I
1									
2	媒体別広告費の推移								
3								単位：百億円	
4	媒体	2019年	2020年	2021年	2022年	合計	平均	割合	備考
5	テレビメディア	186	165	184	180	715	179	25.4%	※
6	新聞	②	37	36	37	155	39	5.2%	※
7	雑誌	17	11	12	12	⑤	13	1.7%	※
8	①	13	12	11	10	46	12	1.4%	※
9	インターネット	211	223	271	309	1,014	254	43.6%	※
10	プロモーションメディア	222	③	164	161	715	179	22.7%	※
11	年合計	694	616	678	709				
12	最大	222	223	④	309				
13	最小	13	11	11	10				

(注) ※印は，値の表記を省略している。

作成条件

1．資料を参考にして，A5～E10にデータを入力する。
2．「合計」は，「2019年」から「2022年」の合計を求める。
3．「平均」は，「2019年」から「2022年」の平均を求める。ただし，整数部のみ表示する。
4．「年合計」は，各列の合計を求める。
5．「割合」は，次の式で求める。ただし，％で小数第1位まで表示する。
　　　「2022年　÷　2022年の年合計」
6．「備考」のI5には，次の式を設定する。
　　　=IF(E5>D5,"○","")
7．「最大」は，各列の最大値を求める。
8．「最小」は，各列の最小値を求める。

問1．表の①～⑤に表示されるデータを答えなさい。

問2．G5に設定する式として適切なものを選び，記号で答えなさい。

　　ア． =AVERAGE(B5:E5)
　　イ． =AVERAGE(B5,E5)
　　ウ． =AVERAGE(B5:B10)

問3．H5に設定する式として適切なものを選び，記号で答えなさい。ただし，この式をH10までコピーする。

　　ア． =E5/E11
　　イ． =$E$5/E11
　　ウ． =E5/$E$11

問4．I列に表示される　○　の数として適切なものを選び，記号で答えなさい。ただし，I5の式をI10までコピーしてある。

　　ア． 2
　　イ． 3
　　ウ． 4

問5．B13に設定する式として適切なものを選び，記号で答えなさい。

　　ア． =MAX(B5:B10)
　　イ． =MIN(B5:B10)
　　ウ． =COUNTA(B5:B10)

主催　公益財団法人　全国商業高等学校協会

令和5年度（第70回）情報処理検定試験　第3級実技

制限時間：20分　　解答 ➡ p.56

　次の資料は，あるシーズンのスキー場別利用者数と3月のEパノラマ券種別販売数を示したものである。資料と作成条件にしたがってシート名「シート1」を作成しなさい。

資料

スキー場別利用者数　　　　　　　　　単位：人

スキー場名	12月	1月	2月	3月
Aリゾート	14,751	47,564	47,952	45,402
Bスノーパーク	7,625	16,948	13,210	14,621
Cガーデン	40,203	34,902	35,804	44,507
D高原	9,842	34,767	27,351	28,550
Eパノラマ	20,377	59,703	66,097	60,173
Fマウンテン	37,739	76,950	62,386	70,044

3月のEパノラマ券種別販売数　　　　　単位：枚

券種	大人	中高生	小学生	シニア
1回券	5,820	1,523	1,168	2,673
7回券	8,044	2,702	1,350	620
4時間券	7,672	2,189	1,151	1,364
1日券	10,974	3,271	2,382	551
ナイター券	3,957	2,168	355	239

作成条件

　ワークシートは，試験開始前に提供されたものを使用する。
1. 表およびグラフの体裁は，右ページを参考にして設定する。
　　（設定する書式：罫線
　　　設定する数値の表示形式：3桁ごとのコンマ，％，小数の表示桁数）
2. 表の※印の部分は，式や関数を利用して求める。また，※※印の部分は，資料より必要な値を入力する。
3. グラフの※印の部分は，表に入力された値をもとに表示する。
4. 「1．スキー場別利用者数」は，次のように作成する。
　(1) 「最大」は，「12月」から「3月」の最大値を求める。
　(2) 「備考」は，「3月」が「12月」の2倍以上の場合，○ を表示し，それ以外の場合，何も表示しない。
　(3) 「平均」は，各列の平均を求める。ただし，整数部のみ表示する。
5. 円グラフは，「1．スキー場別利用者数」から作成する。
　(1) データラベルを設定し，割合を％で小数第1位まで表示する。
　(2) 「Eパノラマ」を切り離す。
6. 「2．3月のEパノラマ券種別販売数」は，次のように作成する。
　(1) 「合計」は，「大人」から「シニア」の合計を求める。
　(2) 「順位」は，「大人」を基準として，降順に順位を求める。
　(3) 「最小」は，各列の最小値を求める。
7. 積み上げ横棒グラフは，「2．3月のEパノラマ券種別販売数」から作成する。
　(1) 数値軸の目盛は，最小値（0），最大値（18,000），および間隔（6,000）を設定する。
　(2) 軸ラベルを設定する。
　(3) 凡例の位置を設定する。

スキー場利用者報告書

1．スキー場別利用者数　　　　　　　　　　　　　　　単位：人

スキー場名	12月	1月	2月	3月	最大	備考
Aリゾート	14,751	47,564	47,952	45,402	47,952	○
Bスノーパーク	7,625	16,948	13,210	14,621	※	※
Cガーデン	40,203	34,902	35,804	44,507	※	※
D高原	9,842	34,767	27,351	28,550	※	※
Eパノラマ	20,377	59,703	66,097	60,173	※	※
Fマウンテン	37,739	※※	※※	70,044	※	※
平均	21,756	※	※	※		

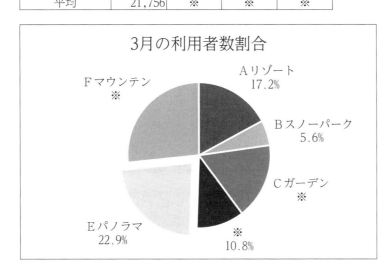

3月の利用者数割合

Fマウンテン ※

Aリゾート 17.2%

Bスノーパーク 5.6%

Cガーデン ※

Eパノラマ 22.9%

※ 10.8%

2．3月のEパノラマ券種別販売数　　　　　　　　　　　単位：枚

券種	大人	中高生	小学生	シニア	合計	順位
1回券	5,820	1,523	1,168	2,673	11,184	4
7回券	8,044	2,702	1,350	620	※	※
4時間券	7,672	2,189	1,151	1,364	※	※
1日券	10,974	※※	※※	551	※	※
ナイター券	3,957	※※	※※	239	※	※
最小	3,957	※	※	※		

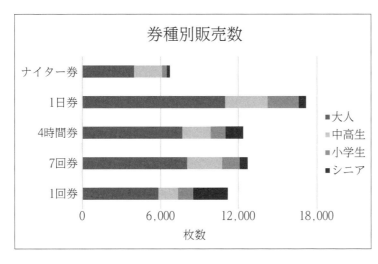

券種別販売数

ナイター券
1日券
4時間券
7回券
1回券

■大人
■中高生
■小学生
■シニア

0　　　6,000　　　12,000　　　18,000
枚数

第1回　模擬問題　解答用紙

【1】

1	2	3	4	5

【2】

1	2	3	4	5

【3】

1	2	3	4	5

【4】

問1	問2	問3	問4	問5

【5】

問1	問2	
	(1)	(2)

【6】

問1	問2

【7】

問1				
①	②	③	④	⑤

問2	問3	問4	問5

年	組	番　号	名　　前

得　点　合　計

第2回　模擬問題　解答用紙

【1】

1	2	3	4	5

【2】

1	2	3	4	5

【3】

1	2	3	4	5

【4】

問1	問2	問3	問4	問5

【5】

問1	問2	
	(1)	(2)

【6】

問1	問2

【7】

問1				
①	②	③	④	⑤

問2	問3	問4	問5

年	組	番　号	名　　前

得　点　合　計

第3回　模擬問題　解答用紙

【1】

1	2	3	4	5

【2】

1	2	3	4	5

【3】

1	2	3	4	5

【4】

問1	問2	問3	問4	問5

【5】

問1	問2	
	(1)	(2)

【6】

問1	問2

【7】

問1				
①	②	③	④	⑤

問2	問3	問4	問5

年	組	番　号	名　　前

得　点　合　計

第4回　模擬問題　解答用紙

【1】

1	2	3	4	5

【2】

1	2	3	4	5

【3】

1	2	3	4	5

【4】

問1	問2	問3	問4	問5

【5】

問1	問2	
	(1)	(2)

【6】

問1	問2

【7】

問1				
①	②	③	④	⑤

問2	問3	問4	問5

年	組	番号	名　前	得　点　合　計

第5回　模擬問題　解答用紙

【1】

1	2	3	4	5

【2】

1	2	3	4	5

【3】

1	2	3	4	5

【4】

問1	問2	問3	問4	問5

【5】

問1	問2	問3

【6】

問1	問2

【7】

問1				
①	②	③	④	⑤

問2	問3	問4	問5

年	組	番　号	名　　前

得　点　合　計

第6回　模擬問題　解答用紙

【1】

1	2	3	4	5

【2】

1	2	3	4	5

【3】

1	2	3	4	5

【4】

問1	問2		問3	問4
	(1)	(2)		

【5】

問1	問2	問3

【6】

問1	問2

【7】

問1				
①	②	③	④	⑤

問2	問3	問4	問5

年	組	番　号	名　　模　　前

得　点　合　計

第7回　模擬問題　解答用紙

【1】

1	2	3	4	5

【2】

1	2	3	4	5

【3】

1	2	3	4	5

【4】

問1	問2	問3	問4	問5

【5】

問1	問2	
	(1)	(2)

【6】

問1	問2

【7】

問1				
①	②	③	④	⑤

問2	問3	問4	問5

年	組	番　号	名　　前

得　点　合　計

第8回　模擬問題　解答用紙

【1】

1	2	3	4	5

【2】

1	2	3	4	5

【3】

1	2	3	4	5

【4】

問1	問2	問3	問4	問5

【5】

問1	問2	
	(1)	(2)

【6】

問1	問2

【7】

問1				
①	②	③	④	⑤

問2	問3	問4	問5

年	組	番　号	名　　前

得　点　合　計

第9回　模擬問題　解答用紙

【1】

1	2	3	4	5

【2】

1	2	3	4	5

【3】

1	2	3	4	5

【4】

問1	問2	問3	問4	問5

【5】

問1	問2	
	(1)	(2)

【6】

問1	問2

【7】

問1				
①	②	③	④	⑤

問2	問3	問4	問5

年	組	番　号	名　　　前

得　点　合　計

第10回　模擬問題　解答用紙

【1】

1	2	3	4	5

【2】

1	2	3	4	5

【3】

1	2	3	4	5

【4】

問1	問2	問3	問4	問5

【5】

問1	問2	
	(1)	(2)

【6】

問1	問2

【7】

問1				
①	②	③	④	⑤

問2	問3	問4	問5

年	組	番　号	名　　前

得　点　合　計

第11回　模擬問題　解答用紙

【1】

1	2	3	4	5

【2】

1	2	3	4	5

【3】

1	2	3	4	5

【4】

問1	問2	問3	問4	問5

【5】

問1	問2	
	(1)	(2)

【6】

問1	問2

【7】

問1				
①	②	③	④	⑤

問2	問3	問4	問5

年	組	番　号	名　　前

得　点　合　計

第12回　模擬問題　解答用紙

【1】

1	2	3	4	5

【2】

1	2	3	4	5

【3】

1	2	3	4	5

【4】

問1	問2	問3	問4	問5

【5】

問1	問2	
	(1)	(2)

【6】

問1	問2

【7】

問1				
①	②	③	④	⑤

問2	問3	問4	問5

年	組	番　号	名　　前

得　点　合　計

主催　公益財団法人 全国商業高等学校協会

令和5年度（第69回）情報処理検定試験　第3級 筆記

解 答 用 紙

【1】

1	2	3	4	5

【2】

1	2	3	4	5

【3】

1	2	3	4	5

【4】

問1	問2	問3	問4	問5

小計	

【5】

問1	問2	
	(1)	(2)

【6】

問1	問2

【7】

問1				
①	②	③	④	⑤

問2	問3	問4	問5

小計	

試 験 場 校 名	受 験 番 号

得 点 合 計

主催　公益財団法人 全国商業高等学校協会

令和5年度（第70回）情報処理検定試験　**第3級 筆記**

解 答 用 紙

【1】

1	2	3	4	5

【2】

1	2	3	4	5

【3】

1	2	3	4	5

【4】

問1	問2	問3	問4	問5

小計	

【5】

問1	問2	
	(1)	(2)

【6】

問1	問2

【7】

問1				
①	②	③	④	⑤

問2	問3	問4	問5

小計	

試 験 場 校 名	受 験 番 号

得 点 合 計

情報処理検定試験
模擬問題集
2024

3級

解 答

とうほう

ハードウェア・ソフトウェアに関する知識

練習問題 1 (p.8〜9)

【1】　(1) イ　(2) ク　(3) カ　(4) オ　(5) エ

【2】　(1) ア　(2) イ　(3) ア　(4) ウ　(5) ウ

【3】　(1) ケ　(2) キ　(3) オ　(4) ウ　(5) ア

【4】　(1) ウ　(2) エ　(3) ア　(4) キ　(5) ク

【5】　(1) カーソル　(2) ○　(3) スクロール　(4) バッチ　(5) ○

【6】　(1) 1101　(2) 11010　(3) 100010　(4) 10　(5) 23　(6) 54

【7】　(1) イ　(2) ア　(3) ア　(4) イ　(5) ア

通信ネットワークに関する知識

練習問題 2 (p.12)

【1】　(1) カ　(2) ア　(3) ク　(4) エ　(5) オ　(6) イ

【2】　(1) オ　(2) キ　(3) ケ　(4) ア　(5) カ

情報モラルとセキュリティに関する知識

練習問題 3 (p.15)

【1】　(1) エ　(2) カ　(3) イ　(4) ア　(5) オ　(6) コ

【2】　(1) カ　(2) ク　(3) ウ　(4) ア　(5) キ　(6) イ　(7) オ　(8) エ

表計算ソフトウェアに関する知識

練習問題 4-1 (p.18)

【1】　(1) エ　(2) コ　(3) イ　(4) カ　(5) キ

【2】　(1) ク　(2) キ　(3) オ　(4) イ　(5) コ

練習問題 4-2 (p.21〜22)

【1】　(1) SUM　(2) AVERAGE　(3) COUNT　(4) COUNTA　(5) MAX
　　　(6) MIN　(7) RANK　(8) ROUND　(9) ROUNDDOWN
　　　(10) ROUNDUP　(11) IF　(12) NOW　(13) TODAY

【2】　(1) 小石川　(2) 東京都　(3) 文京区　(4) 9

【3】　(1) =SUM(B5:D5)　(2) =IF(E5>=800000,"◎",IF(E5>=500000,"○","努力"))
　　　(3) =RANK(E5,$E$5:$E$9,0)　(4) =ROUNDUP(AVERAGE(B5:B9),−2)
　　　(5) =MAX(B5:B9)　(6) =MIN(B5:B9)

【4】　(1) =VALUE(LEFT(A4,4))　(2) =MID(A4,5,1)　(3) =VALUE(RIGHT(A4,2))

練習問題 4-3 (p.25)

【1】　(1) イ　(2) ウ　(3) イ　(4) ア

【2】　(1) ウ　(2) エ　(3) ア　(4) カ　(5) イ　(6) オ

【1】(p.44)

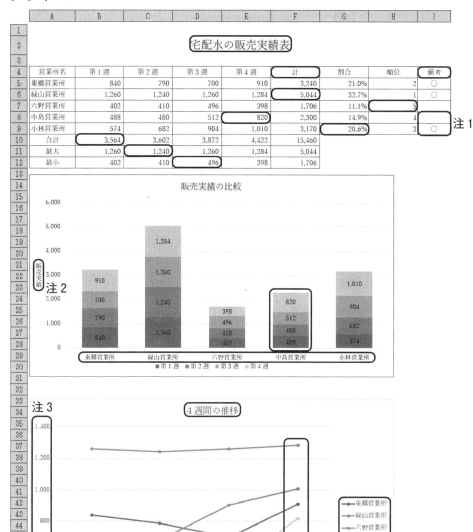

	A	B	C	D	E	F	G	H	I
1									
2				宅配水の販売実績表					
3									
4	営業所名	第1週	第2週	第3週	第4週	計	割合	順位	備考
5	東郷営業所	840	790	700	910	3,240	21.0%	2	○
6	緑山営業所	1,260	1,240	1,260	1,284	5,044	32.7%	1	○
7	六野営業所	402	410	496	398	1,706	11.1%	5	
8	中島営業所	488	480	512	820	2,300	14.9%	4	
9	小林営業所	574	682	904	1,010	3,170	20.6%	3	○
10	合計	3,564	3,602	3,872	4,422	15,460			
11	最大	1,260	1,240	1,260	1,284	5,044			
12	最小	402	410	496	398	1,706			

注1

注2

注3

【グラフ範囲】
販売実績の比較
　Ａ４：Ｅ９
４週間の推移
　Ａ４：Ｅ９

【式の設定】

[F 5] =SUM(B5:E5) 　　　　[G 5] =ROUNDUP(F5/$F$10,3) 　　　　[H 5] =RANK(F5,$F$5:$F$9,0)

[I 5] =IF(F5>=3000,"○","") 　　　[B 10] =SUM(B5:B9) 　　　[B 11] =MAX(B5:B9) 　　　[B 12] =MIN(B5:B9)

配点

① コンマ ‥‥‥‥‥‥‥‥‥‥‥‥‥‥‥‥‥‥‥‥‥‥‥‥‥‥‥５点×１箇所＝５点
　（「宅配水の販売実績表」のコンマがすべて設定されている）

② 罫線 ‥‥‥‥‥‥‥‥‥‥‥‥‥‥‥‥‥‥‥‥‥‥‥‥‥‥‥‥‥５点×１箇所＝５点
　（「宅配水の販売実績表」の罫線が正確にできている）

③ 表の作成（⬭）の箇所 ‥‥‥‥‥‥‥‥‥‥‥‥‥‥‥‥‥‥‥‥５点×11箇所＝55点
　注１　「中島営業所」が空白，「小林営業所」が○。

④ グラフの作成（⬭）の箇所 ‥‥‥‥‥‥‥‥‥‥‥‥‥‥‥‥‥‥５点×７箇所＝35点
　注２　方向。
　注３　最小値（200），最大値（1,400）および間隔（200）。

【2】(p.46)

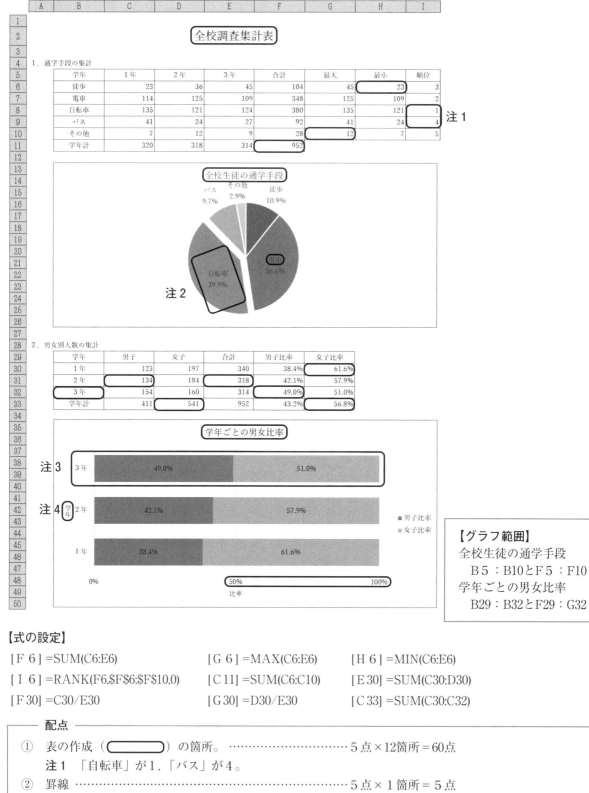

【式の設定】

[F 6] =SUM(C6:E6) [G 6] =MAX(C6:E6) [H 6] =MIN(C6:E6)

[I 6] =RANK(F6,$F$6:$F$10,0) [C11] =SUM(C6:C10) [E30] =SUM(C30:D30)

[F30] =C30/E30 [G30] =D30/E30 [C33] =SUM(C30:C32)

配点

① 表の作成（◯◯◯）の箇所。……………………………5点×12箇所＝60点
　　注1　「自転車」が1，「バス」が4。
② 罫線 ………………………………………………………5点×1箇所＝5点
　　　　　　　　　　　　　　　　　　　（「1．通学手段の集計」の罫線が正確にできている）
③ グラフの作成（◯◯◯）の箇所 ………………………5点×7箇所＝35点
　　注2　値（自転車，39.9%），「自転車」が切り離されていること。
　　注3　「3年」が100%積み上げ横棒グラフ，値（49.0%と51.0%）であること。重ね順は問わない。
　　注4　方向。

— 4 —

【3】 (p.48)

学校名	予算額	実績額	差額	還元額	予算比	順位
富士見中	12,500	11,916	584	292	95.3%	1
城西中	10,000	9,665	335	167	96.7%	3
本町中	15,000	14,698	302	151	98.0%	4
北浜中	5,000	4,811	189	94	96.2%	2
緑が丘中	7,500	7,422	78	39	99.0%	5
合計	50,000	48,512	1,488	743		
平均	10,000	9,702	298	149	97.0%	
最高	15,000	14,698	584	292	99.0%	
最低	5,000	4,811	78	39	95.3%	

水道光熱費の還元額計算表
（単位：千円）

注1

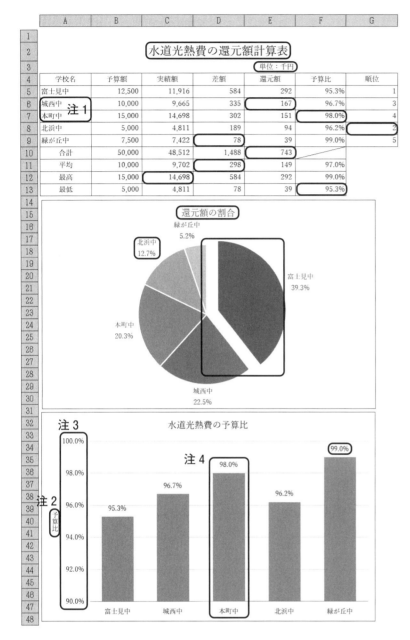

還元額の割合

緑が丘中 5.2%
北浜中 12.7%
富士見中 39.3%
本町中 20.3%
城西中 22.5%

水道光熱費の予算比

注3　100.0%　98.0%　96.0%　94.0%　92.0%　90.0%
注2　予算比
注4
富士見中 95.3%　城西中 96.7%　本町中 98.0%　北浜中 96.2%　緑が丘中 99.0%

【グラフ範囲】
還元額の割合
　Ａ5：Ａ9とＥ5：Ｅ9
水道光熱費の予算比
　Ａ5：Ａ9とＦ5：Ｆ9

【式の設定】

[Ｄ5] ＝B5－C5　　　　[Ｅ5] ＝ROUNDDOWN(D5/2,0)　　　[Ｆ5] ＝C5/B5

[Ｇ5] ＝RANK(F5,$F$5:$F$9,1)　　[Ｂ10] ＝SUM(B5:B9)　　　[Ｂ11] ＝AVERAGE(B5:B9)

[Ｂ12] ＝MAX(B5:B9)　　　　[Ｂ13] ＝MIN(B5:B9)

配点

① コンマ ‥‥‥‥‥‥‥‥‥‥‥‥‥‥‥‥‥‥‥‥‥‥‥‥‥5点×1箇所＝5点
　（「水道光熱費の還元額計算表」のコンマがすべて設定されている）

② 罫線 ‥‥‥‥‥‥‥‥‥‥‥‥‥‥‥‥‥‥‥‥‥‥‥‥‥‥‥5点×1箇所＝5点
　（「水道光熱費の還元額計算表」の罫線が正確にできている）

③ 表の作成（　　　）の箇所 ‥‥‥‥‥‥‥‥‥‥‥‥‥‥5点×11箇所＝55点
　注1　「城西中」が上で，「本町中」が下に表示されている。

④ グラフの作成（　　　）の箇所 ‥‥‥‥‥‥‥‥‥‥‥‥‥5点×7箇所＝35点
　注2　方向。
　注3　最小値（90.0％），最大値（100.0％）および間隔（2.0％）。
　注4　「本町中」が左から3番目で，棒グラフであること。

【4】（p.50）

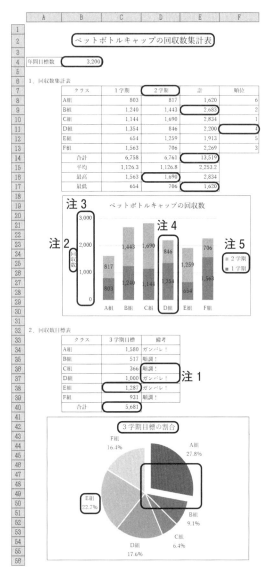

【印刷の設定】
シート1がA4サイズ1枚で印刷
されない場合は，［印刷］画面の
［設定］で「シートを1ページに
印刷」を選択する

【グラフ範囲】
ペットボトルキャップの回収数
　B7：D13
3学期目標の割合
　B34：C39

【式の設定】

[E 8] =SUM(C8:D8)	[F 8] =RANK(E8,$E$8:$E$13,0)	[C 14] =SUM(C8:C13)
[C 15] =AVERAGE(C8:C13)	[C 16] =MAX(C8:C13)	[C 17] =MIN(C8:C13)
[C 34] =$B$4 − E8	[D 34] =IF(C34<1000,"順調！","ガンバレ！")	[C 40] =SUM(C34:C39)

配点

① コンマ ……………………………………………5点×1箇所＝5点
　（「1．回収数集計表」のコンマがすべて設定
　されている）

② 罫線 ………………………………………………5点×1箇所＝5点
　（「1．回収数集計表」の罫線が正確にできて
　いる）

③ 表の作成（　　　　　）の箇所 ……………………5点×11箇所＝55点
　注1　「C組」が 順調！，「D組」が ガンバレ！。

④ グラフの作成（　　　　　）の箇所 ………………5点×7箇所＝35点
　注2　方向。
　注3　最小値（0），最大値（3,000）および間隔（1,000）。
　注4　「D組」が積み上げ棒グラフ，値（846と1,354）であること。左右の位置は問わない。
　注5　位置（グラフの右側），文字（上が「2学期」，下が「1学期」）。

【5】 (p.52)

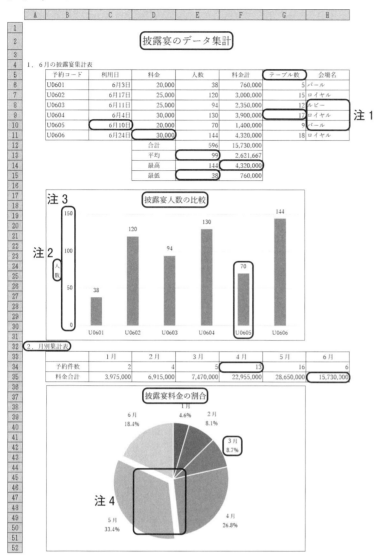

【グラフ範囲】
披露宴人数の比較
　B6：B11とE6：E11
披露宴料金の割合
　C33：H33とC35：H35

【式の設定】

[F 6] =D6＊E6　　　　　　　[G 6] =ROUNDUP(E6/8,0)

[H 6] =IF(G6>=15,"ロイヤル",IF(G6>=10,"ルビー","パール"))

[E12] =SUM(E6:E11)　　　　[E13] =AVERAGE(E6:E11)　　　[E14] =MAX(E6:E11)

[E15] =MIN(E6:E11)　　　　[H34] =COUNTA(B6:B11)　　　[H35] =F12

【6】 (p.54)

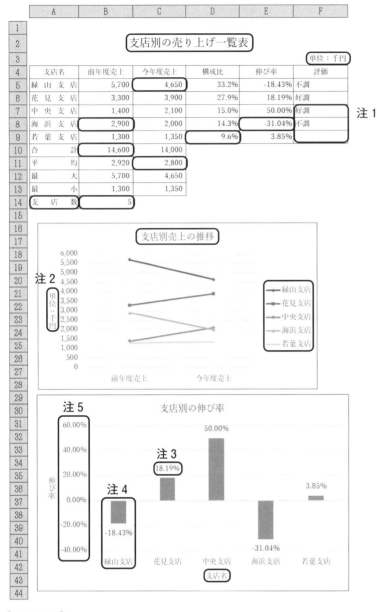

注1

	A	B	C	D	E	F
1						
2		支店別の売り上げ一覧表				
3						単位：千円
4	支店名	前年度売上	今年度売上	構成比	伸び率	評価
5	緑山支店	5,700	4,650	33.2%	-18.43%	不調
6	花見支店	3,300	3,900	27.9%	18.19%	好調
7	中央支店	1,400	2,100	15.0%	50.00%	好調
8	海浜支店	2,900	2,000	14.3%	-31.04%	不調
9	若葉支店	1,300	1,350	9.6%	3.85%	
10	合計	14,600	14,000			
11	平均	2,920	2,800			
12	最大	5,700	4,650			
13	最小	1,300	1,350			
14	支店数	5				

【グラフの設定】

① 「支店別の伸び率」の横軸は，
［軸の下/左］に設定されている
ので，横軸を右クリックし，［軸
の書式設定］を選択する。

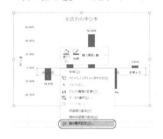

② ［軸の書式設定］の［ラベル］→
［ラベルの位置］を［下端/左端］
に設定する。

【グラフ範囲】
支店別売上の推移
　A4：C9
支店別の伸び率
　A5：A9とE5：E9

【式の設定】
[D 5] =ROUND(C5/$C$10,3)　　　[E 5] =ROUNDUP(C5/B5－1,4)
[F 5] ＝IF(E5＜＝－10%,"不調",IF(E5＞＝10%,"好調",""))
[B10] =SUM(B5:B9)　　　　　　[B11] =AVERAGE(B5:B9)　　　　　[B12] =MAX(B5:B9)
[B13] =MIN(B5:B9)　　　　　　[B14] =COUNTA(A5:A9)

配点
① コンマ ‥‥‥‥‥‥‥‥‥‥‥‥‥‥‥‥‥‥‥‥‥‥‥5点×1箇所＝5点
　　　　　　　　　　　　　　　　　　　　（「支店別の売り上げ一覧表」のコンマがすべ
　　　　　　　　　　　　　　　　　　　　て設定されている）
② 罫線 ‥‥‥‥‥‥‥‥‥‥‥‥‥‥‥‥‥‥‥‥‥‥‥‥5点×1箇所＝5点
　　　　　　　　　　　　　　　　　　　　（「支店別の売り上げ一覧表」の罫線が正確に
　　　　　　　　　　　　　　　　　　　　できている）
③ 表の作成（　　　　　）の箇所‥‥‥‥‥‥‥‥‥‥‥‥‥5点×11箇所＝55点
　　注1　「中央支店」が 好調，「海浜支店」が 不調，「若葉支店」が 空白。
④ グラフの作成（　　　　　）の箇所‥‥‥‥‥‥‥‥‥‥‥‥5点×7箇所＝35点
　　注2　方向。
　　注3　集合縦棒グラフ（花見支店）の値が正しく表示されていること。
　　注4　集合縦棒グラフ（緑山支店），値（－18.43％）が表示されていること。
　　注5　最小値（－40.00％），最大値（60.00％）および間隔（20.00％）。

【7】(p.56)

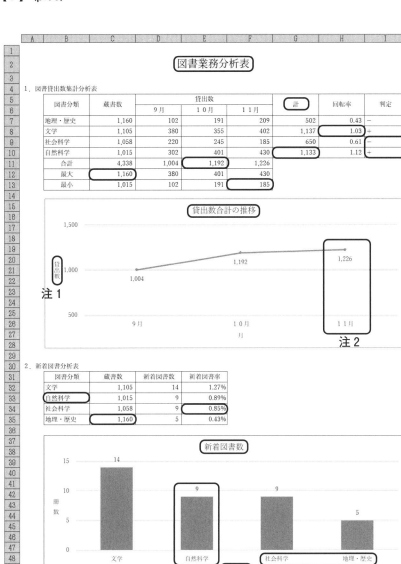

図書業務分析表

1. 図書貸出数集計分析表

図書分類	蔵書数	貸出数			計	回転率	判定
		9月	10月	11月			
地理・歴史	1,160	102	191	209	502	0.43	−
文学	1,105	380	355	402	1,137	1.03	+
社会科学	1,058	220	245	185	650	0.61	−
自然科学	1,015	302	401	430	1,133	1.12	+
合計	4,338	1,004	1,192	1,226			
最大	1,160	380	401	430			
最小	1,015	102	191	185			

2. 新着図書分析表

図書分類	蔵書数	新着図書数	新着図書率
文学	1,105	14	1.27%
自然科学	1,015	9	0.89%
社会科学	1,058	9	0.85%
地理・歴史	1,160	5	0.43%

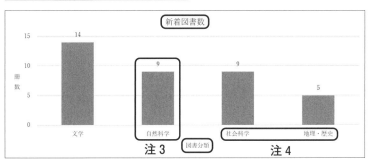

【グラフ範囲】
貸出数合計の推移
　　D6：F6とD11：F11
新着図書数
　　B31：B35とD31：D35

【式の設定】

[G7] =SUM(D7:F7)　　　　[H7] =ROUND(G7/C7,2)　　　　[I7] =IF(H7>1," + "," − ")

[C11] =SUM(C7:C10)　　　　[C12] =MAX(C7:C10)　　　　[C13] =MIN(C7:C10)

[E32] =D32/C32

配点
① コンマ ……………………………………………5点×1箇所＝5点
　（「1．図書貸出数集計分析表」のコンマがすべて設定されている）
② 罫線 ………………………………………………5点×1箇所＝5点
　（「1．図書貸出数集計分析表」の罫線が正確にできている）
③ 表の作成（　　　　　　）の箇所……………5点×11箇所＝55点
④ グラフの作成（　　　　　　）の箇所………5点×7箇所＝35点
　注1　方向。
　注2　折れ線グラフ（11月），値（1,226），左右の位置は問わない。
　注3　縦棒グラフ（自然科学），値（9），左右の位置は問わない。
　注4　文字，順序。

【8】(p.58)

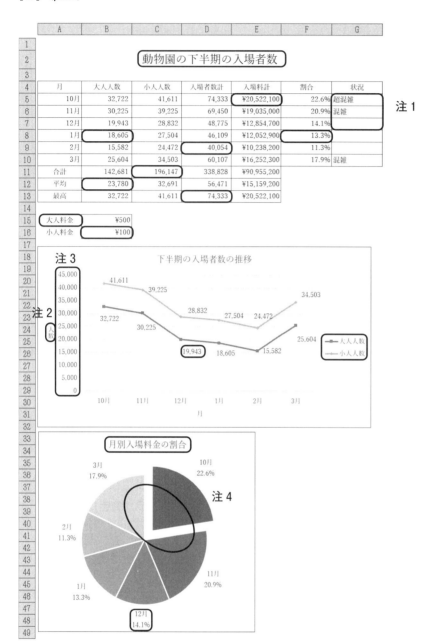

月	大人人数	小人人数	入場者数計	入場料計	割合	状況
10月	32,722	41,611	74,333	¥20,522,100	22.6%	超混雑
11月	30,225	39,225	69,450	¥19,035,000	20.9%	混雑
12月	19,943	28,832	48,775	¥12,854,700	14.1%	
1月	18,605	27,504	46,109	¥12,052,900	13.3%	
2月	15,582	24,472	40,054	¥10,238,200	11.3%	
3月	25,604	34,503	60,107	¥16,252,300	17.9%	混雑
合計	142,681	196,147	338,828	¥90,955,200		
平均	23,780	32,691	56,471	¥15,159,200		
最高	32,722	41,611	74,333	¥20,522,100		

注1

大人料金 ¥500
小人料金 ¥100

注3 下半期の入場者数の推移
注2

月別入場料金の割合
注4

【グラフ範囲】
下半期の入場者数の推移
　A4：C10
月別入場料金の割合
　A5：A10とE5：E10

【式の設定】

[D 5] =SUM(B5:C5)　　　　　　[E 5] =B5＊$B$15+C5＊$B$16　　[F 5] =ROUND(E5/$E$11,3)

[G 5] =IF(D5＞70000,"超混雑",IF(D5＞50000,"混雑",""))　　　　[B11] =SUM(B5:B10)

[B12] =ROUND(AVERAGE(B5:B10),0)　　[B13] =MAX(B5:B10)

配点
① コンマ ……………………………………………5点×1箇所＝5点
　　　　　　　　　　　　　　　（「動物園の下半期の入場者数」のコンマがす
　　　　　　　　　　　　　　　べて設定されている）
② 罫線 ………………………………………………5点×1箇所＝5点
　　　　　　　　　　　　　　　（「動物園の下半期の入場者数」の罫線が正確
　　　　　　　　　　　　　　　にできている）
③ 表の作成（　　　　　）の箇所…………………5点×11箇所＝55点
　　注1　「10月」が 超混雑，「11月」が 混雑，「12月」が 空白 。
④ グラフの作成（　　　　　）の箇所……………5点×7箇所＝35点
　　注2　方向。
　　注3　最小値（0），最大値（45,000）および間隔（5,000）。
　　注4　「10月」が切り離されていること。

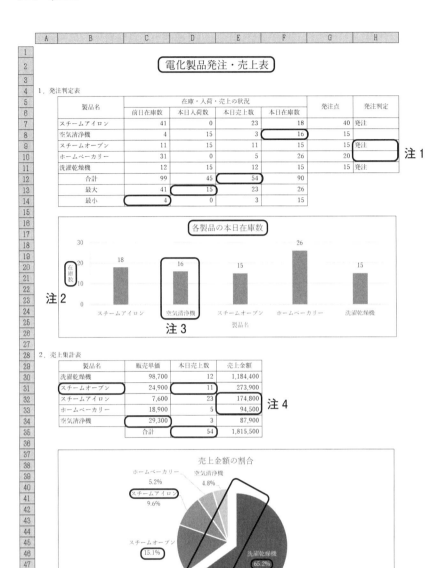

【電化製品発注・売上表】

【グラフ範囲】
各製品の本日在庫数
　B7：B11とF7：F11
売上金額の割合
　B30：B34とE30：E34

【式の設定】

[F7] =C7+D7－E7　　　　[H7] =IF(F7<=G7,"発注","")　　　　[C12] =SUM(C7:C11)

[C13] =MAX(C7:C11)　　　[C14] =MIN(C7:C11)　　　　　　　[E30] =C30＊D30

[D35] =SUM(D30:D34)

─── 配点 ───
① コンマ ……………………………………………… 5点×1箇所＝5点
　　　　　　　　　　　　　　　　　　（「2．売上集計表」のコンマがすべて設定されている）
② 罫線 ………………………………………………… 5点×1箇所＝5点
　　　　　　　　　　　　　　　　　　（「1．発注判定表」の罫線が正確にできている）
③ 表の作成（◯◯◯◯◯◯）の箇所……………………………… 5点×11箇所＝55点
　　注1　「スチームオーブン」が発注，「ホームベーカリー」が空白。
　　注4　「スチームアイロン」の174,800が上から3番目の位置にあり，「ホームベーカリー」の94,500
　　　　が上から4番目の位置にあること。
④ グラフの作成（◯◯◯◯◯◯）の箇所……………………… 5点×7箇所＝35点
　　注2　方向。
　　注3　縦棒グラフ（空気清浄機），値（16），左右の位置は問わない。
　　注5　「洗濯乾燥機」が切り離されていること。

— 11 —

【10】 (p.62)

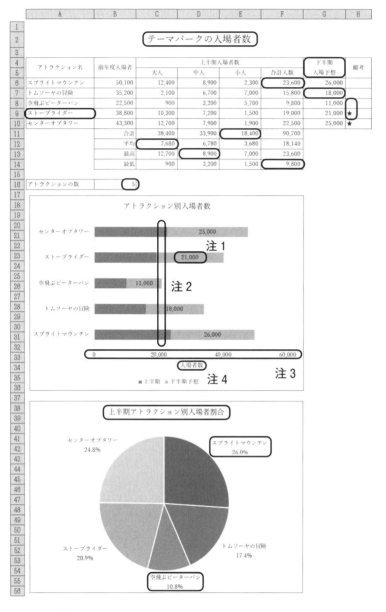

アトラクション名	前年度入場者	上半期入場者数				下半期入場予想	備考
		大人	中人	小人	合計人数		
スプライトマウンテン	50,100	12,400	8,900	2,300	23,600	26,000	
トムソーヤの冒険	35,200	2,100	6,700	7,000	15,800	18,000	
空飛ぶピーターパン	22,500	900	3,200	5,700	9,800	11,000	
ストーブライダー	38,800	10,300	7,200	1,500	19,000	21,000	★
センターオブタワー	43,300	12,700	7,900	1,900	22,500	25,000	★
合計		38,400	33,900	18,400	90,700		
平均		7,680	6,780	3,680	18,140		
最高		12,700	8,900	7,000	23,600		
最低		900	3,200	1,500	9,800		

アトラクションの数　5

（グラフ：アトラクション別入場者数／上半期アトラクション別入場者割合　注1〜注4）

【グラフの設定】
① 「アトラクション別入場者数」の［凡例］を変更するには，グラフを選択し，［グラフツール］の［デザイン］→［データの選択］をクリックする。

② ［データソースの選択］ダイアログボックスから，［凡例項目］の［系列1］をクリックし，［編集］を選択する。

③ ［系列の編集］の［系列名］に「上半期」と入力し，OKボタンをクリックする。

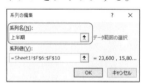

④ ［系列2］も同様に設定する。
【グラフ範囲】
アトラクション別入場者数
　A6：A10とF6：G10
上半期アトラクション別
入場者割合
　A6：A10とF6：F10

【式の設定】

[F6] =SUM(C6:E6)	[G6] =ROUNDUP(F6*1.1,-3)	[H6] =IF(F6+G6>B6,"★","")
[C11] =SUM(C6:C10)	[C12] =AVERAGE(C6:C10)	[C13] =MAX(C6:C10)
[C14]=MIN(C6:C10)	[B16] =COUNTA(A6:A10)	

配点

① コンマ ……………………………………………………… 5点×1箇所＝5点
　　（「テーマパークの入場者数」のコンマがすべて設定されている）
② 罫線 ………………………………………………………… 5点×1箇所＝5点
　　（「テーマパークの入場者数」の罫線が正確であること）
③ 表の作成（　　　　　）の箇所…………………………… 5点×11箇所＝55点
④ グラフの作成（　　　　　）の箇所……………………… 5点×7箇所＝35点
　　注1　データラベルは，内側に，数値（21,000）が正しく表示されていること。
　　注2　数値軸の目盛線があること。
　　注3　最小値（0），最大値（60,000）および間隔（20,000）。
　　注4　方向。

【11】(p.64)

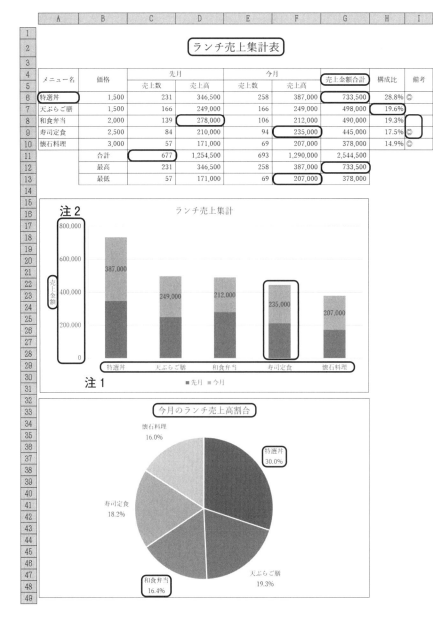

メニュー名	価格	先月		今月		売上金額合計	構成比	備考
		売上数	売上高	売上数	売上高			
特選丼	1,500	231	346,500	258	387,000	733,500	28.8%	◎
天ぷらご膳	1,500	166	249,000	166	249,000	498,000	19.6%	
和食弁当	2,000	139	278,000	106	212,000	490,000	19.3%	
寿司定食	2,500	84	210,000	94	235,000	445,000	17.5%	◎
懐石料理	3,000	57	171,000	69	207,000	378,000	14.9%	◎
合計		677	1,254,500	693	1,290,000	2,544,500		
最高		231	346,500	258	387,000	733,500		
最低		57	171,000	69	207,000	378,000		

【グラフの設定】
①「ランチ売上集計」の［凡例］を変更するには，グラフを選択し，［グラフツール］の［デザイン］→［データの選択］をクリックする。
②［データソースの選択］ダイアログボックスが表示されるので，［凡例項目］の［系列1］をクリックし，［編集］を選択する。
③［系列の編集］の［系列名］に「先月」と入力し，OK ボタンをクリックする。
④［系列2］も同様に設定する。
【グラフ範囲】
ランチ売上集計
　A6：A10とD6：D10とF6：F10
今月のランチ売上高割合
　A6：A10とF6：F10

【式の設定】

[D 6] =B6＊C6	[F 6] =D6×E6	[G 6] =D6+F6
[H 6] =ROUND(G6/$G$11,3)	[I 6] =IF(E6>C6,"◎","")	[C 11] =SUM(C6:C10)
[C 12] =MAX(C6:C10)	[C 13] =MIN(C6:C10)	

配点
① コンマ ……………………………………………5点×1箇所＝5点
（「ランチ売上集計表」のコンマがすべて設定されている）
② 罫線 ………………………………………………5点×1箇所＝5点
（「ランチ売上集計表」の罫線が正確にできている）
③ 表の作成（⬭）の箇所…………………………5点×11箇所＝55点
④ グラフの作成（⬭）の箇所……………………5点×7箇所＝35点
注1 「メニュー名」の並び順があっていること。
注2 最小値（0），最大値（800,000）および間隔（200,000）。

【12】（p.66）

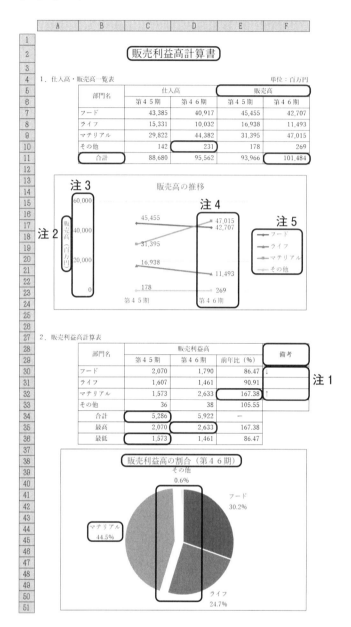

販売利益高計算書

1．仕入高・販売高一覧表　　　　　　　　　　　単位：百万円

部門名	仕入高		販売高	
	第45期	第46期	第45期	第46期
フード	43,385	40,917	45,455	42,707
ライフ	15,331	10,032	16,938	11,493
マテリアル	29,822	44,382	31,395	47,015
その他	142	231	178	269
合計	88,680	95,562	93,966	101,484

販売高の推移

注3　注2　注4　注5

2．販売利益高計算表

部門名	販売利益高			備考
	第45期	第46期	前年比（％）	
フード	2,070	1,790	86.47	↓
ライフ	1,607	1,461	90.91	
マテリアル	1,573	2,633	167.38	↑
その他	36	38	105.55	
合計	5,286	5,922	－	
最高	2,070	2,633	167.38	
最低	1,573	1,461	86.47	

注1

販売利益高の割合（第46期）

その他 0.6%
フード 30.2%
マテリアル 44.5%
ライフ 24.7%

【グラフ範囲】
販売高の推移
　B7：B10とE7：F10
販売利益高の割合（第46期）
　B30：B33とD30：D33

【式の設定】

[C11] =SUM(C7:C10)　　　　[C30] =E7－C7　　　　[D30] =F7－D7

[E30] =ROUNDDOWN(D30/C30＊100,2)　　　[F30] =IF(E30＞110," ↑ ",IF(E30＜90," ↓ ",""))

[C34] =SUM(C30:C33)　　　　[C35] =MAX(C30:C32)　　　　[C36] =MIN(C30:C32)

配点

① コンマ ………………………………………………5点×1箇所＝5点
　　（「1．仕入高・販売高一覧表」のコンマがすべて設定されている）
② 罫線 …………………………………………………5点×1箇所＝5点
　　（「1．仕入高・販売高一覧表」の罫線が正確にできている）
③ 表の作成（　　　）の箇所………………………5点×11箇所＝55点
　　注1　「フード」が↓，「ライフ」が空白，「マテリアル」が↑。
④ グラフの作成（　　　）の箇所…………………5点×7箇所＝35点
　　注2　方向。
　　注3　最小値（0），最大値（60,000）および間隔（20,000）。
　　注4　折れ線グラフ（第46期），値（すべて）。左右の位置は問わない。
　　注5　位置（グラフの右側），文字。

— 14 —

第1回　模擬問題　解答

▷P.68

【1】

	1	2	3	4	5
	ウ	ア	コ	カ	エ

【2】

	1	2	3	4	5
	ク	ウ	エ	カ	コ

【3】

	1	2	3	4	5
	イ	ア	ウ	イ	ウ

【4】

	問1	問2	問3	問4	問5
	イ	イ	ア	イ	ウ

各3点　20問

小計
60

【5】

問1	問2	
	(1)	(2)
24	イ	ウ

【6】

問1	問2
9	25

【7】

問1				
①	②	③	④	⑤
1,300	2	25	0	8

問2	問3	問4	問5
ウ	イ	ア	ウ

各4点　10問

小計
40

得点合計
100

※問1は①～⑤の全てができて正答とする。

解説

【1】　イ．ハイパーリンク：Webページの文字や画像に対し，参照する場所の情報を組み込んで他のWebページを参照することや，コンピュータで利用する文書中の関連付けられた部分や別文書に移動する機能。

オ．タッチパネル：指や専用のペンなどで画面に触れることにより，指示やデータを入力する装置。

キ．ダウンロード：ネットワークで接続された他のコンピュータ内に存在するファイルを，自分のコンピュータに転送して保存すること。

ク．アイコン：ファイルの種類や機能，フォルダなどを，視覚的にわかりやすく表現した，画面上の小さな絵文字。

ケ．リアルタイム処理：工業用ロボットや航空管制システムのように，センサなどで監視し，状況に応じて即座に処理する方法。

【2】　ア．インストール　　イ．制御装置　　オ．ワンクリック詐欺　　キ．ワクチンプログラム
ケ．パスワード

【3】　1．ア．1000：10進数の8　　8×1＋4×0＋2×0＋1×0

ウ．１０１０：10進数の10　8×1＋4×0＋2×1＋1×0
　2．イ．μs：100万分の1秒を表す時間の単位。
　　　ウ．ns：10億分の1秒を表す時間の単位。
　3．ア．宛先：電子メールを送信する相手のメールアドレスを入力する欄。
　　　イ．メーラ：電予メールを送受信するための専用のソフトウェア。
　4．ア．プライバシーの侵害：電話番号や身長，体重など，他人に知られたくない個人の情報を無断
　　　　で公開し，本人に精神的苦痛を与えること。
　　　ウ．ネット詐欺：インターネット上で行われる詐欺行為のこと。
　5．ア．ＨＤＭＩ：おもに家電やAV機器向けのデジタル映像・音声入出力インタフェースの規格。
　　　イ．ＥＣ：インターネットなどのネットワークを利用した商取引。電子商取引ともいう。

【4】　問1．セルの幅よりも長い値が入力されていると，#が表示される。これを正しく表示するためには，
　　　　その列の幅を広げるとよい。
　　　問2．指定した範囲の合計を求めるには，SUM関数を利用する。
　　　　　ウ：MAX関数は，指定した範囲の最大値を求める。
　　　問3．F4キーを押すごとに，$A$1（絶対参照）　→　A$1（絶対行参照）　→　$A1（絶対列参照）
　　　　　→　A1（相対参照）の順で変化する。
　　　問4．指定したセル内の文字数を求めるには，LEN関数を利用する。
　　　　　ア．MID関数：左端から数えて指定した位置から指定した文字数分の文字を抽出する。
　　　　　ウ．VALUE関数：文字列として入力されている数字を数値に変換する。
　　　問5．第1引数はセル番地を変化させるので相対参照，第2引数は変化させないので絶対参照，第3
　　　　引数は記録の速い順（昇順）に順位をつけるので1にする。

【5】　問1．表計算ソフトでは，掛け算を「＊」，割り算を「／」で表す。
　　　問2．(1)　グラフに表のどのデータが表れているのかを確認する。
　　　　　(2)　ひとつずつ，グラフと矛盾があるか／グラフと説明が合っているか，確認する。

【6】　問1．　3×（4＋5）÷3→9
　　　問2．　5×（6＋9）÷3→25

【7】　問2．指定した文字列の右端から，指定した文字数を抽出するには，RIGHT関数を利用する。
　　　　　文字列として入力されている数字を数値に変換するには，VALUE関数を利用する。
　　　問3．条件の判定を行うには，IF関数を利用する。指定された条件（論理式）の結果がTRUEの場合
　　　　は，真の場合の値を返し，FALSEの場合は，偽の場合の値を返す。
　　　　　＞：超える　＞＝：以上
　　　問4．指定した数値を，指定した桁数で切り捨てるには，ROUNDOWN関数を利用する。桁数に負の
　　　　数を指定すると，数値の小数点の左側（整数部分）が切り捨てられる。
　　　　　消費税10％を含めるため，割引後料金に1.1をかける。
　　　問5．指定した範囲の空白でないセルの個数を求めるには，COUNTA関数を利用する。

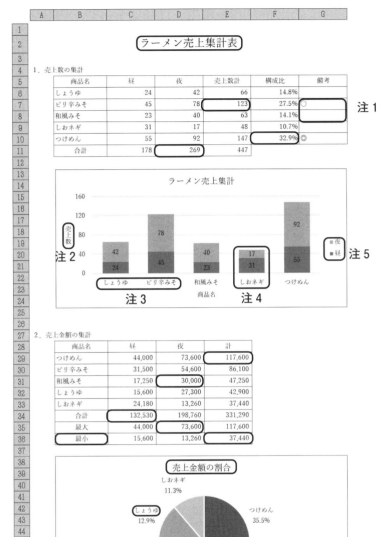

ラーメン売上集計表

1．売上数の集計

商品名	昼	夜	売上数計	構成比	備考
しょうゆ	24	42	66	14.8%	
ピリ辛みそ	45	78	123	27.5%	○
和風みそ	23	40	63	14.1%	
しおネギ	31	17	48	10.7%	
つけめん	55	92	147	32.9%	◎
合計	178	269	447		

注1

注2　注3　注4　注5

2．売上金額の集計

商品名	昼	夜	計
つけめん	44,000	73,600	117,600
ピリ辛みそ	31,500	54,600	86,100
和風みそ	17,250	30,000	47,250
しょうゆ	15,600	27,300	42,900
しおネギ	24,180	13,260	37,440
合計	132,530	198,760	331,290
最大	44,000	73,600	117,600
最小	15,600	13,260	37,440

売上金額の割合

しおネギ 11.3%
しょうゆ 12.9%
つけめん 35.5%
和風みそ 14.3%
ピリ辛みそ 26.0%

【グラフ範囲】
ラーメン売上集計表
　B5：D10
売上金額の割合
　B29：B33とE29：E33

【式の設定】

[E 6] =SUM(C6:D6)　　　　[F 6] =E6/$E$11　　　　[G 6] =IF(F6>＝30%,"◎",IF(F6>＝20%,"○",""))

[C 11] =SUM(C6:C10)　　　[E 29] =SUM(C29:D29)　　[C 34] =SUM(C29:C33)

[C 35] =MAX(C29:C33)　　[C 36] =MIN(C29:C33)

―― 配点 ――

① コンマ ……………………………………………5点×1箇所＝5点
　　（「2．売上金額の集計」のコンマがすべて設定されている）
② 罫線 ………………………………………………5点×1箇所＝5点
　　（「1．売上数の集計」の罫線が正確にできている）
③ 表の作成（　　　　　　）の箇所…………………5点×11箇所＝55点
　注1　「ピリ辛みそ」が○，「和風みそ」が空白。
④ グラフの作成（　　　　　　）の箇所………………5点×7箇所＝35点
　注2　方向。
　注3　文字，順序。
　注4　積み上げ縦棒グラフ（しおネギ），値（17と31），左右の位置や重ね順は問わない。
　注5　位置（グラフの右側），文字（上が「夜」，下が「昼」）。

第2回　模擬問題　解答

【1】

1	2	3	4	5
イ	オ	ク	エ	キ

【2】

1	2	3	4	5
ウ	ケ	ク	ア	コ

【3】

1	2	3	4	5
イ	ア	ウ	ア	イ

【4】

問1	問2	問3	問4	問5
ア	イ	イ	3.9%	ア

各3点　20問

小計
60

【5】

問1	問2	
	(1)	(2)
ウ	ア	ウ

【6】

問1	問2
0	1

【7】

問1				
①	②	③	④	⑤
280	27	27	132	41

各4点　10問

問2	問3	問4	問5
イ	ア	ウ	ア

小計
40

得点合計
100

※問1は①～⑤の全てができて正答とする。

解説

【1】　ア．RAM：データの読み書きが自由にでき，電源を切ると記憶内容が消えてしまうメモリ。

　　　ウ．JANコード：日本産業規格（JIS）に定められている，商品識別番号とバーコードの規格の1つ。もっとも代表的なバーコード。

　　　カ．プロバイダ：インターネットへの接続サービスを提供する業者。電子メールサービスなどの提供も行う。

　　　ケ．補助記憶装置：主記憶装置を補う形で使われる記憶装置。ハードディスク，SSD，DVD，ブルーレイディスク，フラッシュメモリなどがある。

　　　コ．チェーンメール：迷惑メールのうち，受信者に受信内容を他の人へ送信するようにうながすメール。

【2】　イ．AI　　エ．セル　　オ．検索（サーチ）エンジン

　　　カ．ブラインドカーボンコピー（Bcc）　　キ．ワンクリック詐欺

【3】　1．ア．12：2進数の1100　　8×1＋4×1＋2×0＋1×0

　　　　　ウ．14：2進数の1110　　8×1＋4×1＋2×1＋1×0

— 18 —

2．イ．１ＭＢ：約1,000,000バイトを表す記憶容量の単位。

ウ．１ＧＢ：約1,000,000,000バイトを表す記憶容量の単位。

3．ア．ＥＣ：インターネットなどのネットワークを利用した商取引。電子商取引ともいう。

イ．ＵＳＢ：コンピュータ本体とキーボード，プリンタなどを接続するインタフェースで，最大127台まで接続可能な規格。

4．イ．Ｂｌｕｅｔｏｏｔｈ：携帯情報端末や周辺機器などで，100m程度までの機器間の接続に使われる無線通信技術。

ウ．ＳＳＤ：半導体メモリで構成されており，ハードディスク装置の代替となる補助記憶装置。衝撃に強いという特徴がある。

5．ア．アクセス制限：コンピュータのネットワークにおいて，ファイルやシステム等を利用する権利の制限。

ウ．ユーザＩＤ：ネットワークシステムにおいて，利用者本人を識別するための番号や文字列。

【4】 問1．イ． 上揃え：セル内の文字列を上揃えで配置する。

ウ． 中央揃え：セル内の文字列を中央に配置する。

問3．今年度の認知件数であるＥ5を絶対参照にする。

問5．卒業式の日から本日の日付を引いて日数を求める。

【5】 問1．指定した数値をもとに，指定した範囲の中で順位を付けるには，RANK関数を利用する。順序に0を指定するか，順序を省略すると，範囲内の数値の中で降順に順位が付けられる。順序に1を指定すると，範囲内の数値の中で昇順に順位が付けられる。

C10～E10にコピーするため，範囲を絶対参照にする。

問2．(2)アについて，65歳以上の人口が年々増加しているということは表からは読み取れるが，グラフからは読み取れない。

【6】 それぞれの変数に記憶されている値がどのように変わっていくかを，順を追って確認する（トレース）とよい。Bに入力される値が55のときはDは1に，60のときはDは0になる。

【7】 問2．指定した範囲の合計を求めるには，SUM関数を利用する。

問3．I6～I9にコピーするため，売上金額の合計であるH10を絶対参照にする。

問4．指定した範囲の平均を求めるには，AVERAGE関数を利用する。

指定した数値を，指定した桁数で切り上げるには，ROUNDUP関数を利用する。桁数に正の数を指定すると，数値の小数点以下について，指定した桁数の右側が切り上げられる。

問5．条件の判定を行うには，IF関数を利用する。指定された条件（論理式）の結果が TRUE の場合は，真の場合の値を返し， FALSE の場合は，偽の場合の値を返す。

以上は，＞＝。

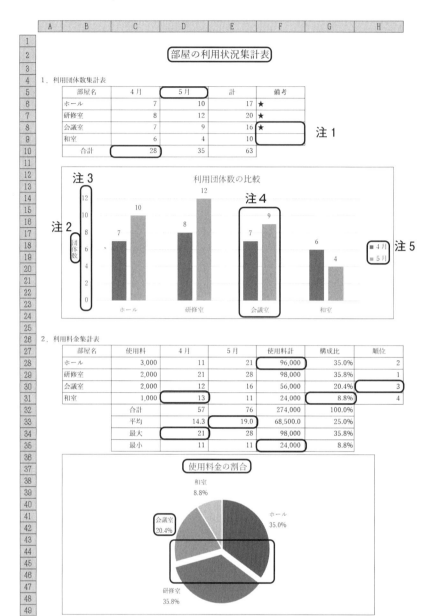

【グラフ範囲】
利用団体数の比較
　B5：D9
使用料金の割合
　B28：B31とF28：F31

【式の設定】

[C 10] =SUM(C6:C9)	
[E 6] =SUM(C6:D6)	[F 6] =IF(C6<D6,"★","")	[F 28] =SUM(D28:E28)＊C28
[G 28] =F28/$F$32	[H 28] =RANK(G28,$G$28:$G$31,0)	[D 32] =SUM(D28:D31)
[D 33] =AVERAGE(D28:D31)	[D 34] =MAX(D28:D31)	[D 35] =MIN(D28:D31)

```
─── 配点 ───
① コンマ ……………………………………………………5点×1箇所＝5点
　　　　　　　　　　　　　　　　　　　　　（「2．利用料金集計表」のコンマがすべて設
　　　　　　　　　　　　　　　　　　　　　定されている）
② 罫線 ………………………………………………………5点×1箇所＝5点
　　　　　　　　　　　　　　　　　　　　　（「1．利用団体数集計表」の罫線が正確にで
　　　　　　　　　　　　　　　　　　　　　きている）
③ 表の作成（　　　　　　）の箇所……………………5点×11箇所＝55点
　　注1　「和室」が空白，「会議室」が★。
④ グラフの作成（　　　　　　）の箇所…………………5点×7箇所＝35点
　　注2　方向。
　　注3　最小値（0），最大値（12）および間隔（2）。
　　注4　集合棒グラフ（会議室），値（7と9）。左右の位置は問わない。
　　注5　位置（グラフの右側），文字（上が「4月」，下が「5月」）。
```

◁P.84

【1】

	1	2	3	4	5
	エ	カ	ウ	イ	ケ

【2】

	1	2	3	4	5
	オ	ケ	ア	ウ	カ

【3】

	1	2	3	4	5
	イ	イ	ウ	ウ	ア

各3点　20問

小計
60

【4】

問1	問2	問3	問4	問5
13,000	イ	ア	ア	35

【5】

問1	問2	
	(1)	(2)
1,000	ア	ウ

【6】

問1	問2
3	6

【7】

問1				
①	②	③	④	⑤
1	無	3	2	10

各4点　10問

小計
40

問2	問3	問4	問5
ア	イ	ウ	イ

得点合計
100

※問1は①〜⑤の全てができて正答とする。

解説

【1】　ア．USB：コンピュータ本体とキーボード，プリンタなどを接続するインタフェースで，最大127台まで接続可能な規格。

オ．パスワード：コンピュータシステムを利用する際，本人確認のためユーザIDとともに用いられる本人以外知らない文字列。定期的に変更することが望ましい。

キ．フィルタリング：有害なWebサイトを選別し，アクセスできないようにするシステム。

ク．ファイルサーバ：ワープロソフトの文書や表計算ソフトのワークシートなどを保存し，LANに接続された複数のクライアントで共有して利用するために用いるサーバ。

コ．ROM：データの読み出しのみができ，電源を切っても記憶内容が消えないメモリ。

【2】　イ．インストール　　エ．メーラ　　キ．カーソル　　ク．アプリケーションソフトウェア
コ．POSシステム

【3】　1．ア．1101：10進数の13　8×1＋4×1＋2×0＋1×1
　　　　ウ．1111：10進数の15　8×1＋4×1＋2×1＋1×1
2．ア．μs：100万分の1秒を表す時間の単位。

ウ．ｐｓ：1兆分の1秒を表す時間の単位。

3．ア．ブルーレイディスク：青紫レーザを用いて読み取り・記録を行う光ディスク。高画質の映像など，DVDでは保存できないような大容量のデータも記憶することができる。

イ．ＤＶＤ：光ディスクの一種で，両面記録，2層記録が可能で，記憶容量が大きい。

4．ア．ＪＡＮコード：日本産業規格（JIS）に定められている，商品識別番号とバーコードの規格の1つ。もっとも代表的なバーコード。

イ．ＱＲコード：小さな正方形の点を縦横同じ数だけ並べた二次元のコードで，一次元のバーコードよりも多くの情報を表すことができる。二次元バーコードともいう。

5．イ．不正アクセス：他人のコンピュータに侵入してデータを改ざんしたり，盗み出したり，他社のコンピュータをダウンさせたりすること。

ウ．パターンファイル：コンピュータウイルスを検出する際に使うファイル。ウイルス定義ファイルともいう。

【4】 問1．12345678を1000で割った結果を，1000の位で切り上げる。

問2．数字や数式を入力したとおりに表示させるには，表示させたい数字や数式の前に「'（シングルクォーテーション）」を入力する。

問3．指定した範囲の数値のセルの個数を求めるには，COUNT関数を利用する。

イ．COUNTA関数：指定した範囲の空白でないセルの個数を求める。

ウ．SUM関数：指定した範囲の合計を求める。

問4．指定した文字列の文字数を求めるには，LEN関数を利用する。

イ．LEFT関数：指定した文字列の左端から，指定した文字数を抽出する。

ウ．VALUE関数：文字列として入力されている数字を，数値に変換する。

問5．$5 \times (2 \times 3 + (5-1) \times 2) \div 2 = 35$

【5】 問1．会員番号の左端がPの場合は利用金額の30％，Gの場合は利用金額の20％，Sの場合は利用金額の10％が割引額になる。

【6】 次のようにトレース表を作成することができる。ループ3回目終了時に「e＞f」を満たさなくなるので，ループ4回目は行わず，「gを出力する」に進む。

	e	f	g	(ア)
ループ1回目終了時	4	2	1	1回
ループ2回目終了時	4	3	3	2回
ループ3回目終了時	4	4	6	3回

【7】 問2．F列の「合計」が8以上の場合は ＊＊ が表示されるので，1年B組が9，1年E組が8であるため，答えは2となり，アが正解である。

問3．指定した範囲の合計を求めるには，SUM関数を利用する。

問4．指定した数値を，指定した桁数で切り上げるには，ROUNDUP関数を利用する。桁数に正の数を指定すると，数値の小数点以下について，指定した桁数の右側が切り上げられる。

C11〜E11にコピーするため，利用人数の合計は絶対参照にする。

問5．条件の判定を行うには，IF関数を利用する。指定された条件（論理式）の結果が TRUE の場合は，真の場合の値を返し，FALSE の場合は，偽の場合の値を返す。

指定した範囲の最大値を求めるには，MAX関数を利用する。

指定した範囲の最小値を求めるには，MIN関数を利用する。

C12〜E12にコピーするため，最大値と最小値を求める範囲は絶対参照にする。

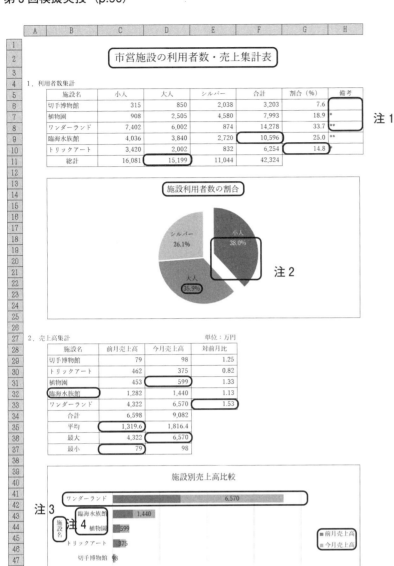

市営施設の利用者数・売上集計表

1．利用者数集計

施設名	小人	大人	シルバー	合計	割合（％）	備考
切手博物館	315	850	2,038	3,203	7.6	
植物園	908	2,505	4,580	7,993	18.9	*
ワンダーランド	7,402	6,002	874	14,278	33.7	**
臨海水族館	4,036	3,840	2,720	10,596	25.0	**
トリックアート	3,420	2,002	832	6,254	14.8	
総計	16,081	15,199	11,044	42,324		

注1

施設利用者数の割合

シルバー 26.1%
小人 38.0%
大人 35.9%

注2

2．売上高集計　　　　　　　　　単位：万円

施設名	前月売上高	今月売上高	対前月比
切手博物館	79	98	1.25
トリックアート	462	375	0.82
植物園	453	599	1.33
臨海水族館	1,282	1,440	1.13
ワンダーランド	4,322	6,570	1.53
合計	6,598	9,082	
平均	1,319.6	1,816.4	
最大	4,322	6,570	
最小	79	98	

施設別売上高比較

注3　注4

ワンダーランド　6,570
臨海水族館　1,440
植物園　599
トリックアート　375
切手博物館　98

施設名

■前月売上高
■今月売上高

売上高（万円）
0　3,000　6,000　9,000　12,000

【グラフ範囲】
施設利用者数の割合
　C5：E5とC11：E11
施設別売上高比較
　B28：D33

【式の設定】

[F 6] =SUM(C6:E6)　　　　　　　[G 6] =ROUND(F6＊100/$F$11,1)

[H 6] =IF(F6>=10000,"＊＊",IF(F6>=5000,"＊",""))　　　[C11] =SUM(C6:C10)

[E29] =ROUNDUP(D29/C29,2)　　[C34] =SUM(C29:C33)　　[C35] =AVERAGE(C29:C33)

[C36] =MAX(C29:C33)　　　　　[C37] =MIN(C29:C33)

配点

① コンマ ……………………………………………………5点×1箇所＝5点
　　　　　　　　　　　　　　　　　　　（「1．利用者数集計」のコンマがすべて設定
　　　　　　　　　　　　　　　　　　　されている）

② 罫線 ………………………………………………………5点×1箇所＝5点
　　　　　　　　　　　　　　　　　　　（「1．利用者数集計」の罫線が正確にできて
　　　　　　　　　　　　　　　　　　　いる）

③ 表の作成（　　　　　）の箇所……………………………5点×11箇所＝55点
　　注1　「切手博物館」が 空白，「植物園」が ＊，「ワンダーランド」が ＊＊ 。

④ グラフの作成（　　　　　）の箇所…………………………5点×7箇所＝35点
　　注2　値（38.0%），「小人」が切り離されていること。
　　注3　方向。
　　注4　文字，順序。

▷P.92

【1】

	1	2	3	4	5
	ア	エ	ク	オ	イ

【2】

	1	2	3	4	5
	ウ	カ	コ	イ	オ

【3】

	1	2	3	4	5
	ア	ウ	イ	イ	ア

【4】

	問1	問2	問3	問4	問5
	ウ	ア	ア	ウ	ウ

各3点　20問

小計
60

【5】

問1	問2	
	(1)	(2)
8	ウ	ウ

【6】

問1	問2
1	4

【7】

問1				
①	②	③	④	⑤
15	8	7	68	5

各4点　10問

問2	問3	問4	問5
ウ	ア	イ	イ

小計
40

得点合計
100

※問1は①～⑤の全てができて正答とする。

解説

【1】　ウ．レーザプリンタ：印字データをレーザ光により感光ドラムにあてて，トナーを付着させてから用
　　　　紙に転写する出力装置。
　　　カ．演算装置：コンピュータにおける五大装置のうち，計算および比較判断を行う装置。
　　　キ．算術演算子：四則演算やべき乗などの計算を実行する演算子。
　　　ケ．ＧＵＩ：ボタンやアイコンなどの視覚的な要素を用い，直感的に操作できるようにした環境。
　　　コ．ＥＯＳ：企業間における商品の発注などを，オンラインで結んだコンピュータを利用して効率的
　　　　に行うしくみ。電子発注システムともいう。

【2】　ア．バイト　　エ．DVD　　キ．ハイパーリンク　　ク．JANコード　　ケ．トロイの木馬

【3】　1．イ．29：2進数の１１１０１　　16×1＋8×1＋4×1＋2×0＋1×1
　　　　　ウ．33：2進数の１００００１　　32×1＋16×0＋8×0＋4×0＋2×0＋1×1
　　　2．ア．１ＫＢ：約1,000バイトを表す記憶容量の単位。
　　　　　イ．１ＭＢ：約1,000,000バイトを表す記憶容量の単位。
　　　3．ア．アクセス権：サーバなどの記憶装置に保存されたファイルやフォルダなどを利用するための

権限。

　　　ウ．不正アクセス：他人のコンピュータに侵入してデータを改ざんしたり，盗み出したり，他社のコンピュータをダウンさせたりすること。

4．ア．アップデート：ソフトウェアの機能の追加や不具合を修正するために，最新の状態にすること。

　　　ウ．フィルタリング：有害なWebサイトなどへのアクセスを規制すること。

5．イ．スパムメール：迷惑メールの一種で，不特定多数の受信者へ一方的に送られる，広告や勧誘を内容としたもの。

　　　ウ．Ｗｅｂメール：Webブラウザで利用することができる電子メール。

【4】　問3．参加者全員がバスに乗れなければならないので，端数は切り上げる。

　　　問4．ROUNDUP関数を利用する。小数第2位を四捨五入しているので第2引数は1，コンマが付いているので第3引数は省略（または0）となる。

　　　問5．小学校名の文字数が違うので，左端から何文字を抽出するかは数値では指定できない。そこで，LEN関数を利用して文字数を求め，3（小学校の文字数分）を引いて抽出する文字数を求める。

　　　　　ア：「舞浜小学校－小学校」という文字列の減算はエラーになる。

　　　　　イ：5文字の小学校名ならできるが，それ以外はできない。

【5】　問1．B2：$2^3=8$　　A3：$2 \times 8 = 16$　　B3：$16 \div 2 = 8$

　　　問2．(1) 各コースとそのコースごとの合計を選択する。

【6】　次のようにトレース表を作成することができる。

	a	b	c	(ア)
ループ1回目終了時	6	6	0	1回
ループ2回目終了時	3	3	0	2回
ループ3回目終了時	1	1	1	3回
ループ4回目終了時	0	0	1	4回

【7】　問2．指定した数値を，指定した桁数で四捨五入するには，ROUND関数を利用する。桁数に正の数を指定すると，数値の小数点以下について，指定した桁数の右側が四捨五入される。

　　　　　H6～H10までコピーするため，計の合計は絶対参照にする。

　　　問3．指定した数値に，指定した範囲の中で順位を付けるには，RANK関数を利用する。範囲内の数値の中で，指定した数値が何番目に位置するかを返す。順序に0を指定するか，順序を省略すると，範囲内の数値の中で降順に順位が付けられる。

　　　　　I6～I10までコピーするため，割合は絶対参照にする。

　　　問4．条件の判定を行うには，IF関数を利用する。指定された条件（論理式）の結果が TRUE の場合は，真の場合の値を返し，FALSE の場合は，偽の場合の値を返す。

　　　　　指定した数値を超える場合は，＞。

　　　問5．指定した範囲の最大値を求めるには，MAX関数を利用する。

第4回模擬実技 (p.98)

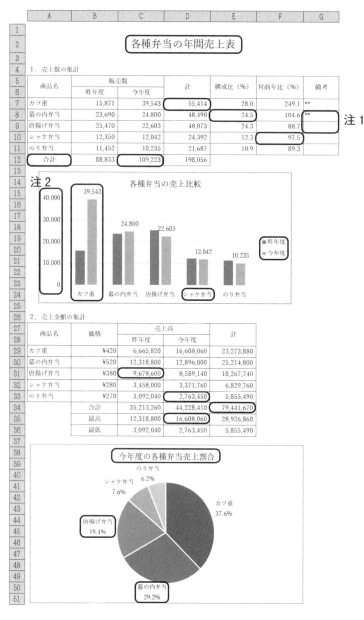

【式の設定】

[D 7] =SUM(B7:C7)	[E 7] =ROUND(D7＊100/$D$12,1)	[F 7] =ROUNDDOWN(C7＊100/B7,1)
[G 7] =IF(C7>B7,"**","")	[B12] =SUM(B7:B11)	[C29] =B29＊B7
[D29] =B29＊C7	[E29] =SUM(C29:D29)	[C34] =SUM(C29:C33)
[C35] =MAX(C29:C33)	[C36] =MIN(C29:C33)	

配点

① コンマ ………………………………………………… 5点×1箇所＝5点
　（「1．売上数の集計」のコンマがすべて設定
　されている）
② 罫線 …………………………………………………… 5点×1箇所＝5点
　（「1．売上数の集計」の罫線が正確にできて
　いる）
③ 表の作成（　　　　　）の箇所 ……………………… 5点×11箇所＝55点
　注1　「幕の内弁当」が**，「唐揚げ弁当」が空白。
④ グラフの作成（　　　　　）の箇所 ………………… 5点×7箇所＝35点
　注2　最小値（0），最大値（40,000）および間隔（10,000）。

【1】

1	2	3	4	5
ク	ウ	キ	ア	コ

【2】

1	2	3	4	5
イ	エ	ケ	ウ	カ

【3】

1	2	3	4	5
ア	イ	ア	ウ	イ

【4】

問1	問2	問3	問4	問5
10	ウ	イ	ア	ウ

各3点　20問

小計
60

【5】

問1	問2	問3
イ	ウ	イ

【6】

問1	問2
1	3

【7】

問1				
①	②	③	④	⑤
83	157	525	124	74

各4点　10問

小計
40

問2	問3	問4	問5
イ	ウ	ウ	イ

得点合計
100

※問1は①～⑤の全てができて正答とする。

解説

【1】　イ．ワークシート：表計算ソフトウェアにおいて，データの入力や計算，グラフの作成を行う，複数の行と複数の列からなる領域。

エ．フィッシング詐欺：本物のWebサイトを装った偽のWebサイトへのリンクを張ったメールを送りつけ，個人情報などを獲得することを目的とする詐欺のこと。

オ．バーコード：横方向に並んだ直線の太さや間隔などにより，データを表すもの。

カ．メーラ：電子メールを送受信するための専用のソフトウェア。

ケ．フラッシュメモリ：データの書き換えが可能で，電源を切っても記憶内容が消えない不揮発性の特性を持つ半導体メモリ。

【2】　ア．ファイルサーバ　　オ．ブルーレイディスク　　キ．ブラウザ　　ク．不正アクセス
コ．ＡＩ

【3】　1．イ．１０１０１：10進数の21　　$16 \times 1 + 8 \times 0 + 4 \times 1 + 2 \times 0 + 1 \times 1$
ウ．１００１１：10進数の19　　$16 \times 1 + 8 \times 0 + 4 \times 0 + 2 \times 1 + 1 \times 1$

2．ア．ｍｓ：1,000分の1秒を表す時間の単位。

ウ．ｎｓ：10億分の1秒を表す時間の単位。

3．イ．ＵＳＢ：キーボードやマウス，スキャナなどの周辺装置とパソコンを接続するためのシリアルインタフェース。

ウ．Ｂｌｕｅｔｏｏｔｈ：数ｍから数十ｍ程度の近距離の，デジタル機器用の無線通信の規格。

4．ア．イメージスキャナ：写真やイラストなどの画像を読み取り，デジタルデータとして入力する装置。

イ．バーコードリーダ：バーコードを読み取る装置。

5．ア．相対参照：計算式や関数を移動または複写した場合などに，セル番地が自動的に調整されるセルの参照。

ウ．引数：表計算ソフトウェアの関数を利用する際に設定する情報。セル範囲やセル番地，数値などがある。

【4】　問1．10＋17÷10＝11.7　11.7を1の位で四捨五入する。

問2．A4：5　A5：7

問3．昇順（正順）：小さいものから大きいものへの順。

降順（逆順）：大きいものから小さいものへの順。

問4．値引割合30％は在庫数が20と33，値引割合20％は在庫数が12と15になっていることから，在庫数が16～20以上が値引割合30％と推測できるのでアとなる。

問5．指定した文字列の右端から，指定した文字数を抽出するには，RIGHT関数を利用する。

文字列として入力されている数字を，数値に変換するには，VALUE関数を利用する。

【5】　問1．ア．▤：セル内の文字列を左に揃える。

イ．▤：セル内の文字列を中央に揃える。

ウ．▤：セル内の文字列を右に揃える。

問2．体験学習の項目名と合計のデータを選択する。

【6】　次のようにトレース表を作成することができる。

問1．

k	m50	m10	m5	m1
57	1	–	–	–
7	1	0	–	–
7	1	0	1	2

問2．

k	m50	m10	m5	m1
83	1	–	–	–
33	1	3	–	–
3	1	3	0	3

【7】　問2．指定した文字列の右端から，指定した文字数を抽出するには，RIGHT関数を利用する。

文字列として入力されている数字を，数値に変換するには，VALUE関数を利用する。

問3．指定した範囲の合計を求めるには，SUM関数を利用する。

問4．指定した数値を，指定した桁数で四捨五入するには，ROUND関数を利用する。桁数に正の数を指定すると，数値の小数点以下について，指定した桁数の右側が四捨五入される。

H6～H9にコピーするため，売上金額の合計は絶対参照にする。

問5．条件の判定を行うには，IF関数を利用する。指定された条件（論理式）の結果が TRUE の場合は，真の場合の値を返し，FALSE の場合は，偽の場合の値を返す。

指定した範囲の最大値を求めるには，MAX関数を利用する。

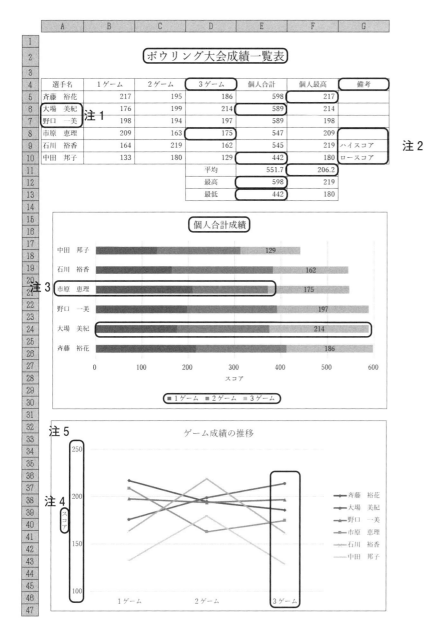

【グラフ範囲】
個人合計成績
　　A4：D10
ゲーム成績の推移
　　A4：D10

【式の設定】

[E 5] =SUM(B5:D5)　　　　　　　　　[F 5] =MAX(B5:D5)

[G 5] =IF(F5=MAX($F$5:$F$10),"ハイスコア",IF(F5 = MIN($F$5:$F$10),"ロースコア",""))

[E11] =AVERAGE(E5:E10)　　　　　[E12] =MAX(E5:E10)　　　　　　　[E13] =MIN(E5:E10)

配点

① 表の作成（⬭）の箇所‥‥‥‥‥‥‥‥‥‥‥‥‥‥‥‥‥‥‥‥‥5点×12箇所＝60点
　注1　「大場　美紀」が上で，「野口　一美」が下に表示されている。
　注2　「市原　恵理」が 空白，「石川　裕香」が ハイスコア，「中田　邦子」が ロースコア 。
② 罫線‥‥‥‥‥‥‥‥‥‥‥‥‥‥‥‥‥‥‥‥‥‥‥‥‥‥‥‥‥‥‥5点×1箇所＝5点
　　　　　　　　　　　　　　　　　　　　　　（「ボウリング大会成績一覧表」の罫線が正確
　　　　　　　　　　　　　　　　　　　　　　にできている）
③ グラフの作成（⬭）の箇所‥‥‥‥‥‥‥‥‥‥‥‥‥‥‥‥‥5点×7箇所＝35点
　注3　「市原　恵理」が上から3番目で，積み上げ棒グラフである。
　注4　方向。
　注5　最小値（100），最大値（250）および間隔（50）。

【1】

1	2	3	4	5
コ	イ	オ	ク	カ

【2】

1	2	3	4	5
ウ	ア	ケ	キ	エ

【3】

1	2	3	4	5
ウ	イ	ウ	ア	ア

【4】

問1	問2		問3	問4
	(1)	(2)		
ウ	=B5/B7	ウ	4	ア

各3点　20問
小計
60

【5】

問1	問2	問3
ア	イ	ウ

【6】

問1	問2
6	4

【7】

問1				
①	②	③	④	⑤
20,876	69,121	5,779	11,712	77.59%

問2	問3	問4	問5
ウ	ア	ウ	イ

各4点　10問
小計
40

得点合計
100

※問1は①～⑤の全てができて正答とする。

解説

【1】　ア．ＯＳ：利用者がコンピュータを使いやすくするために，基本的な管理や制御を行うソフトウェア。

　　　　ウ．認証：ネットワークに接続する際，ユーザIDとパスワードを入力することで，利用者が本人であることを確認すること。

　　　　エ．バーコードリーダ：バーコードを読み取る装置。

　　　　キ．ファイルサーバ：ワープロソフトの文書や表計算ソフトのワークシートなどを保存し，LANに接続された複数のクライアントで共有して利用するために用いるサーバ。

　　　　ケ．ＨＤＭＩ：おもに家電やAV機器向けのデジタル映像・音声入出力インタフェースの規格。

【2】　イ．ダウンロード　　オ．バッチ処理　　カ．トロイの木馬　　ク．RAM

　　　　コ．ウイルス定義ファイル（パターンファイル）

【3】　1．ア．10：2進数の１０１０　$8 \times 1 + 4 \times 0 + 2 \times 1 + 1 \times 0$

　　　　　　イ．11：2進数の１０１１　$8 \times 1 + 4 \times 0 + 2 \times 1 + 1 \times 1$

　　　　2．ア．１ＧＢ：約1,000,000,000バイトを表す記憶容量の単位。

　　　　　　ウ．１ＰＢ：約1,000,000,000,000,000バイトを表す記憶容量の単位。

3．ア．Ｔｏ：電子メールを送信する相手のメールアドレスを入力する欄。
　　イ．Ｃｃ：同じ内容のメールをほかの人にも同時に送信したいときにメールアドレスを入力する
　　　欄。受信した人は誰に同じメールが届いているかわかる。
4．イ．ブラウザ：インターネットでWebページを閲覧するためのソフトウェア。
　　ウ．ハイパーリンク：Webページ上の文字列や画像をクリックすると目的のWebページへジャン
　　　プする機能。

【4】　問1．開始値が入力されているセル範囲を選択し，ドラッグしてデータのコピー先の範囲を選択する
　　　と，数値や日付，またはプログラムに組み込まれている曜日，週，月，年などの連続データをセ
　　　ル範囲に入力できる。
　　　問2．(1) 相対参照のため，セル番地が自動的に調整される。
　　　　　　(2) 列幅が狭い場合は，########が表示される。
　　　問3．(10×4−32)÷2＝4
　　　問4．B列の「型」は，A列の「商品コード」の左から4番目から2文字を表示している。指定した文
　　　　字列の左端から数えて，指定した開始位置から，指定した文字数を抽出するには，MID関数を利
　　　　用する。MID関数は，MID(文字列,開始位置,文字数)の式である。

【5】　問1．表1と図1を，数値などに着目して比較する。
　　　問2．図2は第38期のみの円グラフなので，B～D列はデータ範囲に含めない。また，合計は図2のグ
　　　　ラフに用いないので，9行目もデータ範囲に含めない。

【6】　次のように(ｱ)の処理を行った直後の各変数についてのトレース表を作成することができる。

k	g	s	t	u	y	(ｱ)
1	0	2	5	0	1	1回
1	2	3	5	1	0	2回
4	2	4	5	1	1	3回
4	6	5	5	2	0	4回

【7】　問2．ＩＦ関数を利用した複数の分岐では，1つ目の条件に該当しなかったものを次のＩＦ関数とし
　　　　て分岐させていく。
　　　　　　ネット割合が90％以上，2つ目の条件は80％以上に分けるので，図で示すと次のようになる。

＊＊	90.00%	89.99%	＊	80.00%	79.99%	表示なし

　　　　　各ネット割合を上記の範囲に当てはめると，＊＊は2，＊は3，表示なしは1となり，ウが正
　　　　解である。

　　　問3．％表示と小数第2位の表示は，表示形式の設定で行う。E10までコピーするため，相対参照にす
　　　　る。
　　　問4．指定した数値に，指定した範囲の中で順位をつけるには，RANK関数を利用する。範囲内の数
　　　　値の中で，指定した数値が何番目に位置するかを返す。順序に0を指定するか，順序を省略する
　　　　と，範囲内の数値の中で降順に順位がつけられる。
　　　問5．指定した範囲の空白でないセルの個数を求めるには，COUNTA関数を利用する。

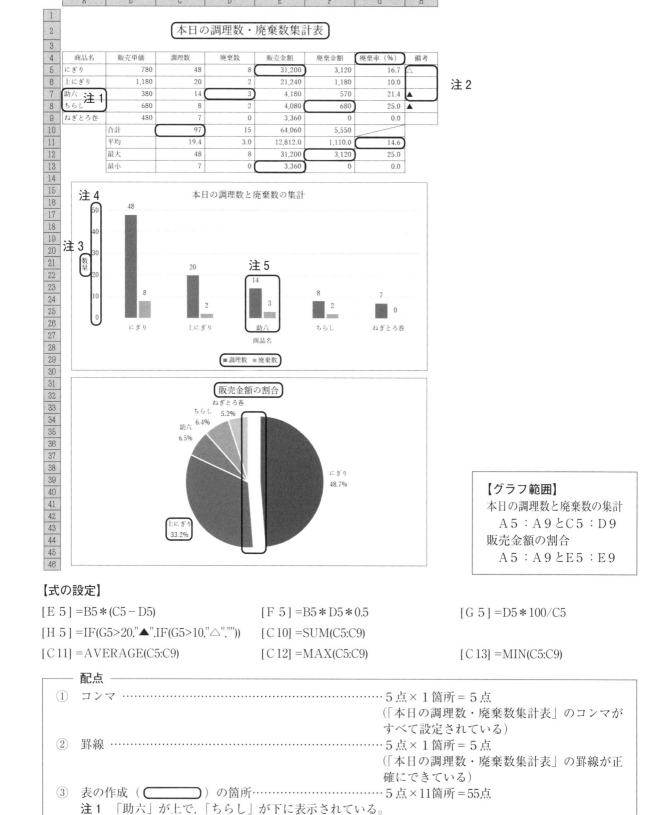

【式の設定】

[E 5] =B5＊(C5－D5) [F 5] =B5＊D5＊0.5 [G 5] =D5＊100/C5

[H 5] =IF(G5>20,"▲",IF(G5>10,"△","")) [C 10] =SUM(C5:C9)

[C 11] =AVERAGE(C5:C9) [C 12] =MAX(C5:C9) [C 13] =MIN(C5:C9)

配点

① コンマ ……………………………………………………… 5点×1箇所＝5点
（「本日の調理数・廃棄数集計表」のコンマが
すべて設定されている）

② 罫線 ……………………………………………………… 5点×1箇所＝5点
（「本日の調理数・廃棄数集計表」の罫線が正
確にできている）

③ 表の作成（⬭⬭⬭⬭）の箇所……………………………… 5点×11箇所＝55点
注1 「助六」が上で，「ちらし」が下に表示されている。
注2 「にぎり」が△，「上にぎり」が空白，「助六」が▲。

④ グラフの作成（⬭⬭⬭⬭）の箇所…………………………… 5点×7箇所＝35点
注3 方向。
注4 最小値（0），最大値（50）および間隔（10）。
注5 「助六」が左から3番目で，棒グラフである。

▷P.116

【1】

	1	2	3	4	5
	キ	ケ	ア	オ	コ

【2】

	1	2	3	4	5
	イ	ク	コ	エ	ウ

【3】

	1	2	3	4	5
	イ	ウ	イ	ウ	ア

【4】

	問1	問2	問3	問4	問5
	ウ	イ	ウ	14.0%	ウ

各3点　20問

小計
60

【5】

問1	問2	
	(1)	(2)
5	ア	イ

【6】

問1	問2
18	88

【7】

問1				
①	②	③	④	⑤
7,039	8,393	10,292	22.9	16,014

各4点　10問

問2	問3	問4	問5
イ	ア	ウ	イ

小計
40

得点合計
100

※問1は①～⑤の全てができて正答とする。

解説

【1】　イ．制御装置：コンピュータにおける五大装置のうち，記憶装置内の命令を取り出して解読し，各装置に指示を与える装置。

　　　ウ．アップデート：ソフトウェアの機能の追加や不具合を修正するために，最新の状態にすること。

　　　エ．ＤＶＤ：光ディスクの一種で，両面記録，２層記録が可能で記憶容量も大きい。

　　　カ．ＨＤＭＩ：主に家電やＡＶ機器向けのデジタル映像・音声入出力インタフェースの規格。

　　　ク．メールサーバ：電子メールの送信や受信の管理を行うコンピュータ。ユーザはこのコンピュータに接続することで，メッセージなどの送受信を行う。

【2】　ア．HDMI　　オ．ワンクリック詐欺　　カ．EC（電子商取引）　　キ．ワーム
　　　ケ．ROM

【3】　1．ア．１０１０１：10進数の21　16×1＋8×0＋4×1＋2×0＋1×1
　　　　　ウ．１１０１１：10進数の27　16×1＋8×1＋4×0＋2×1＋1×1
　　　2．ア．ｎs：1,000,000,000分の１秒を表す時間の単位。
　　　　　イ．ｐs：1,000,000,000,000分の１秒を表す時間の単位。

3．ア．宛先：電子メールを送信する相手のメールアドレスを入力する欄。
　　　ウ．Ｃｃ：同じ内容のメールを他の人にも同時に送信したいときに，Ｃｃ欄にメールアドレスを
　　　　　　入力する。受信した人は誰に同じメールが届いているかわかる。
4．ア．Ｗｅｂメール：Ｗｅｂブラウザで利用することができる電子メールのこと。
　　　イ．チェーンメール：迷惑メールのうち，受信者に受信内容を他の人へ送信するようにうながす
　　　　　　メール。
5．イ．プライバシーの侵害：電話番号や身長，体重など，他人に知られたくない個人の情報を無断
　　　　　　で公開し，本人に精神的苦痛を与えること。
　　　ウ．不正アクセス：他人のコンピュータに侵入してデータを改ざんしたり，盗み出したり，他社
　　　　　　のコンピュータをダウンさせたりすること。

【4】　問1．数字や数式を入力したとおりに表示させるには，表示させたい数字や数式の前に「'（シングル
　　　　　　クォーテーション）」を入力する。
　　　問2．アは左寄せ，ウは右寄せを行うボタンである。
　　　問3．指定した範囲の合計を求めるには，SUM関数を利用する。
　　　　　　ア．COUNT関数：指定した範囲の数値のセルの個数を求める。
　　　　　　イ．COUNTA関数：指定した範囲の空白でないセルの個数を求める。
　　　問4．E9/D9－1：31290÷27440－1＝0.14030612244898
　　　問5．降順（逆順）：大きいものから小さいものへの順。

【5】　問1．100／（5＊4＾2／4）＝5　　※べき乗（4＾2）を最初に計算する。
　　　問2．（1）西暦の項目とハイブリット車のデータを選択する。
　　　　　　（2）ア．電気自動車は，毎年増加していない。
　　　　　　　　　ウ．ハイブリッド車は，倍以上伸びていない。

【6】　問1．ａ×（ｂ＋ｃ）＝2×（3＋6）＝18
　　　問2．ａ×（ｂ＋ｃ）＝4×（12＋10）＝88

【7】　問2．E7～E10にコピーするため，全体の売上高合計を絶対参照にする。
　　　問3．指定した数値に，指定した範囲の中で順位を付けるには，RANK関数を利用する。順序に0を
　　　　　　指定するか，順序を省略すると，範囲内の数値の中で降順に順位が付けられる。順序に0以外の
　　　　　　数値を指定すると，範囲内の数値の中で昇順に順位が付けられる。
　　　　　　F7～F10にコピーするため，範囲を絶対参照にする。
　　　問4．条件の判定を行うには，IF関数を利用する。
　　　　　　以上は，＞＝。
　　　問5．指定した範囲の平均を求めるには，AVERAGE関数を利用する。
　　　　　　指定した数値を，指定した桁数で四捨五入するには，ROUND関数を利用する。桁数に0を指
　　　　　　定すると，数値は最も近い整数として四捨五入される。桁数に負の数を指定すると，数値の小数
　　　　　　点の左側（整数部分）が四捨五入される。
　　　　　　単位が万円なので，10万円は10の位にあたるため，1の位（－1）を桁数に指定する。

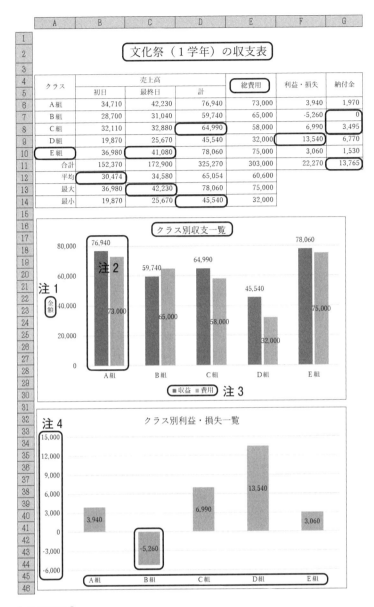

文化祭（1学年）の収支表

クラス	売上高			総費用	利益・損失	納付金
	初日	最終日	計			
A組	34,710	42,230	76,940	73,000	3,940	1,970
B組	28,700	31,040	59,740	65,000	-5,260	0
C組	32,110	32,880	64,990	58,000	6,990	3,495
D組	19,870	25,670	45,540	32,000	13,540	6,770
E組	36,980	41,080	78,060	75,000	3,060	1,530
合計	152,370	172,900	325,270	303,000	22,270	13,765
平均	30,474	34,580	65,054	60,600		
最大	36,980	42,230	78,060	75,000		
最小	19,870	25,670	45,540	32,000		

【グラフ範囲】

クラス別収支一覧
　　A6：A10とD6：E10
クラス別利益・損失一覧
　　A6：A10とF6：F10

【式の設定】

[D6] =SUM(B6:C6) または =B6+C6　　　[F6] =D6－E6　　　[G6] =IF(F6>0,F6＊0.5,0)

[B11] =SUM(B6:B10)　　　[B12] =AVERAGE(B6:B10)　　　[B13] =MAX(B6:B10)

[B14] =MIN(B6:B10)

▷P.124

【1】

	1	2	3	4	5
	イ	オ	ク	コ	エ

【2】

	1	2	3	4	5
	ウ	ケ	ア	カ	ク

【3】

	1	2	3	4	5
	ウ	ウ	イ	イ	ア

【4】

	問1	問2	問3	問4	問5
	23	イ	ウ	ウ	ア

各3点　20問

小計
60

【5】

問1	問2	
	(1)	(2)
ア	ア	ウ

【6】

問1	問2
5	8

【7】

問1				
①	②	③	④	⑤
64	5	615	201	6

各4点　10問

問2	問3	問4	問5
ア	イ	イ	ウ

小計
40

得点合計
100

※問1は①〜⑤の全てができて正答とする。

解説

【1】　ア．インタフェース：パソコンと周辺機器，人間とパソコンといった情報や信号の接点。

　　　ウ．インクジェットプリンタ：細かな液状のインクを用紙に吹き付けて印字するプリンタ。

　　　カ．ROM：データの読み出しのみができ，電源を切っても記憶内容が消えないメモリ。

　　　キ．POSシステム：商品についているバーコードを読み取り，顧客の購入代金の計算や商品別の売上金額や在庫状況などを即座に把握するシステム。

　　　ケ．RAM：データの読み書きが自由にでき，電源を切ると記憶内容が消えてしまうメモリ。

【2】　イ．ウイルス定義ファイル（パターンファイル）　　エ．検索（サーチ）エンジン

　　　オ．POSシステム　　キ．補助記憶装置　　コ．アップデート

【3】　1．ア．23：2進数の10111　16×1＋8×0＋4×1＋2×1＋1×1

　　　　　イ．25：2進数の11001　16×1＋8×1＋4×0＋2×0＋1×1

　　　2．ア．1MB：約1,000,000バイトの記憶容量を表したもの。

　　　　　イ．1GB：約1,000,000,000バイトの記憶容量を表したもの。

　　　3．ア．ブラウザ：インターネットでWebページを閲覧するためのソフトウェア。

ウ．プロバイダ：インターネットへの接続サービスを提供する業者。電子メールサービスなどの
　　　　提供も行う。

4．ア．なりすまし：他人のユーザIDなどを不正に利用し，その人のふりをしてネットワーク上で活
　　　　動すること。

　　ウ．コンピュータウイルス：コンピュータに対して，何らかの異常を引き起こす目的で作成され
　　　　た悪意のあるプログラム。

5．イ．アイコン：処理の対象や機能をシンボル化した絵文字。

　　ウ．ＧＵＩ：ボタンやアイコンなどの視覚的な要素を用い，直感的に操作できるようにした環境。

【4】　問1．$2 + 6 \div 2 + 3 \times 6 = 2 + 3 + 18 = 23$

　　　　問3．相対参照のため，セル番地が自動的に調整されて表示される。

　　　　問4．平日の定義が不明なので，合計×平日割合で平日の売上高を求める。

　　　　　　　$380 * 0.639 = 242.82$

　　　　　　　月〜金の売上を合計すると243になるので，平日は月〜金となる。

　　　　　　　％の小数第1位まで求められているのでウとなる。

　　　　問5．D9の式の範囲が，C4：C9になるように絶対参照する。

【5】　問1．D4とD6が 予選通過 と表示される。

　　　　問2．(1) 種類の項目と，各月のデータを選択する。

　　　　　　　(2) ア．3か月間一定ではない。

　　　　　　　　　イ．5月が最も多い。

【6】　次のように，ループ終端記号の段階でのトレース表を作成することができる。

a	c	j	k	（ア）の処理
3	1	3	6	1回
10	2	1	2	
5	3	5	10	2回
16	4	2	4	
8	5	8	16	3回
4	6	4	8	4回
2	7	2	4	5回
1	8	1	2	6回

【7】　問2．D6〜D10にコピーするため，今年の捕獲数合計を絶対参照にする。

　　　　問3．指定した数値に，指定した範囲の中で順位を付けるには，RANK関数を利用する。範囲内の数
　　　　　　値の中で，指定した数値が何番目に位置するかを返す。順序に0を指定するか，順序を省略する
　　　　　　と，範囲内の数値の中で降順に順位が付けられる。順序に0以外の数値を指定すると，範囲内の
　　　　　　数値の中で昇順に順位が付けられる。

　　　　　　　E6〜E10にコピーするため，範囲を絶対参照にする。

　　　　問4．指定した数値を，指定した桁数で切り上げるには，ROUNDUP関数を利用する。桁数に正の数
　　　　　　を指定すると，数値の小数点以下について，指定した桁数の右側が切り上げられる。桁数に0を
　　　　　　指定すると，数値は最も近い整数として切り上げられる。桁数に負の数を指定すると，数値の小
　　　　　　数点の左側（整数部分）が切り上げられる。

　　　　問5．条件の判定を行うには，IF関数を利用する。指定された条件（論理式）の結果が TRUE の場合
　　　　　　は，真の場合の値を返し， FALSE の場合は，偽の場合の値を返す。IF関数を利用した複数の分
　　　　　　岐では，1つ目の条件に該当しなかったものを次のIF関数として分岐させていく。

　　　　　　　超える場合は，＞。

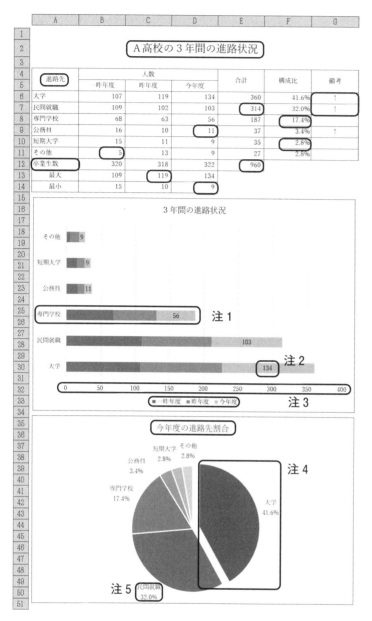

進路先	人数			合計	構成比	備考
	一昨年度	昨年度	今年度			
大学	107	119	134	360	41.6%	↑
民間就職	109	102	103	314	32.0%	↑
専門学校	68	63	56	187	17.4%	
公務員	16	10	11	37	3.4%	↑
短期大学	15	11	9	35	2.8%	
その他	5	13	9	27	2.8%	
卒業生数	320	318	322	960		
最大	109	119	134			
最小	15	10	9			

A高校の３年間の進路状況

３年間の進路状況

注1
注2
注3

今年度の進路先割合

注4
注5

【グラフ範囲】
３年間の進路状況
　A 6：D11
今年度の進路先割合
　A 6：A11とD 6：D11

【式の設定】

[E 6] =SUM(B6:D6)　　　　　[F 6] =ROUND(D6/\$D\$12,3)　　　　[G 6] =IF(D6>C6," ↑ ","")

[B11] =B12 − SUM(B6:B10)　　[B13] =MAX(B6:B10)　　　　　　 [B14] =MIN(B6:B10)

【1】

	1	2	3	4	5
	ク	ア	オ	キ	ウ

【2】

	1	2	3	4	5
	エ	ケ	カ	イ	コ

【3】

	1	2	3	4	5
	ウ	イ	ア	イ	ウ

【4】

	問1	問2	問3	問4	問5
	イ	93	ウ	2,200	ア

各3点　20問

小計
60

【5】

問1	問2	
	(1)	(2)
ウ	ア	ウ

【6】

問1	問2
3	5

【7】

問1				
①	②	③	④	⑤
13.5	14.4	3	1.6	9.0

各4点　10問

小計
40

問2	問3	問4	問5
イ	ウ	イ	ア

得点合計
100

※問1は①～⑤の全てができて正答とする。

解説

【1】　イ．バッチ処理：発生したデータを一定期間ためておき，一括して処理する方式。

エ．メールサーバ：電子メールの送信や受信の管理を行うコンピュータ。ユーザはこのコンピュータに接続することで，メッセージなどの送受信を行う。

カ．スクロール：画面上に表示しきれない文字や画像を見るために，表示範囲を移動させる操作。

ケ．QRコード：小さな正方形の点を縦横同じ数だけ並べた二次元のコードで，一次元のバーコードよりも多くの情報を表すことができる。二次元バーコードともいう。

コ．フラッシュメモリ：データの書き込みや消去を自由に行うことができ，電源を切っても記憶内容が消えない半導体メモリ。

【2】　ア．カーソル　　ウ．フラッシュメモリ　　オ．絶対参照　　キ．ワクチンプログラム

ク．プロジェクタ

【3】　1．ア．10101：2進数の21　16×1＋8×0＋4×1＋2×0＋1×1

イ．10110：2進数の22　16×1＋8×0＋4×1＋2×1＋1×0

2．ア．μs：100万分の1秒を表す時間の単位。

ウ．ps：1兆分の1秒を表す時間の単位。

3．イ．ドメイン名：URLや電子メールアドレスの文字列のうち，所属する組織・団体を表す部分。
　　　ウ．添付ファイル：電子メールの本文とともに送受信される，送信者が指定したファイル。
4．ア．ユーザID：コンピュータシステムにおいて，利用者本人を識別するために入力する数字や
　　　　　文字列。
　　　ウ．パスワード：コンピュータシステムを利用する際，本人確認のためユーザIDとともに用いら
　　　　　れる本人以外知らない文字列。定期的に変更することが望ましい。
5．ア．URL：インターネットにおいて，HTML文書や画像など，保存されているファイルの場所
　　　　　を示すアドレス。
　　　イ．Webサーバ：インターネットにおいて，ブラウザからの要求により，保存されている
　　　　　HTML文書や画像などのファイルを送信するなどのサービスを提供するコンピュータ。

【4】　問2．$3 \times (1-2^5) \div (1-2) = 93$
　　　　問3．日時の関数は1日を1としているので，時間は24で割って表す。
　　　　問4．刻印文字が8文字以下は2,000円，8文字を超える場合は1文字につき100円増しで求める。
　　　　問5．差の小さい（絶対値の大きい）順に順位を付けることに注意する。

【5】　問1．ア．現在の日付を表示する。
　　　　　　　イ．文字列として入力されている数字を数値に変換する。
　　　　問2．(1)　各項目とそれぞれのデータを選択する。
　　　　　　　(2)　時間の経過による値の変化を表すには折れ線グラフを使用する。

【6】　次のようにループ終端記号の段階でのトレース表を作成することができる。

　　　　問1．

e	a	b	cd	s	m	（ア）の処理
0	9	9	6	3	6	1回
0	6	9	3	1	3	2回
1	6	9	3	2	0	3回

　　　　問2．

e	a	b	cd	s	m	（ア）の処理
0	25	25	15	1	15	1回
0	15	25	10	1	10	2回
0	10	25	5	1	5	3回
1	10	25	5	2	0	4回

【7】　問2．指定した数値に，指定した範囲の中で順位を付けるには，RANK関数を利用する。範囲内の数
　　　　　　値の中で，指定した数値が何番目に位置するかを返す。順序に0を指定するか，順序を省略する
　　　　　　と，範囲内の数値の中で降順に順位が付けられる。順序に0以外の数値を指定すると，範囲内の
　　　　　　数値の中で昇順に順位が付けられる。
　　　　　　　E6～E10にコピーするため，範囲を絶対参照にする。
　　　　問3．「2015年」の値から「2005年」の値を引く。
　　　　問4．条件の判定を行うには，IF関数を利用する。指定された条件（論理式）の結果がTRUEの場合
　　　　　　は，真の場合の値を返し，FALSEの場合は，偽の場合の値を返す。
　　　　　　　超える場合は，＞。
　　　　問5．指定した範囲の最大値を求めるには，MAX関数を利用する。範囲は，各列のデータがあるセル
　　　　　　を指定する。

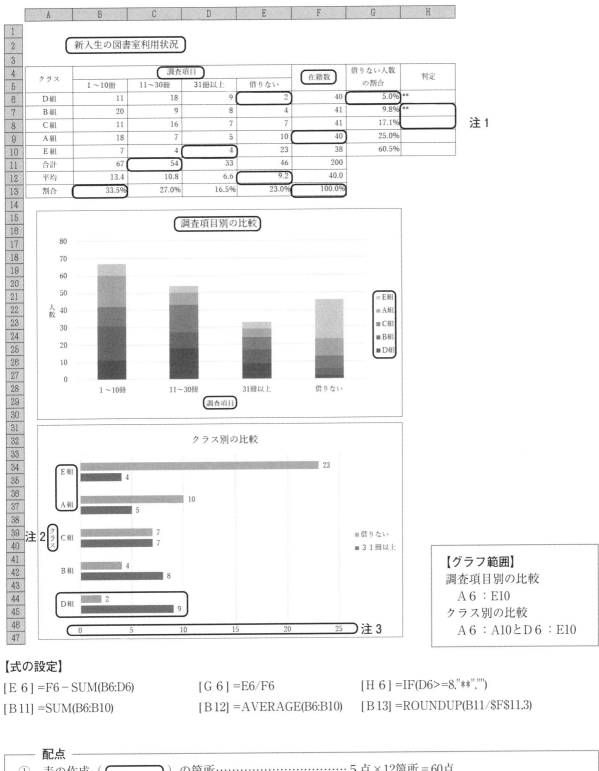

	調査項目						
クラス	1～10冊	11～30冊	31冊以上	借りない	在籍数	借りない人数の割合	判定
D組	11	18	9	2	40	5.0%	**
B組	20	9	8	4	41	9.8%	**
C組	11	16	7	7	41	17.1%	
A組	18	7	5	10	40	25.0%	
E組	7	4	4	23	38	60.5%	
合計	67	54	33	46	200		
平均	13.4	10.8	6.6	9.2	40.0		
割合	33.5%	27.0%	16.5%	23.0%	100.0%		

注1

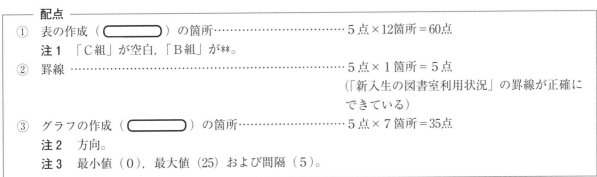

注2　注3

【グラフ範囲】
調査項目別の比較
　A6：E10
クラス別の比較
　A6：A10とD6：E10

【式の設定】

[E6] =F6-SUM(B6:D6)　　[G6] =E6/F6　　[H6] =IF(D6>=8,"**","")

[B11] =SUM(B6:B10)　　[B12] =AVERAGE(B6:B10)　　[B13] =ROUNDUP(B11/$F$11,3)

配点

① 表の作成（　　　　　）の箇所･････････････････････････ 5点×12箇所＝60点
　　注1　「C組」が空白，「B組」が**。
② 罫線 ･･･ 5点×1箇所＝5点
　　　　　　　　　　　　　　（「新入生の図書室利用状況」の罫線が正確に
　　　　　　　　　　　　　　できている）
③ グラフの作成（　　　　　）の箇所････････････････････ 5点×7箇所＝35点
　　注2　方向。
　　注3　最小値（0），最大値（25）および間隔（5）。

第10回　模擬問題　解答

【1】

1	2	3	4	5
オ	ケ	イ	キ	ア

【2】

1	2	3	4	5
カ	ウ	コ	ク	エ

【3】

1	2	3	4	5
ア	イ	ウ	イ	ア

各3点　20問

小計
60

【4】

問1	問2	問3	問4	問5
ウ	ア	48	ウ	イ

【5】

問1	問2	
	(1)	(2)
イ	イ	ア

【6】

問1	問2
360	840

【7】

問1				
①	②	③	④	⑤
65	1	4	28	1,321

各4点　10問

問2	問3	問4	問5
イ	ウ	イ	ア

小計
40

得点合計
100

※問1は①～⑤の全てができて正答とする。

解説

【1】　ウ．ブラウザ：インターネットでWebページを閲覧するためのソフトウェア。

　　　エ．RAM：データの読み書きが自由にでき，電源を切ると記憶内容が消えてしまうメモリ。

　　　カ．フィッシング詐欺：本物のWebサイトを装った偽のWebサイトへのリンクを張ったメールを送りつけ，個人情報などを獲得することを目的とする詐欺のこと。

　　　ク．ブルーレイディスク：光ディスクの一種で，データの読み書きに青紫色半導体レーザを利用する。ハイビジョン映像などの高密度映像や，大容量のデータの保存が可能。

　　　コ．アプリケーションソフトウェア：表計算ソフトウェアなどのように，特定の目的に利用するためのソフトウェア。

【2】　ア．プロバイダ　　イ．制御装置　　オ．アクセス制限　　キ．なりすまし

　　　ケ．レーザプリンタ

【3】　1．イ．46：2進数の101110　32×1＋16×0＋8×1＋4×1＋2×1＋1×0

　　　　　ウ．48：2進数の110000　32×1＋16×1＋8×0＋4×0＋2×0＋1×0

　　　2．ア．1MB：約1,000,000バイトの記憶容量を表したもの。

ウ．１ＴＢ：約1,000,000,000,000バイトの記憶容量を表したもの。

3．ア．ＯＳ：利用者がコンピュータを使いやすくするために基本的な管理や制御を行うソフトウェア。

イ．ＥＯＳ：企業間の取引において，ネットワークで受発注業務を行うシステム。

4．ア．不正アクセス：他人のコンピュータに侵入してデータを改ざんしたり，盗み出したり，他社のコンピュータをダウンさせたりすること。

ウ．パターンファイル：コンピュータウイルスを検出する際に使うファイル。ウイルス定義ファイルともいう。

5．イ．ＡＩ：人間が行ってきた知的な作業や判断を，コンピュータを中心とする人工的なシステムによって行えるようにしたもの。

ウ．ＥＣ：インターネットなどのネットワークを利用した商取引。電子商取引ともいう。

【4】 問1．ア． ⊞：格子 　イ． ⬚：枠なし 　ウ． ⊡：外枠

問3．$2^3 \times (2+4) = 48$

問4．ROUNDDOWN(A4/B4,0)で詰める箱数が求められる。収穫個数－詰める箱数×１箱の個数で余りが求められる。

問5．左から１文字を抽出する。

【5】 問1．降順（逆順）：データの値が大きいものから順番に並んでいること。

【6】 次のようにループ終端記号の段階でのトレース表を作成することができる。

問1．

	f	n	r	p
(ア)1回	2	5	5	30
(ア)2回	3	4	5	120
(ア)3回	4	3	5	360

問2．

f	n	r	p
2	6	4	42
3	5	4	210
4	4	4	840

【7】 問2．F7～F10にコピーするため，応募総数の合計を絶対参照にする。

問3．条件の判定を行うには，IF関数を利用する。

指定した範囲の最大値を求めるには，MAX関数を利用する。

イ．RANK関数：範囲内の数値を並べ替えたとき，指定した数値が何番目に位置するかを返す。順序に１が指定されているので，昇順で１位を求めている。よって不正解になる。

問4．指定した範囲の平均を求めるには，AVERAGE関数を利用する。

指定した数値を，指定した桁数で切り上げるには，ROUNDUP関数を利用する。桁数に正の数を指定すると，数値の小数点以下について，指定した桁数の右側が切り上げられる。

問5．指定した数値に，指定した範囲の中で順位をつけるには，RANK関数を利用する。順序に０を指定するか，順序を省略すると，範囲内の数値の中で降順に順位がつけられる。順序に０以外の数値を指定すると，範囲内の数値の中で昇順に順位がつけられる。

C13～D13にコピーするため，範囲を絶対参照にする。

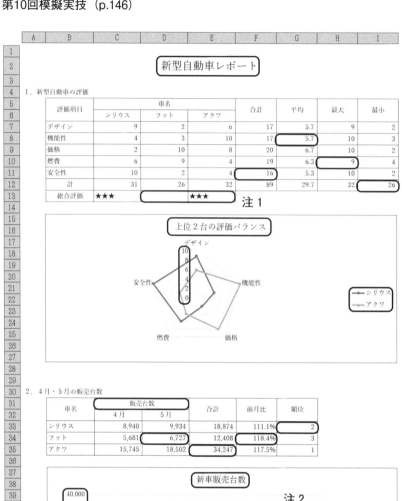

1．新型自動車の評価

評価項目	車名			合計	平均	最大	最小
	シリウス	フット	アクワ				
デザイン	9	2	6	17	5.7	9	2
機能性	4	3	10	17	5.7	10	3
価格	2	10	8	20	6.7	10	2
燃費	6	9	4	19	6.3	9	4
安全性	10	2	4	16	5.3	10	2
計	31	26	32	89	29.7	32	26
総合評価	★★★		★★★		注1		

新型自動車レポート

上位2台の評価バランス

2．4月・5月の販売台数

車名	販売台数		合計	前月比	順位
	4月	5月			
シリウス	8,940	9,934	18,874	111.1%	2
フット	5,681	6,727	12,408	118.4%	3
アクワ	15,745	18,502	34,247	117.5%	1

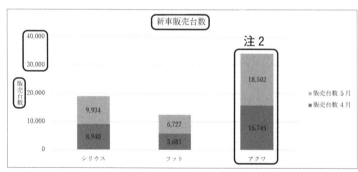

新車販売台数　注2

【式の設定】

[F 7] =SUM(C7:E7)　　　　　[G 7] =AVERAGE(C7:E7)

[H 7] =MAX(C7:E7)　　　　　[I 7] =MIN(C7:E7)

[C12] =SUM(C7:C11)

[C13] =IF(C12>AVERAGE($H$12:$I$12),"★★★","")

[E33] =SUM(C33:D33)　　　　[F33] =ROUNDDOWN(D33/C33,3)

[G33] =RANK(E33,$E$33:$E$35,0)

【グラフ範囲】

上位2台の評価バランス

　C 6：C11とE 6：E11

新車販売台数

　B31：D35

配点

① コンマ ………………………………………5点×1箇所＝5点

（「2．4月・5月の販売台数」のコンマがすべて設定されている）

② 罫線 ………………………………………5点×1箇所＝5点

（「2．4月・5月の販売台数」の罫線が正確にできている）

③ 表の作成（⬭）の箇所………………5点×11箇所＝55点

注1 「フット」が空白，「アクワ」が ★★★。

④ グラフの作成（⬭）の箇所………………5点×7箇所＝35点

注2 積み上げ縦棒グラフ（アクワ），値（18,502と15,745），左右の位置や重ね順は問わない。

【1】

	1	2	3	4	5
	ウ	カ	エ	ア	ケ

【2】

	1	2	3	4	5
	イ	コ	ク	オ	カ

【3】

	1	2	3	4	5
	ウ	ウ	ア	イ	イ

【4】

	問1	問2	問3	問4	問5
	235	イ	イ	ア	イ

各3点　20問

小計
60

【5】

問1	問2	
	(1)	(2)
ウ	イ	ア

【6】

問1	問2
15	55

【7】

問1				
①	②	③	④	⑤
123,000	24,800	14,800	54,100	80,500

問2	問3	問4	問5
イ	ア	ウ	ア

各4点　10問

小計
40

得点合計
100

※問1は①～⑤の全てができて正答とする。

解説

【1】　イ．バーコードリーダ：バーコードを読み取る装置。

　　　オ．主記憶装置：プログラムやデータを記憶する装置のうち，CPUから直接読み書きできる装置。

　　　キ．チェーンメール：迷惑メールのうち，受信者に受信内容を他の人へ送信するようにうながすメール。

　　　ク．HDMI：おもに家電やAV機器向けのデジタル映像・音声入出力インタフェースの規格。

　　　コ．インストール：アプリケーションソフトをコンピュータに導入する作業。

【2】　ア．バーコードリーダ　　ウ．Webメール　　エ．セル　　キ．リアルタイム処理　　ケ．昇順

【3】　1．ア．11110：10進数の30　16×1＋8×1＋4×1＋2×1＋1×0

　　　　　イ．11111：10進数の31　16×1＋8×1＋4×1＋2×1＋1×1

　　　2．ア．μs：100万分の1秒を表す時間の単位。

　　　　　イ．ns：10億分の1秒を表す時間の単位。

　　　3．イ．RFID：微小な無線チップによって直接接触することなく人や物を識別・管理するシステム。

　　　　　ウ．EOS：企業間の取引において，ネットワーク経由で受発注業務を行うシステム。

4．ア．ＵＲＬ：インターネットにおいて，HTML文書や画像など，保存されているファイルの場所を示すアドレス。

　　ウ．ハイパーリンク：Webページ上の文字列や画像をクリックすると目的のWebページへジャンプする機能。

5．ア．ウイルス定義ファイル：ウイルスの特徴を記録したファイル。

　　ウ．オンラインストレージ：利用者にファイルを保管するための外部記憶装置の容量を貸し出すネットサービス。

【４】　問１．ROUND(234.567/100,2)＊100　＝　ROUND(2.34567,2)＊100
　　　　　　　小数第３位が四捨五入されるので，2.35＊100=235

　　　　問３．右端から３文字をRIGHT関数で抽出し，VALUE関数で数値に変換する。

　　　　問４．B4は相対参照のため，セル番地が自動的に調整されB8になるが，$B$9は絶対参照のため，同じセル番地を示す。

　　　　問５．みその合計：F5　　みその月平均：G5　　9月の合計：D8　　合計の合計：F8

【５】　問１．ア．A列の左側に２列分の空白の列が挿入される。

　　　　　　　イ．B列の左側に１列分の空白の列が挿入される。

　　　　問２．(1) 項目名と予算額・執行額のデータを選択する。

　　　　　　　(2) イ．執行額が最も大きいのは，「野球」である。

　　　　　　　　　　ウ．予算額と執行額の差が最も小さいのは「テニス」である。

【６】　次のようにトレース表を作成することができる。

	G	K
	0	1
(ア)1回	1	2
(ア)2回	3	3
(ア)3回	6	4
(ア)4回	10	5
(ア)5回	15	6

	G	K
(ア)6回	21	7
(ア)7回	28	8
(ア)8回	36	9
(ア)9回	45	10
(ア)10回	55	11
(イ)	55	

【７】　問２．条件の判定を行うには，IF関数を利用する。指定された条件（論理式）の結果が TRUE の場合は，真の場合の値を返し，FALSE の場合は，偽の場合の値を返す。
　　　　　　　指定した範囲内の，数値が含まれるセルの個数を求めるには，COUNT関数を利用する。B列〜D列のセルの個数は３なので，数値が入力されているセルの個数が３と等しい場合を設定する。

　　　　問３．条件の判定を行うには，IF関数を利用する。等しい場合は，＝。合計金額の１割引の金額は，合計金額の９割の金額である。金額が整数になるように，ROUND関数を利用し，桁数に０を指定して四捨五入する。

　　　　問４．C12〜E12にコピーするため，合計金額の合計を絶対参照にする。

　　　　問５．指定した数値に，指定した範囲の中で順位を付けるには，RANK関数を利用する。順序に０を指定するか，順序を省略すると，範囲内の数値の中で降順に順位が付けられる。順序に０以外の数値を指定すると，範囲内の数値の中で昇順に順位が付けられる。
　　　　　　　C13〜D13にコピーするため，範囲を絶対参照にする。

第11回模擬実技（p.154）

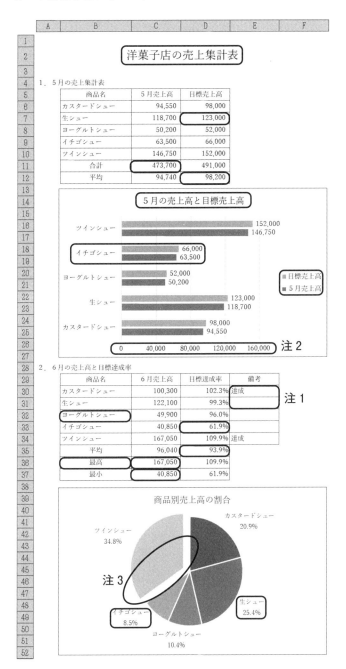

洋菓子店の売上集計表

1．5月の売上集計表

商品名	5月売上高	目標売上高
カスタードシュー	94,550	98,000
生シュー	118,700	123,000
ヨーグルトシュー	50,200	52,000
イチゴシュー	63,500	66,000
ツインシュー	146,750	152,000
合計	473,700	491,000
平均	94,740	98,200

5月の売上高と目標売上高

- ツインシュー 152,000 / 146,750
- イチゴシュー 66,000 / 63,500
- ヨーグルトシュー 52,000 / 50,200
- 生シュー 123,000 / 118,700
- カスタードシュー 98,000 / 94,550

凡例：■目標売上高 ■5月売上高

0 40,000 80,000 120,000 160,000 　注2

2．6月の売上高と目標達成率

商品名	6月売上高	目標達成率	備考
カスタードシュー	100,300	102.3%	達成
生シュー	122,100	99.3%	
ヨーグルトシュー	49,900	96.0%	
イチゴシュー	40,850	61.9%	
ツインシュー	167,050	109.9%	達成
平均	96,040	93.9%	
最高	167,050	109.9%	
最小	40,850	61.9%	

注1

商品別売上高の割合

- カスタードシュー 20.9%
- ツインシュー 34.8%
- 生シュー 25.4%
- ヨーグルトシュー 10.4%
- イチゴシュー 8.5%

注3

【グラフ範囲】
5月の売上高と目標売上高
　B5：D10
商品別売上高の割合
　B30：C34

【式の設定】

[D6]　=ROUNDUP(C6＊1.03,－3)　　　[C11]=SUM(C6:C10)　　　[C12]=ROUNDUP(AVERAGE(C6:C10),0)

[D30]=ROUND(C30/D6,3)　　　[E30]=IF(D30>=100%,"達成","")

[C35]=AVERAGE(C30:C34)　　　[C36]=MAX(C30:C34)　　　[C37]=MIN(C30:C34)

【1】

	1	2	3	4	5
	イ	ク	ウ	ケ	オ

【2】

	1	2	3	4	5
	キ	エ	ア	カ	コ

【3】

	1	2	3	4	5
	ウ	ウ	ア	イ	イ

【4】

	問1	問2	問3	問4	問5
	ウ	ウ	イ	ア	イ

各3点　20問

小計
60

【5】

問1	問2	
	(1)	(2)
4	ア	ウ

【6】

問1	問2
120	720

【7】

問1				
①	②	③	④	⑤
426	806	183	117.0	78.4

問2	問3	問4	問5
イ	イ	ウ	ア

各4点　10問

小計
40

得点合計
100

※問1は①～⑤の全てができて正答とする。

解説

【1】　ア．インストール：アプリケーションソフトをコンピュータに導入する作業のこと。

　　エ．Ｂｌｕｅｔｏｏｔｈ：数ｍから数十ｍ程度の近距離の，デジタル機器用の無線通信の規格。

　　カ．ＲＦＩＤ：微小な無線チップによって直接接触することなく，人や物を識別・管理するシステム。

　　キ．ＪＡＮコード：日本産業規格（JIS）に定められている，商品識別番号とバーコードの規格の1つ。もっとも代表的なバーコード。

　　コ．ＣＰＵ：命令を解読し，各装置の制御や演算処理などを行うコンピュータの中心部分。中央処理装置ともいう。

【2】　イ．アップロード　　ウ．アクセス権　　オ．検索（サーチ）エンジン　　ク．プロバイダ
　　ケ．不正アクセス

【3】　1．ア．35：2進数の100011　32×1＋16×0＋8×0＋4×0＋2×1＋1×1

　　　　イ．37：2進数の100101　32×1＋16×0＋8×0＋4×1＋2×0＋1×1

　　2．ア．1ＭＢ：約1,000,000バイトの記憶容量を表したもの。

　　　　イ．1ＧＢ：約1,000,000,000バイトの記憶容量を表したもの。

3．イ．ブルーレイディスク：データの読み書きに青紫色半導体レーザを利用している光ディスク。

　　ウ．ＨＤＭＩ：主に家電やＡＶ機器向けのデジタル映像・音声入出力インタフェースの規格。

4．ア．ＥＯＳ：企業間の取り引きにおいて，ネットワーク経由で受発注業務を行うシステム。

　　ウ．ＰＯＳシステム：小売店などで商品のバーコードを読み取り，その情報を売上管理や在庫管理，
　　　　仕入管理などに反映させる仕組み。

5．ア．パスワード：コンピュータシステムを利用する際，ユーザＩＤとともに用いられる本人以外
　　　　知らない文字列。

　　ウ．フィルタリング：有害なＷｅｂサイトなどへのアクセスを規制すること。

【4】　問1．ア．□：セル内の文字列を中央に揃える。

　　　　　　イ．□：セル内の文字列を左に揃える。

　　　　問2．ア．□：セルの値を3桁ごとに桁区切り記号（コンマ）を付けて表示する。

　　　　　　イ．□：小数点以下の表示桁数を減らす。

　　　　問3．5,436,700×1.2＝6,524,040が，6,500,000になっているので，万の位を切り捨てている。よって，
　　　　　　第2引数は－5になる。

　　　　問4．A4の文字列をB4の文字数の次の文字から，A4の文字数－B4の文字数の文字数分を抽出する。

　　　　問5．第3引数が0なので，D列を基準として降順に順位を付ける。

【5】　問1．B2：$2^3＝8$　　A3：$2×（2＋8）＝2×10＝20$　　B3：$20÷5＝4$

　　　　問2．データの割合を表すには，円グラフを利用する。

【6】　次のようにループ終端記号の段階でのトレース表を作成することができる。

	a	n	r	j
(ア)1回	6	2	5	5
(ア)2回	30	2	5	4
(ア)3回	120	2	5	3
(ア)4回	360	2	5	2
(ア)5回	720	2	5	1

【7】　問2．指定した数値を，指定した桁数で四捨五入するには，ROUND関数を利用する。桁数に正の数
　　　　　　を指定すると，数値の小数点以下について，指定した桁数の右側が四捨五入される。

　　　　問3．指定した数値に，指定した範囲の中で順位を付けるには，RANK関数を利用する。範囲内の数
　　　　　　値の中で昇順に順位を付けるので，順序に1を指定する。

　　　　問4．IF関数を利用した複数の分岐では，1つ目の条件に該当しなかったものを次のIF関数として分
　　　　　　岐させていく。

指数平均

★★★	95	96	★★	104	105	★

　　　　　　指数平均を上記の範囲にあてはめると，★★★は4，★★は3，★は3となり，ウ．が正解で
　　　　　　ある。

　　　　問5．指定した範囲の最大値を求めるには，MAX関数を利用する。

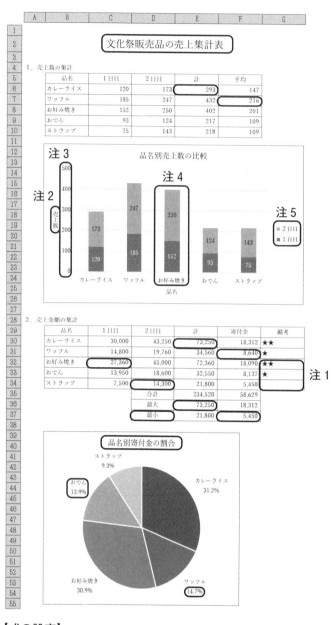

【式の設定】

[E 6] ＝SUM(C6:D6) [F 6] ＝AVERAGE(C6:D6) [E 30] ＝SUM(C30:D30)

[F 30] ＝ROUNDDOWN(E30＊0.25,0) [G 30] ＝IF(F30>16000,"★★",IF(F30>8000,"★",""))

[E 35] ＝SUM(E30:E34) [E 36] ＝MAX(E30:E34) [E 37] ＝MIN(E30:E34)

配点

① コンマ ……………………………………………………… 5点×1箇所＝5点
   （「2．売上金額の集計」のコンマがすべて設定されている）

② 罫線 ……………………………………………………… 5点×1箇所＝5点
   （「2．売上金額の集計」の罫線が正確にできている）

③ 表の作成（◯◯◯◯◯）の箇所……………………… 5点×11箇所＝55点
   注1 「お好み焼き」は ★★，「おでん」は★，「ストラップ」は 空白 。

④ グラフの作成（◯◯◯◯◯）の箇所…………………… 5点×7箇所＝35点
   注2 方向。
   注3 最小値（0），最大値（500）および間隔（100）。
   注4 積み上げ縦棒グラフ（お好み焼き），値（250と152），左右の位置や重ね順は問わない。
   注5 位置（グラフの右側），文字（上が「2日目」，下が「1日目」）。

主催　公益財団法人 全国商業高等学校協会

令和5年度（第69回）情報処理検定試験　第3級 筆記

審 査 基 準

【1】

	1	2	3	4	5
	エ	ク	コ	オ	ウ

【2】

	1	2	3	4	5
	キ	イ	ア	ケ	カ

【3】

	1	2	3	4	5
	イ	ア	ウ	ア	イ

【4】

	問1	問2	問3	問4	問5
	ウ	イ	ア	ウ	イ

各3点
20問　小計 **60**

【5】

問1	問2	
	(1)	(2)
180	イ	ウ

【6】

問1	問2
9	2

【7】

問1				
①	②	③	④	⑤
マイクロバス	3,591	544	1,840	4,992

問2	問3	問4	問5
イ	ウ	ア	ア

※　【7】問1は①～⑤のすべてができて正答とする。
　　コンマの有無は問わない。

各4点
10問　小計 **40**

得 点 合 計
100

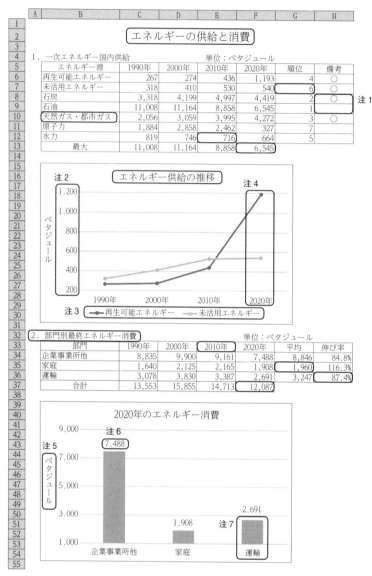

エネルギーの供給と消費							

1．一次エネルギー国内供給　　　　　　　　　単位：ペタジュール

エネルギー源	1990年	2000年	2010年	2020年	順位	備考
再生可能エネルギー	267	274	436	1,193	4	○
未活用エネルギー	318	410	530	540	6	○
石炭	3,318	4,199	4,997	4,419	2	○
石油	11,008	11,164	8,858	6,545	1	
天然ガス・都市ガス	2,056	3,059	3,995	4,272	3	○
原子力	1,884	2,858	2,462	327	7	
水力	819	746	716	664	5	
最大	11,008	11,164	8,858	6,545		

注1

エネルギー供給の推移

注2　注4

注3　再生可能エネルギー　未活用エネルギー

2．部門別最終エネルギー消費　　　　　　　　単位：ペタジュール

部門	1990年	2000年	2010年	2020年	平均	伸び率
企業事業所他	8,835	9,900	9,161	7,488	8,846	84.8%
家庭	1,640	2,125	2,165	1,908	1,960	116.3%
運輸	3,078	3,830	3,387	2,691	3,247	87.4%
合計	13,553	15,855	14,713	12,087		

2020年のエネルギー消費

注6　7,488

注5　企業事業所他　家庭　1,908　運輸　2,691　注7

─ 配点 ─

① 罫線 ……………………………………… 5点×1箇所＝5点
　　　　　　　　（「1．一次エネルギー国内供給」の罫線が正確にできている）
② 表の作成（　　　　　　）の箇所 ……… 5点×11箇所＝55点
　注1　石炭が ○ ，石油が空白。
③ コンマ ………………………………… 5点×1箇所＝5点
　　　　　　　　（「2．部門別最終エネルギー消費」のコンマがすべて設定されている）
④ グラフの作成（　　　　　　）の箇所 … 5点×7箇所＝35点
　注2　最小値（200），最大値（1,200），および間隔（200）。
　注3　位置はグラフの下側であること。順序は問わない。
　注4　「2020年」が折れ線グラフであること。マーカーの有無は問わない。
　注5　方向。
　注6　数値（7,488）。
　注7　「運輸」が集合縦棒グラフであること。データラベルの有無は問わない。

解説

【1】 ア．ファイルサーバ：ファイルシステムを，複数のユーザから利用できるよう管理するためのサーバ。

ウ．レーザプリンタ：レーザ光を使ってトナーを付着させるプリンタ。

カ．AI：人間が行ってきた高度に知的な作業や判断を，コンピュータを中心とするとする人工的なシステムにより行えるようにしたもの。

キ．フィッシング詐欺：本物のWebサイトを装った偽のWebサイトへ誘導するメールを送り付け，個人情報や，各種のサービスのIDやパスワードを獲得することを目的とする詐欺行為。

ケ．演算装置：データをもとに，四則演算や大小比較を行う装置。

【2】 ウ．認証　　エ．スパムメール　　オ．カーソル　　ク．ダウンロード　　コ．OS

【3】 1．ア．2進数の1101は，10進数の13。1×8＋1×4＋0×2＋1×1。

ウ．2進数の11010は，10進数の26。1×16＋1×8＋0×4＋1×2＋0×1。

2．イ．μs：1,000,000の分の1秒を表す時間の単位。

ウ．ns：1,000,000,000の分の1秒を表す時間の単位。

3．ア．Bcc：電子メールを複数の人に同時に送るための方法の1つ。Bccに設定されたメールアドレスは，同時に送られている人からは分からない。

イ．To：電子メールの宛先，または宛先を設定する欄のこと。通常，電子メールを送信する際にはToを必ず設定し，さらにその電子メールの内容を同時に伝えたい人がいる場合は，Cc（誰がCcに設定されているかは電子メールを受信した全員から分かる）かBccにメールアドレスを設定する。

4．イ．GUI：コンピュータに対する命令を，アイコンなどを選択することによって実行する，視覚的に操作しやすい環境。画像を活用したユーザインタフェース。

ウ．RFID：微小な無線チップによって，直接接触することなく，人や物を識別・管理するシステムのこと。

5．ア．DVD：光ディスクの一種。両面記録，2層記録が可能。多用途に用いられる。

ウ．ブルーレイディスク：光ディスクの一種。データの読み書きに青紫色半導体レーザを利用する。

【4】 問1．「種類」の列（A列）の一部が表示されていないのは，この列のセルに入力されている内容に対して，列幅が狭いためである。よって，列幅を広げればよいため，ウが正解である。なお，アの「行高の変更」は行の高さを変更すること，イの「セル結合」は複数のセルを1つに結合することである。問1で示されている問題を解決するためには，アとイは関係がない。

問2．ア．小数点以下の表示桁数を増やす。

ウ．パーセントスタイル

問3．平均を求めるには，AVERAGE関数を利用する。イのSUM関数は合計を求める関数であり，ウのCOUNT関数は数値が入力されているセルの個数を数える関数である。

問4．降順は大きい順に並べたもので，「合計」の列（D列）を見ると「駄菓子」が最も大きい。

問5．文字数を求めるにはLEN関数を使う。アのLEFT関数は，引数として指定した文字列の左端から文字を抽出する関数であり，ウのMID関数は，引数として指定した文字列の任意の位置から文字を抽出する関数である。

【5】　問1．各セルの値を式に入れると，「=20+32/4＊20」となる。「+」よりも「＊」「/」の方が計算の優先順位が高く，同順位のものは左から計算される。よって，まず「32/4」が行われ，この答えは8なので，「=20+8＊20」となる。次に「8＊20」が行われ，この答えは160なので「=20+160」となる。最後に「20+160」が行われ，答えである180が求められる。

　　　　問2．⑵ア．C県の「豚」の産出額の割合は，A県の割合より小さい。

　　　　　　　イ．D県において，産出額の割合が最も大きいのは「牛」である。

【6】

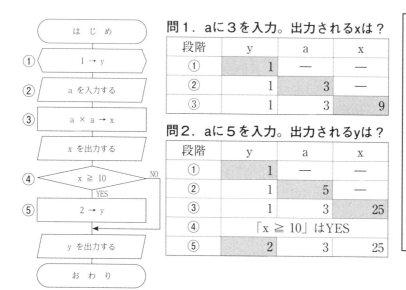

問1．aに3を入力。出力されるxは？

段階	y	a	x
①	1	—	—
②	1	3	—
③	1	3	9

問2．aに5を入力。出力されるyは？

段階	y	a	x
①	1	—	—
②	1	5	—
③	1	3	25
④	「x ≧ 10」はYES		
⑤	2	3	25

補足
・表は，①〜⑤の各段階における変数の値を示す。
・グレーのセルは，値が変わった変数を表す。
・「−」は，その変数に値が未代入であることを表す。
・問1については出力されるxの値が問われているので，④・⑤は省略した。

【7】　問2．作成条件2にならい，本日の日付を求める。本日の日付はTODAY関数により表示できる。

　　　　問3．G列の「最小」は，MIN関数で求める。範囲はB列からE列である。

　　　　問4．作成条件6にならい，「増減率」が5.0%以上の場合は○を表示するようにIF関数を設定する。

　　　　問5．作成条件9にならい，「乗用車割合」を，「B6÷B10」で求める。

実技問題

【式の設定】

［G6］＝RANK(F6,$F$6:$F$12)　　　　［H6］＝IF(F6>C6,"○","")

［C13］＝MAX(C6:C12)　　　　　　　［G34］＝AVERAGE(C34:F34)

［H34］＝F34/C34　　　　　　　　　［C37］＝SUM(C34:C36)

【グラフ範囲】

エネルギー供給の推移　　　　　B5：F7

2020年度のエネルギー消費　　　B34：B36 と F34：F36

主催　公益財団法人 全国商業高等学校協会

令和5年度（第70回）情報処理検定試験　第3級 筆記

審　査　基　準

【1】

1	2	3	4	5
カ	ア	ク	ウ	コ

【2】

1	2	3	4	5
イ	ケ	オ	キ	エ

【3】

1	2	3	4	5
イ	イ	ウ	ア	ウ

【4】

問1	問2	問3	問4	問5
ア	ウ	イ	ウ	イ

各3点
20問　小計　**60**

【5】

問1	問2	
	(1)	(2)
110	ア	ウ

【6】

問1	問2
160	1

【7】

問1				
①	②	③	④	⑤
ラジオ	45	168	271	52

問2	問3	問4	問5
ア	ウ	ア	イ

※　【7】問1は①～⑤のすべてができて正答とする。

各4点
10問　小計　**40**

得　点　合　計
100

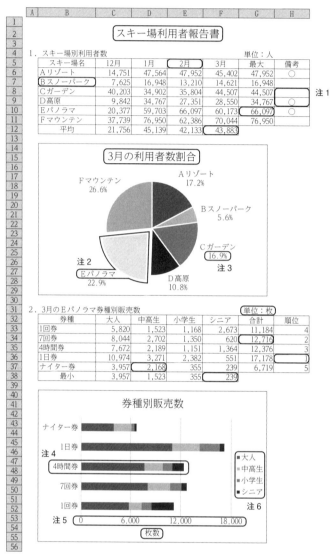

スキー場利用者報告書

1．スキー場別利用者数　　　　　　　　　　　　　　　　単位：人

スキー場名	12月	1月	2月	3月	最大	備考
Aリゾート	14,751	47,564	47,952	45,402	47,952	○
Bスノーパーク	7,625	16,948	13,210	14,621	16,948	
Cガーデン	40,203	34,902	35,804	44,507	44,507	注1
D高原	9,842	34,767	27,351	28,550	34,767	○
Eパノラマ	20,377	59,703	66,097	60,173	66,097	○
Fマウンテン	37,739	76,950	62,386	70,044	76,950	
平均	21,756	45,139	42,133	43,883		

3月の利用者数割合

Fマウンテン 26.6%
Aリゾート 17.2%
Bスノーパーク 5.6%
Cガーデン 16.9%　注3
D高原 10.8%
Eパノラマ 22.9%　注2

2．3月のEパノラマ券種別販売数　　　　　　　　　単位：枚

券種	大人	中高生	小学生	シニア	合計	順位
1回券	5,820	1,523	1,168	2,673	11,184	4
7回券	8,044	2,702	1,350	620	12,716	2
4時間券	7,672	2,189	1,151	1,364	12,376	3
1日券	10,974	3,271	2,382	551	17,178	1
ナイター券	3,957	2,168	355	239	6,719	5
最小	3,957	1,523	355	239		

券種別販売数

注4
4時間券　注5
0　6,000　12,000　18,000
枚数
大人／中高生／小学生／シニア　注6

配点

① コンマ ………………………………… 5点×1箇所＝5点
（「1．スキー場別利用者数」のコンマがすべて設定されている）

② 表の作成（　　　）の箇所 ……… 5点×11箇所＝55点
注1　Cガーデンが空白，D高原が ○ 。

③ 罫線 …………………………………… 5点×1箇所＝5点
（「2．3月のEパノラマ券種別販売数」の罫線が正確にできている）

④ グラフの作成（　　　）の箇所 … 5点×7箇所＝35点
注2　分類名がEパノラマであり，Eパノラマのみが切り離されている。
注3　数値（16.9%）。
注4　「4時間券」が積み上げ横棒グラフであること。
注5　最小値（0），最大値（18,000），および間隔（6,000）。
注6　位置はグラフの右側であること。順序は問わない。

解説

【1】　イ．スクロール：画面上に表示しきれない文字や画像を見るために，表示範囲を移動させる操作。

　　　エ．RAM：電源を切ると記憶内容が消える，書き込みと読み取りが可能なメモリ。

　　　オ．RFID：無線通信によりICタグからの情報を読み書きし，商品を管理する技術。

　　　キ．検索エンジン：インターネット上に公開されている情報を検索するためのシステム。

　　　ケ．イメージスキャナ：写真や絵，印刷物などを光学的に読み取り，デジタルデータとして入力する装置。

【2】　ア．Bcc　　ウ．アンインストール　　カ．制御装置

　　　ク．二次元バーコード（QRコード）　　コ．スパイウェア

【3】　1．2進数の各桁に，各桁の重み（2のべき乗）をかけてその和を求める。

　　　　　$10001 = 1 \times 16 + 0 \times 8 + 0 \times 4 + 0 \times 2 + 1 \times 1 = 17$

　　　2．ア．1KB：約1,000バイトの記憶容量を表したもの。

　　　　　ウ．1GB：約1,000,000,000バイトの記憶容量を表したもの。

　　　3．ア．EC：インターネットを利用して，商品やサービスの取り引きを行う仕組み。

　　　　　イ．フォーマット：記憶媒体を利用可能な状態にする作業。初期化ともいう。

　　　4．イ．ファイル名：ファイルに設定する識別名。

　　　　　ウ．アクセス権：ネットワーク上にあるコンピュータやファイル，情報機器を利用するための権限。

　　　5．ア．プリントサーバ：複数の利用者でプリンタを共有するために設置されたコンピュータ。

　　　　　イ．URL：インターネットにおいて，HTML文書や画像などのファイルの保存場所を示すアドレス。

【4】　問2．ア．桁区切り記号を付けて書式設定する。

　　　　　　　イ．小数点以下の表示桁数を増やす。

　　　　問3．ア．10円未満を四捨五入して表示する。

　　　　　　　ウ．10円未満を切り捨てて表示する。

　　　　問4．ア．「自責点」の昇順に並んでいる。

　　　　　　　イ．「防御率」の降順に並んでいる。

　　　　問5．ア，ウはエラーとなる。

【5】　問1．A1^2+B1/C1 = $10 \times 10 + 20 \div 2 = 100 + 10 = 110$

　　　　問2．⑵ア．2022年の「バレーボール」の競技人口は，2012年の「バレーボール」の競技人口よりも多い。

　　　　　　　イ．2017年において，競技人口が最も多いのは「バドミントン」である。

【6】

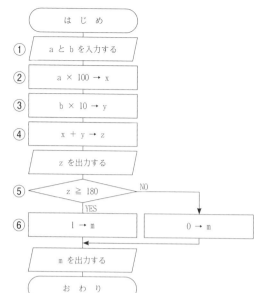

問1．aに1を，bに6を入力。出力されるzは？

段階	a	b	x	y	z	m
①	1	6	—	—	—	—
②	1	6	100	—	—	—
③	1	6	100	60	—	—
④	1	6	100	60	160	—

問2．aに2を，bに3を入力。出力されるmは？

段階	a	b	x	y	z	m
①	2	3	—	—	—	—
②	2	3	200	—	—	—
③	2	3	200	30	—	—
④	2	3	200	30	230	—
⑤	「z ≧ 180」はYES					
⑥	2	3	200	30	230	1

補足

　トレース表の表記方法は第69回【6】の解説と同じ。また，問1では出力されるzの値が問われているので，⑤・⑥は省略した。問2では⑤の条件分岐は「YES」なので，⑥で「1 → m」が行われる。

【7】　問2．媒体ごとの平均を求めたいので，範囲はB5：E5である。ウだと年ごとの平均が求まる。

　　　　問3．作成条件5の式にならい，「割合」を求める。割られる数はコピーによって変えたいので相対参照にし，割る数は「2022年の年合計」で固定したいので$E$11のように絶対参照にする。

　　　　問4．作成条件6に，I5に設定する式は「=IF(E5>D5,"○","")」とある。E5とD5を見ると，その媒体において「2022年」の値の方が「2021年」より大きい場合に○を返すようにしていることが分かる。このようになっているのは，6行目（新聞）と9行目（インターネット）の2つなので，「○」の数は2つである。比較演算子が「>」なので，7行目（雑誌）は「○」にならないため注意する。

　　　　問5．「最小」は，MIN関数によって求める。

実技問題

【式の設定】

[G6] =MAX(C6:F6)　　　　[H6] =IF(F6>=C6＊2,"○","")

[C12] =AVERAGE(C6:C11)　[G33] =SUM(C33:F33)

[H33] =RANK(C33,$C$33:$C$37,0)　[C38] =MIN(C33:C37)

【グラフ範囲】

| 3月の利用者数割合 | B6：B11とF6：F11 |
| 券種別販売数 | B32：F37 |

要点チェック問題　解答

用語チェック問題 (p.33)

1．ハードウェア・ソフトウェアに関する知識

(1) ハードウェアの構成

① 集積回路 ② ROM ③ RAM ④ CPU（中央処理装置） ⑤ 制御装置 ⑥ 演算装置
⑦ 記憶装置 ⑧ 主記憶装置 ⑨ 補助記憶装置 ⑩ ハードディスク ⑪ SSD ⑫ DVD
⑬ ブルーレイディスク ⑭ フラッシュメモリ ⑮ 入力装置 ⑯ タッチパネル ⑰ イメージスキャナ
⑱ バーコードリーダ ⑲ 出力装置 ⑳ インクジェットプリンタ ㉑ レーザプリンタ
㉒ プロジェクタ ㉓ インタフェース ㉔ USB ㉕ HDMI ㉖ Bluetooth

(2) ソフトウェアの構成

㉗ OS（オペレーティングシステム） ㉘ アプリケーションソフトウェア ㉙ インストール
㉚ アンインストール ㉛ アップデート

(3) パーソナルコンピュータの操作

㉜ GUI ㉝ アイコン ㉞ カーソル ㉟ スクロール

(4) 関連知識

㊱ ２進数 ㊲ ビット ㊳ バイト ㊴ ms（ミリセカンド） ㊵ μs（マイクロセカンド）
㊶ ns（ナノセカンド） ㊷ ps（ピコセカンド） ㊸ fs（フェムトセカンド） ㊹ KB（キロバイト）
㊺ MB（メガバイト） ㊻ GB（ギガバイト） ㊼ TB（テラバイト） ㊽ PB（ペタバイト）
㊾ フォーマット ㊿ ファイル名 (51) フォルダ（ディレクトリ） (52) バッチ処理
(53) リアルタイム処理 (54) EOS（電子発注システム） (55) EC（電子商取引） (56) POSシステム
(57) バーコード (58) JANコード (59) 二次元バーコード（QRコード） (60) 非接触型ICカード
(61) RFID (62) AI (63) IoT

2．通信ネットワークに関する知識

(64) プロバイダ (65) HTML (66) ブラウザ (67) URL (68) ドメイン名 (69) ハイパーリンク
(70) 検索（サーチ）エンジン (71) Webサーバ (72) メールサーバ (73) メーラ (74) Webメール
(75) 宛先（To） (76) カーボンコピー（Cc） (77) ブラインドカーボンコピー（Bcc） (78) 添付ファイル
(79) ファイルサーバ (80) プリントサーバ (81) オンラインストレージ (82) アップロード
(83) ダウンロード

3．情報モラルとセキュリティに関する知識

(1) 情報モラル

(84) プライバシーの侵害 (85) フィルタリング (86) 有害サイト (87) 迷惑メール (88) スパムメール
(89) チェーンメール (90) ネット詐欺 (91) フィッシング詐欺 (92)ワンクリック詐欺

(2) セキュリティ

(93) 認証 (94) ユーザID (95) パスワード (96) アクセス制限 (97) アクセス権 (98) 不正アクセス
(99) なりすまし (100) マルウェア (101) コンピュータウイルス (102) スパイウェア (103) ワーム
(104) トロイの木馬 (105) ウイルス対策ソフトウェア (106) ウイルス定義ファイル（パターンファイル）
(107) ワクチンプログラム

４．表計算ソフトウェアに関する知識
(1) 表の作成

⑩⑧ ワークシート　⑩⑨ セル　⑩ 行　⑪ 列　⑫ 行高　⑬ 列幅　⑭ 文字位置　⑮ 文字方向　⑯ セル結合
⑰ 複写　⑱ 移動　⑲ 罫線　⑳ 細線　㉑ 太線　㉒ 比較演算子　㉓ 算術演算子　㉔ 再計算　㉕ 引数
㉖ 相対参照　㉗ 絶対参照　㉘ 並べ替え　㉙ キー項目　㉚ 昇順　㉛ 降順

(2) 関数の利用

⑫ SUM　⑬ AVERAGE　⑭ MAX　⑮ MIN　⑯ RANK　⑰ IF　⑱ COUNT　⑲ COUNTA
⑭⑩ ROUND　⑭⑪ ROUNDUP　⑭⑫ ROUNDDOWN　⑭⑬ LEN　⑭⑭ LEFT　⑭⑮ RIGHT　⑭⑯ MID
⑭⑦ VALUE　⑭⑧ NOW　⑭⑨ TODAY　⑮⑩ 関数のネスト（入れ子）

(3) グラフの作成

⑮① 棒グラフ　⑮② 集合棒グラフ　⑮③ 積み上げ棒グラフ　⑮④ 100%積み上げ棒グラフ　⑮⑤ 折れ線グラフ
⑮⑥ 円グラフ（切り離し円）　⑮⑦ レーダーチャート　⑮⑧ タイトル　⑮⑨ 軸　⑯⑩ ラベル　⑯① 凡例

５．プログラムに関する知識

⑯② 順次（順次構造）　⑯③ 選択（選択構造）　⑯④ 繰り返し（繰り返し構造）　⑯⑤ 流れ図　⑯⑥ トレース
⑯⑦ データの入出力　⑯⑧ 算術演算　⑯⑨ 論理演算　⑰⑩ 変数　⑰① 定数

関数チェック問題 (p.40)

① SUM　② AVERAGE　③ MAX　④ MIN　⑤ COUNT　⑥ COUNTA　⑦ RANK　⑧ IF
⑨ ROUND　⑩ ROUNDUP　⑪ ROUNDDOWN　⑫ LEN　⑬ LEFT　⑭ RIGHT　⑮ MID
⑯ VALUE　⑰ NOW　⑱ TODAY

流れ図チェック問題 (p.42)

1．(1) イ　(2) キ　(3) オ　(4) カ　(5) エ　(6) ウ　(7) ク　(8) シ　(9) サ　(10) タ　(11) セ　(12) ス
(13) コ　(14) ツ　(15) テ　(16) ナ　(17) ニ　(18) ト　(19) ヌ
2．問1 24 問2 88
3．問1 0 問2 1